친절하며 단호한 교사의 비법

학급긍정훈육법

친절하며 단호한 교사의 비법

학급긍정훈육법

제인 넬슨 · 린 로트 · 스티븐 글렌 지음 | 김성환 · 강소현 · 정유진 옮김 | 김차명 그림

POSITIVE DISCIPLINE
IN THE
CLASSROOM

에듀니티

"나는 아이들을 사랑하고 사랑받고 싶습니다. 그것이 교사의 소명이라고 생각해요. 그래서 아이들에게 친절하게 대하고 화내지 않으려고 노력합니다. 처음에는 아이들이 나를 좋아하는 것 같습니다. 그런데 시간이 지나면 지날수록 아이들은 나에게 함부로 대합니다. 왜 아이들은 존중으로 대하는 내게 존중으로 돌려주지 않고 함부로 대하는 걸까요? 그것 때문에 마음에 상처가 남습니다. 그래도 아이들에게 화를 내고 싶지 않아요. 그랬다가 나를 싫어하게 되면 어떻게 하죠? 좋은 선생님이 되지 못할까 봐 제 감정을 늘 억누르고 참게 됩니다. 그런데 문제는 참고 참다가 한 번씩 크게 터진다는 거예요. 얼마나 고통스러운지 모릅니다. 교사로서 자존감이 바닥을 칩니다."

"나는 아이들을 잘 가르치고 싶습니다. 교사의 중요한 책임이지요. 잘 가르치기 위해 노력하며 아이들이 질서를 지키고 책임감을 갖도록 가르칩니다. 특히 옳지 않은 행동을 하면 바르게 잡아주려고 최선을 다합니다. 그런데 아이들은 제 말을 듣지 않고 제멋대로 하고 싶어 합니다. 더구나 올바르게 잡아주려는 저를 싫어하는 것 같습니다. 친절하게 대하려고 하면 저를 우습게 생각하고 함부로 행동합니다. 그런 아이들 모습에 참을 수 없이 화가 납니다. 그래서 소리를 지르거나 벌을 줄 때가 많습니다. 아이들을 잘 가르치고 싶은데 아이들과의 거리는 너무 멀게 느껴집니다. 그런 저 자신이 교사로서 능력은 부족한 것 같아 늘 두렵습니다."

여기 두 교사의 독백이 있습니다.
당신은 어느 교사에 가깝습니까?
친절하게 대하다가 상처받은 적이 있나요?
단호하게 대하다가 외로웠던 적이 있나요?
친절하게 대하는데도 아이들이 예의 바르고,
단호하게 대하는데도 아이들과 친밀할 수 있을까요?
다음 장부터 그 비법이 펼쳐집니다.

알프레드 아들러 & 학급긍정훈육법

'미움 받을 용기'로 독자들에게
'관계의 사슬에서 벗어나 자신을 사랑하는 용기'를 말한
알프레드 아들러 (Alfred Adler),
'PDC (학급긍정훈육법)'로 교사들에게
'친절하며 단호한 비법'을 알려 준
제인 넬슨 (Jane Nelsen)과 린 로트 (Lynn Lott).

이들은 어떤 관계일까요?

제인 넬슨과 린 로트는 아들러 심리학회에서 만나게 됩니다.

아들러의 심리학에 매료된 제인 넬슨과 린 로트는
아들러의 심리학을 부모와 교사들이 쉽게 배울 수 있는 매뉴얼을 만드는데
이것이 바로 긍정훈육 (Positive Discipline)과
학급긍정훈육법 (Positive Discipline In the Classroom)입니다.

긍정훈육법의 매뉴얼은 매우 체계적입니다.
특히 활동 중심의 워크숍 방식은 많은 사람의 훈육 방식에 대한 관점을
바꾸게 만들었고, 흔들리는 부모와 교사들에게 친절하며
단호한 훈육의 비법을 전하고 있습니다.
아들러의 철학을 교사들을 위한 쉽고 구체적인 매뉴얼로 만든
학급긍정훈육법 첫 이야기가 시작됩니다.

이 책을 펼친 당신에게

지난 10여 년은 학급운영에 대해 체계적으로 공부하지 않고도 잘 지낼 수 있었습니다. 그러나 지난 한 해는 교사생활 중 가장 힘든 시간이었습니다. 학급규칙이 무너졌고, 아이들은 서로 눈치 보고 갈등을 일으켰으며, 학생들과의 관계도 개선되지 않았습니다.

어디서부터 문제를 해결해야 할지도 몰랐습니다. '내가 좀 더 열심히 하고 배려하고 친절하게 대하면, 이런 마음을 알아주고 돌아오겠지'라고 생각했습니다. 그래서 문제가 생길수록 더 친절하게 대하고 더 많이 기다려주었습니다. 그러나 점점 아이들의 행동은 버릇이 없어졌고 잘 해주어도 고맙게 생각하기는커녕 당연하게 여기고 도리어 저에게 거칠게 대하기까지 했습니다.

그렇게 힘든 시간을 보내다 같은 학교에 근무하던 정유진 선생님에게서 받은 선물이 바로 이 책의 원서인 『Positive Discipline in the Classroom』(PDC)이었습니다. 먼저 저자인 제인 넬슨의 책 중 한국어로 번역되어 있던 『긍정의 훈육』을 읽고 『PDC』를 읽었습니다. 책을 읽으면서 내가 얼마나 원칙 없이 친절하기만 하려 했는지, 또 아이들을 내 관점에서 판단하며 자존감을 떨어뜨렸는지를 알게 되었습니다. 작년 하반기부터 지금까지 PDC를 공부하고 실천하면서 이전과는 완전히 달라진 학급을 운영하고 있습니다. 지금은 가장 행복한 한 해입니다.

저와 우리 학급이 변하는 데 큰 도움이 되었기에 이 책을 번역해서 출판하자는 제안에 흔쾌히 응했습니다. 그 결과를 지금 손에 들고 계십니다. 제가 경험했던 극적인 변화를 경험해보시기를 바랍니다.

김성환

· · ·

4년 전 혁신학교로 오면서 교사의 역할에 큰 혼란을 경험했습니다. 생각보다 훨씬 많은 수의 아이들과 예상하지 못했던 요구들, 반복되는 생활문제로 '무엇을 위해 내가 교실에 존재하는가?'라는 고민에 휩싸여 하루하루 힘겹게 보냈습니다. 아이들은 끊임없이 친절하고 수용적인 교사를 원했고, 원칙과 책임은 내려놓고 아이들을 수용하고 자유롭게 해주는 것이 혁신학교의 방향이라는 생각에 휘둘리게 되면서 그간 쌓아온 교사로서의 중심조차 흔들리게 되었습니다.

이런 고민의 시간 중에 『PDC』를 만났습니다.

'교사 혼자 문제 해결의 짐을 짊어지는 것이 아니라 아이들과 함께 해결방법을 찾아감으로써 교사와 학생 모두 성장할 수 있게 된다.'

이 글귀는 제 마음을 움직였습니다. PDC에 대한 공부 모임을 시작했고 친절하면서도 단호한 교사의 마음가짐에 대한 철학과 그런 교사 역할을 수행하는 데 필요한 여러 가지 실천방법을 익혔습니다. PDC의 철학과 실천방법은 제게 교사로서의 자신감을 회복시켜 주었습니다. 그중 PDC 학급회의는 교사의 짐을 덜어줄 뿐 아니라 아이들의 소속감과 자존감을 높이는 훌륭한 방법이라는 점에서 저에게 꼭 필요한 것이었습니다.

하지만 2학년을 맡고 있는 저는 '학급회의가 저학년에서도 과연 실천할 수 있을까?'라는 의심을 떨치기 어려웠습니다. 오히려 '교사의 또 다른 노력만 요구되는 것이 아닐까?'라는 망설임이 커질 뿐이었습니다. 이런 제 모습을 지켜보시던 동료 선생님께서 "이제 그만 망설이고 실천해보세요"라며 격려와 응원을 보여주셨습니다. 망설임 속에서 있던 저는 지지에 힘입어 제가 공부한 것을 믿고 저학년 아이들과 PDC를 실천하기로 용기를 냈습니다.

어린 학생들과 함께 학급규칙을 만들고 학급일정을 세우고, 칭찬과 격려의 시간을 매주 가졌습니다. 학급에 지지와 격려의 문화가 정착될 무렵에는 학급회의를 문제 해결방법으로 도입했습니다. 학생들은 학급문제를 의제로 올리고 함께 의논하며 서로 격려와 지지를 보냈습니다. 학급에서 자신의 역할이 있음을 뿌듯해 하며 저마다 신뢰와 존중을 담아 해결방법을 의논했습니다. 학급회의를 통해 아이들이 보여준 지혜로움과 따뜻함, 성장의 가능성은 저를 감동시키기에 부족함이 없었습니다.

저는 지금 교사로서 그 어느 때보다 행복합니다. 반 아이들과 서로 소중하게 여기며 존중의 마음을 나누고, 함께 만들어낸 학급 문화와 규칙들로 안정적으로 학급 운영을 하고 있습니다. 물론 학급에서는 밀려오는 파도처럼 문제가 지속적으로 생깁니다. 하지만 더 이상 교사인 저 혼자 문제를 해결하려 하지 않습니다. 이제는, 아직 어리지만 우리 반 공동체의 구성원인 아이들과 함께 풀어갈 수 있다는 믿음이 있습니다. 학급의 문제는 두렵고 무거운 교사의 짐이 아니라 우리 반이 함께 해결하고 성장하게 하는 중요한 과제라 여기게 되었습니다. 물론 PDC 덕분입니다.

만약 PDC가 저에게 친절하면서도 단호한 교사로 살아가도록 용기를 주고 학생들이 자존감과 소속감을 갖는 데 도움이 되지 않았다면 이 책을 번역하는 일은 없었을 것입니다. 제가 경험하고 있는 이 행복이 다른 모든 분께도 찾아가길 바랍니다. 이 책은 흔들리는 교사의 마음에 PDC라는 든든한 지지자를 선물로 가져다줄 것입니다.

강소현

...

    10년 전 초등교사 커뮤니티 '인디스쿨' 연수기획을 맡으면서 탁월하고 존경받는 선생님들을 많이 만나고 여러 차례 그분들을 모시고 연수를 진행했습니다. 그러면서 그분들에게는 뭔가 다른 점이 있다는 것을 알게 되었습니다. 공통점을 찾을 수 있었는데 그것은 바로 친절하면서도 단호하다는 것이었습니다. '친절한 교사가 될 것인가, 단호한 교사가 될 것인가'는 모든 교사의 고민일 것입니다.

    그렇다면 탁월하고 존경받는 선생님들과 아직도 고통 속에서 헤매는 선생님들 사이에는 어떤 차이가 있는 걸까요? 그 선생님들은 친절함과 단호함 사이의 적당한 타협점을 찾은 걸까요? 그렇지 않았습니다. 그들은 친절하면서 단호했습니다. 다만 영역이 달랐습니다. 학생들을 대할 때 한 인간으로서 인격과 감정에 대해서는 친절했습니다. 그리고 한 인간이 공동체 구성원으로서 살아가기 위한 약속과 책임에 대해서는 단호했습니다. 그래서 학생들은 방종이나 거부감, 두려움이 아니라 선생님과의 연결에서 오는 유대감을 바탕으로 자신을 가치 있게 여기는 자존감과 자신이 속한 공동체에서 의미 있게 여겨진다는 소속감, 자신과 공동체에 대한 책임감을 키울 수 있었습니다.

    그동안 연수를 통해 이런 유대감과 자존감, 소속감, 책임감을 키우기 위한 철학과 방법을 나누어 왔습니다. 그러다 5년 전 이 책의 원서인 『PDC』를 구입해서 읽고 참 많은 도움을 받았습니다. 무엇보다도 학급의 문제를 해결하는 방법이자 민주시민으로 성장하는 데 매우 큰 도움이 되는 PDC 학급회의를 도입했습니다. 문제를 해결하기 위해 제가 뭔가를 가르치려 하는 것을 줄이고 그것을 함께 논의하기 시작했습니다. 제가 가르칠 때보다 아이들이 함께 논의하면서 유대감, 자존감, 소속감, 책임감이 높아졌고 이전보다 더 탄탄하고 행복한 교실이 되었습니다. 이 책의 탁월함은 아들러, 드라이커스 심리학에 기반을 둔 철학과 원칙 그리고 방법을 실제 활동하면서 익힐 수 있도록 구성되어 있다는 것입니다. 좋은 철학을 직접 체험할 수 있는 활동을 하면서 학생들이 함께 성장하도록 도와줍니다.

조현초등학교에 근무하면서 여러 선생님과 함께 심리학과 교육학을 공부해왔습니다. 이 책을 접한 지 몇 년이 지났는데도 아무도 번역을 하지 않더군요. 아무도 하지 않으니 어쩌겠습니까? 필요성을 느끼는 사람이 해야지요. 함께 교육학을 공부했던 선생님들께 번역을 제안했습니다. 먼저 저자인 제인 넬슨의 다른 책 중에서 한국어로 번역된 것을 찾아 함께 읽으면서 '긍정훈육Postive Discipline'의 개념을 익혔습니다. 이어서 번역에 관한 책들을 함께 읽고 이야기를 나누었습니다. 두 언어의 차이와 영어에서 한국어로 옮길 때 유의할 점 등을 살펴보면서 공동 번역의 원칙을 정하고 번역을 시작했습니다.

서로 다른 문화권에 살며 다른 사고체계, 다른 언어를 사용하는 두 집단 사이에 다리를 놓는 것은 쉬운 일이 아니었습니다. 원문에 충실하게 번역을 하면 도리어 이해하기 어려워지기도 했고, 반대로 이해하기 쉽게 우리말로 풀어내면 원문의 의미가 약해지거나 글이 너무 길어지기도 했습니다. 특히 저자 특유의 감성이나 유머를 한국적으로 표현해내기도 쉽지 않았습니다.

  오랜 번역 기간과 회의를 통해 원문에 충실한 번역과 독자들의 접근성이 높은 번역 사이에서 균형을 잡아나갔습니다. 필요하다고 판단되면 조금 어색하더라도 원문에 가깝게 번역하기도 했고, 반대로 우리 현실에 맞게 자세하게 풀어쓰고 덧붙여 쓰기도 했습니다.

  마침내 이렇게 책으로 출판되었고 선생님께서는 이 책을 펼치셨습니다. 이 책을 통해 우리가 얻었던 통찰과 탁월한 방법을 터득하시기를 바랍니다. 이 비법을 터득하고 실천하면서 행복하고 탁월한 교사가 되기를, 선생님께서 만나는 아이들도 더욱 행복하고 탁월해지기를 바랍니다. 감사합니다.

정유진

차례

1부 . 친절하며 단호한 교사의 원칙

2부 . 행복하고 민주적인 교실을 위한 기술

저의 책 『Positive Discipline in the Classroom』이 한국어로 번역 출판되어 영광입니다. 번역하느라 수고하신 세 분 선생님께 감사드리며 번역자 중 김성환 선생님은 런던에서 진행한 PDC 워크숍에 참가하여 함께 이야기 나눈 소중한 추억이 있어 더욱 의미가 깊습니다. 이 책은 교사와 학부모들이 존중의 방식으로 아이들이 사회적 기술과 삶의 기술들을 익히도록 도와 성공적인 삶을 살아갈 수 있도록 할 것입니다.

오랜 시간 아이들의 문제 행동을 훈육하는 방식으로 단호함과 허용에 대한 논쟁이 있었습니다. PDC는 존중하는 태도로 단호하고 친절한 교사가 되길 원하는 분들에게 큰 선물이 될 것입니다. 아이들을 친절하고 단호하게 대하고, 존중하는 태도로 문제해결을 함께하면 학문적 성취뿐만 아니라 학습에 대한 동기도 향상될 것입니다. 또 교사와 학생이 서로 존중하고 친밀해지는 기회가 될 것입니다. 대부분의 학생이 소속감과 자존감을 가지고 학교생활을 즐겁게 할 것이고 나아가 학교폭력이나 다른 문제 행동이 해결되는 데 많은 도움을 줄 것입니다.

김성환 선생님께서 작년에 학급을 운영하는 데 큰 어려움을 겪었다고 들었습니다. 그런데 동료 교사의 추천으로 PDC를 만난 후 올해 학급 운영이 매우 잘되고 있다는 이야기를 나누었습니다. 이처럼 학급 운영에 어려움을 겪고 있는 다른 많은 한국의 선생님들께 도움을 드리고자 이 책을 번역 출판하게 되었습니다. 부디 많은 선생님들께 도움이 되길 진심으로 희망합니다.

제인 넬슨

샌프란시스코에 있는 루실패커드 어린이 병원에서 진행된 연구에 따르면, 부모들의 2/3 이상이 학교생활과 숙제로 인해 높은 수준의 스트레스를 겪는다고 한다. 또 다른 연구에서는 많은 학생이 학교생활을 '지루함'이라는 단어로 설명한다는 결과를 내놓았다. 미국 고등학생들의 높은 학업 포기 비율은 국가적으로 심각한 문제다. 그러나 학교를 떠나려는 대부분의 학생은 자신을 실패자라고 생각하지 않는다. 오히려 자신이 살아가는 데 학교라는 곳이 특별한 의미가 있지 않다고 생각할 뿐이다. 이러한 연구는 많은 것을 시사한다. 학생들이 학교에서 자신의 권리를 찾지 못하고 이탈하는 것은 국가와 사회 그리고 학생들 자신에게 심각한 결과를 가져온다.

나는 학부모이자 교장으로서 부모 및 교직원 교육으로 PDC(Positive Discipline in the Classroom, 학급긍정훈육)를 진행해왔다. 이러한 경험으로

PDC를 활용하면 오늘날 우리가 겪고 있는 교육의 다양한 문제를 해결할 수 있다는 것을 알게 되었다. 물론 PDC가 모든 문제를 다 해결할 수 있는 것은 아니다. 하지만 문제의 핵심을 해결하는 데 다른 접근법들보다 훨씬 효과적이다. 또한, PDC는 학생들이 학교에 소속감을 느끼게 하고 적극적으로 생활하도록 하는 데 도움을 준다.

소속감이란 자신이 속한 곳에서 의미 있는 사람들과 연결되어, 스스로 자신의 문제에 영향력을 발휘할 수 있다는 느낌이다. 하지만 안타깝게도 오늘날 많은 학생이 소속감을 느끼지 못하고 있다. 학교에서 의미 있는 역할로 학생들 자신의 문제를 해결하는 데 자발적으로 참여하기란 쉽지 않다. 물론 학생들은 여전히 과제를 해결하고 있으며 시험을 보기도 하지만, 스스로 과제를 정하거나 과제수행 방법을 결정하는 것은 거의 허용되지 않는다.

PDC는 학생들이 문제에 대해 스스로 생각하고 느끼는 것을 중요하게 여긴다. 그뿐만 아니라 학생들과 함께 학교에서 생기는 문제들을 해결하며, 이 과정에서 많은 것을 배운다고 강조한다. PDC는 집단 따돌림을 해결하는 프로그램이나 사회정서교육 프로그램으로도 효과적일 뿐만 아니라, 학생 지도에서 가장 중요한 관계 문제를 바라보는 교사의 신념을 변화시키는 데도 큰 도움이 된다.

학생들이 자신의 문제 해결에 참여하면, 합의가 필요하거나 문제를 해결해야 할 때 학생들의 생각을 반영할 수 있다. 학생들이 구성원으로서 학교에 참여할 기회가 많아질수록 사회성과 학습능력이 향상될 뿐만 아니라 학교와의 관계도 더욱 개선된다. 학교가 학생들에게 영향을 미치는 만큼 학생들도 학교에 영향을 미칠 수 있게 된다. 이로 말미암아 학교와 학생은 함께 성장한다.

PDC 학교에서는 '무엇을 어떻게 배울지'에 대해 학생들이 결정권을 가질 뿐 아니라, 교사와 학생이 협력적인 관계로 발전한다. 2학년 학생들은 자신이 좋아하는 것을 친구들에게 가르칠 계획을 세우며, 6학년 학생들은 현장학습을 스스로 준비하면서 많은 것을 배운다. 또한, 중학생들은 자기 평가과정에서 배운 것을 보고서로 만든다. 이런 활동을 통해 책임감과 배움에 대한 동기를 가지며 활동의 적절성에 대해서도 생각한다.

PDC 전문가 과정 워크숍에는 자연적인 결과 인정하기, 친절하고 단호한 태도 갖기, 실수를 배움의 기회로 받아들이기, 학생 스스로 분쟁 해결하기 등 다양한 PDC 전략과 개념이 포함되어 있다.

그러나 PDC 이론에서 가장 중요한 것은 학생들의 믿음을 변하게 하는 것이다. 학생들이 PDC 기술을 익히고 경험함으로써, 학교는 단순히 지식을 얻는 곳 이상의 의미가 된다. 학생들은 자기 힘으로 지혜롭게 문제를 해결할 수 있다는 믿음을 갖게 되며, 자신에게 가장 적합한 학습법을 알게 된다. 그리고 자신의 배움과 행동을 스스로 평가할 수 있는 능력을 갖게 된다. 이를 통하여 교육이란 학생들의 단순한 권리가 아니라 자신의 삶과 관련된 근원적인 욕구라는 것도 깨닫는다.

PDC는 바로 이러한 것들을 가능하게 하는 탁월한 방법이다.

데일 존슨

- 1부 -

친절하며 단호한 교사의 원칙

1장

흔들리는 교사를 위한 새로운 훈육법

식물이 물을 필요로 하듯 어린이들은 격려가 필요하다. 격려는 건강하게
성장하고 발전하는 데 반드시 필요하다.

루돌프 드라이커스Rudolf Dreikurs

배움을 위한 두 개의 필요충분조건

많은 사람이 학교는 학문적 학습에 목적이 있으며, 훈육 프로그램은 학
생들이 이를 잘해내도록 지원하는 역할을 한다고 생각한다. 따라서 교
사와 부모는 보상과 처벌을 효과적인 훈육방법이라 생각하며 사용하고
있다. 그러나 이미 많은 연구를 통해 이는 올바른 방법이 아니며 학생
들이 사회적, 정서적 기술을 배우지 않았을 때, 배움에 어려움을 겪게
됨은 물론 훈육에서도 다양한 문제를 겪는다는 것이 밝혀졌다.

PDC는 지금까지와는 다른 방법으로 훈육에 접근한다. 기차가 선로
하나로 목적지까지 운행한다고 생각해보자. 그것은 불가능하다. 기차

학문적 성장

사회 정서적 발달

배움을 위한 필요충분조건 _ 두 개의 선로

는 두 개의 선로가 필요하다. 학교도 마찬가지다. 첫 번째 선로는 학문
적 성장이고 두 번째 선로는 사회 정서적 발달이다. PDC는 학생을 보
상과 처벌의 대상이 아니라 문제를 주도적으로 해결하는 존재로 여긴
다. 학문적 성장과 사회 정서적 발달 프로그램을 조화롭게 지도한 학
교에서는 문제 행동이 감소하고 학력이 향상되는 것으로 나타났다. 위
의 사진은 배움을 위한 필요충분조건을 보여준다.

어느 작가가 컴퓨터 사용법을 배우면서 자신의 노력이 가치가 있는
것인지 고민하고 있었다.

"내가 지금 컴퓨터를 배우는 것이 나에게 도움이 되는 일일까?"

한 친구가 이렇게 말했다.

"이 열차가 필요할지 고민하기엔 너무 늦었어. 지금 바로 올라타야

만 해."

친구의 이야기는 작가의 마음에 큰 울림으로 남았다. 이후 컴퓨터를 배워 활용하게 되면서 더욱 쉽게 일할 수 있었으며 흥미로운 일을 더 많이 경험하게 되었다. 그 작가는 그때 더 주저하지 않고 바로 열차에 올라탄 것을 다행이라 생각했다.

이제 우리는 당신에게 PDC라는 두 개의 선로를 소개하려고 한다. 더 이상 망설일 이유가 없다. 그저 지금 우리와 함께 이 열차에 올라타기만 하면 된다. 그래도 "안 돼! 안 그래도 이렇게 바쁜데, 또 다른 이론을 공부하고 적용하라고?" 하며 머리를 흔들고 있다면 다음 내용을 진지하게 읽어주길 바란다.

PDC는 당신의 삶과 학급을 변화시킨다

만약 당신이 사회 정서적 발달에 관심을 가지면서 학력 신장에도 힘쓰는, 친절하며 단호한 교사라면 이미 이 열차에 타고 있는 것이다. 아직도 PDC를 공부하는 것이 고민된다면 아래 질문에 답해보기 바란다.

- 학생들이 상황에 알맞은 결정을 내리기를 원하는가?
- 학생들이 회복적 치유를 배우기 원하는가?
- 학생들이 책임감을 배우기 원하는가?
- 학생들이 협력을 배우기 원하는가?

- 학생들이 듣기 기술을 배우기 원하는가?

- 학생들이 자기 절제를 배우기 원하는가?

- 학생들이 책임감에 대해 편안하게 받아들이기를 원하는가?

- 다른 사람들에게 문제 행동을 해결하는 방법을 가르치고 싶은가?

- 학생들이 다른 사람을 아프게 한 일이나 실수를 만회하는 방법을 배우기 원하는가?

- 학생들이 교실에서 좋은 성품을 키워 나가길 원하는가?

- 학생들이 배움을 좋아하고 학문적으로 성장하기를 원하는가?

당신의 대답은 무엇인가? 만약 위의 질문에 대해 '그렇다'는 대답이 많다면 PDC는 매우 큰 도움이 될 것이다. PDC를 배우고 자신의 삶과 학급이 변화한 크리스틴 해밀턴의 이야기를 살펴보자.

실천 사례

PDC로 변화가 시작되다

PDC를 처음 알게 되었을 때 정말 기뻤어요. 교사로 지내오면서 막막하고 답답하게 느껴졌던 것들의 해결방법을 찾은 것 같았거든요. 저와 1년 동안 함께 근무한 교생 선생님을 통해 PDC를 알게 되었는데, 그때 우리가 가르치던 학급은 운영이 쉽지 않았습니다. 그러다가 교생 선생님이 문화이해 교육을 위해 시애틀의 한 학교에 다녀오게 되었는데 거기서 PDC를 만들고 실천하시는 한 교장 선생님을 만날 수 있었습니다. 그분이 주신 프로그램은 놀라웠어요. 이 프로그램이 우리 변화의 시작이었습니다. 우리를 변화시킨 프로그램은 무엇이었을까요?

저도 며칠 휴가를 내고 그 교장 선생님을 만나러 갔습니다. PDC가 어떤 프로그램인지, 학년별로 학급회의는 어떻게 하는지 알고 싶었기 때문이었어요. 전 그 학교 선생님들과 PDC에 관해서 이야기를 나누고, 학생들의 모습도 관찰했습니다. 학생들이 서로 존중하는 모습도 놀라웠지만, 학교에서 살펴본 전반적인 모습이 매우 인상적이었습니다. 다양한 수업자료를 가지고 돌아오면서 우리 반 교실에서 이것을 어떻게 사용할지 생각했습니다.

저는 학급회의를 활용하고 학생들에게 들을 기회를 주며 생각을 나누고 문제를 해결하는 것을 정말 좋아하게 되었습니다. 지금은 우리 반에서 실천했던 것들을 다른 선생님들과도 나누고 있습니다. 다른 학교로부터 간단하게 사례발표를 해달라는 요청도 받고 있고요. 아직 전문가라 할 수는 없지만 제 모자란 부분은 열정과 긍정적인 자세로 충분히 채워갈 수 있으리라 생각합니다.

크리스틴 해밀턴

PDC의 7가지 신념

PDC는 학생과 교사가 서로 존중하는 교실, 배움에 대한 열정과 용기로 가득 찬 교실, 성공적인 삶에 필요한 기술을 배우는 교실을 만든다.

학생들이 실패했다고 비난하는 대신 학급이라는 안전한 공간에서 실수를 통해 배울 수 있다고 가르친다. 학생들이 배울 다양한 사회 정서적 기술 가운데 중요한 것을 7가지 신념으로 정리했다.

1. 나는 능력이 있다.

2. 나는 의미 있는 도움을 주며 꼭 필요한 사람이다.

3. 나의 결정은 나와 학급에 일어나는 문제에 긍정적인 영향을 미친다.

4. 나는 원칙이 있고 자기 조절력이 있다.

5. 나는 다른 사람을 존중하며 행동한다.

6. 나는 내 행동이 다른 사람에게 영향을 미친다는 것을 안다.

7. 나는 꾸준한 연습을 통해 지혜와 판단력을 발달시킨다.

PDC의 중요한 7가지 신념에 관해서 자세히 살펴보자.

나는 능력이 있다

첫 번째 신념을 키우기 위해서 학생들은 자신의 선택이 어떤 결과를 가져오는지 살펴볼 수 있는 안전한 환경이 필요하다. 학생들의 선택을 '성공이냐 실패냐'로 판단하여 비난하거나, 결과에 대해 수치심과 고통을 주어서는 안 된다. PDC는 학생들이 자신의 행동을 관찰하고, 그 행동이 다른 사람에게 미치는 영향을 알아차리며, 문제를 효과적으로 해결할 수 있는 안전한 환경을 만든다.

나는 의미 있는 도움을 주며 꼭 필요한 사람이다

학생들이 관계 맺기의 중요성을 알고 이것이 문제 해결의 기초가 된다는 믿음을 키우기 위해서는, 다른 사람의 생각과 감정을 듣고 느끼고 나누고 받아들이는 경험이 필요하다. 관계에서 자기 존재의 중요성을 알아채고 그만큼의 책임감을 갖는 것도 중요하다. PDC에서는 모두가 의견을 낼 수 있으며, 평화로운 분위기에서 상호 존중하는 태도로 제안하는 것을 중요하게 여긴다. PDC는 문제 해결 과정에 참여하고 정해진 규칙을 잘 지키는 법을 배우게 하며, 무엇보다 모든 인간의 가장 중요한 목표인 소속감과 자존감을 익히게 한다.

나의 결정은 나와 학급에 일어나는 문제에 긍정적인 영향을 미친다

교사들은 학생들이 자신의 힘을 긍정적이거나 부정적인 방식으로 다양하게 사용하는 것을 잘 이해하지 못한다. 학생들은 긍정적인 방향으로 힘을 사용할 기회를 갖지 못하면 파괴적인 방법으로 힘을 사용한다. 자신의 힘을 건전하게 사용하는 법을 배우려면 직접 사용할 기회를 가져야 한다. 서로 격려하고 책임감을 키워주는 환경에서만이 자신의 힘을 사용할 기회를 가질 수 있다.

PDC 학급은 학생들의 실수를 허용하며 실수를 통해서 배움을 얻게 한다. 학급회의에서 실수에 대해 이야기할 기회를 가짐으로써 비난이 아닌 책임감을 배우며, 실수를 통해 어떤 것을 배울 수 있는지 살펴볼 수 있게 도움받기도 한다. 또한, 어떤 일이 일어날지 알지 못하는 상황에서도 자신의 반응을 조절할 수 있게 된다.

나는 원칙이 있고 자기 조절력이 있다

PDC 학급은 학생들이 자신의 감정을 이야기하고 동정과 연민을 키우는 공간이다. 학생들은 자신이 받아들여진다고 생각할 때 말을 더 잘 듣는 경향이 있다. 친구들로부터 피드백을 받으며 자신의 감정과 행동을 이해하게 된다. 위협적이지 않은 상황에서는 자신의 행동에 기꺼이 책임지며, 감정을 알아채고 자신이 느끼는 감정(화)과 행동(친구를 때림)을 구분할 수 있게 된다. 이로써 감정은 항상 받아들여질 수 있지만, 행동은 그렇지 않을 수 있다는 것을 깨닫게 된다.

또한, 문제 해결 과정에서 다른 사람의 반응을 보면서 자신의 생각과 감정을 조절하고 표현하는 방법을 배운다. 자신의 선택에 따른 결과와 친구들이 제시하는 해결 방법을 생각하면서 자기 원칙과 자기 조절력이 향상된다. 자신의 선택이 어떤 결과를 가져오는지 살펴보는 것은 결과에만 주목하는 것과는 차이가 있다. 선택에 따른 결과를 탐색하며 학생들은 자신의 실수를 감추거나 방어하는 대신에 실수를 통해 배움을 얻는다.

나는 다른 사람을 존중하며 행동한다

PDC는 대화하고 나누기, 듣고 공감하기, 협력하기, 조율하기, 문제 및 갈등 해결하기를 통해 학생들의 사회적 기술을 발달시킨다. 문제 행동을 하면 교사가 개입하여 직접 해결하는 것이 아니라 '학급회의에서 문제 행동 다루기', '문제 해결 4단계', '선택 돌림판Wheel of Choice'과 같은 방법을 사용한다. 이런 방법들은 교사와 학생들이 함께 문제를 해결하고 상호이익win-win을 얻을 수 있는 해결능력을 키워준다. 이에 대해서는 2부에서 자세히 살펴볼 것이다.

나는 내 행동이 다른 사람에게 영향을 미친다는 것을 안다

PDC 교실에서는 실수를 정직하게 인정하며, 이를 극복할 수 있는 능력과 책임감을 가지고, 발생한 결과를 수용하고 행동의 제한을 받아들인다. 학생들은 실수를 했다고 해서 비난받거나 창피를 당하지 않을 것을 알기 때문에, 자신의 행동에 책임지는 것이 위험하지 않다고 생각하게 된다. 다른 사람을 비난하면서 갖게 되는 피해 의식("선생님이 나에게 '최하'를 주었어") 대신에 책임감("나는 공부를 열심히 하지 않았기 때문에 '최하'를 받았어")을 갖게 된다.

나는 매일 연습해서 지혜와 판단력을 발달시킨다

학생들은 자신에게 일어나는 일들을 이해하고 공동체 의식을 바탕으로 문제를 평가할 때 판단력이 생긴다. 문제가 생기면 무슨 일이 일어났고, 원인은 무엇이며, 자신의 행동이 다른 사람에게 어떤 영향을

미치는지 살펴본다. 그리고 앞으로 비슷한 문제가 생기지 않도록 예방하며, 그래도 문제가 생긴다면 어떻게 해결할지도 알아본다. 이런 과정을 통해 학생들은 어떤 상황이 일어났을 때 적절하게 반응하는 법을 배운다.

흔들리는 교사를 위한 새로운 훈육법

학생들은 학교폭력, 폭력서클, 태만, 음주, 흡연, 혼전임신과 자살 같은 심각한 문제에는 쉽게 휩쓸리지만, 7가지 신념을 익히는 것은 쉽지 않다. 또한, 학생들은 주인의식 결여나 동기부족과 같은 문제를 겪기도 한다. 하지만 7가지 신념을 갖고 있다면 심각하고 힘겨운 문제가 발생하는 일은 줄어들 것이다. 학생들이 이런 신념과 기술을 배우는 것은 대단히 중요하며, 여기에 PDC가 학생들에게 큰 도움이 된다.

교사들은 그동안 다양한 훈육방법을 배워서 활용해왔을 것이다. 그럼에도 앞서 이야기한 여러 문제가 사라지기는커녕 갈수록 심해지고 있다. 이로 인해 학생들만 괴로운 것이 아니라 그들을 가르치는 교사들도 끊임없이 흔들린다.

"내가 정말 잘 가르치고 있는 걸까?"

PDC는 이전과는 다르게 접근하는 새로운 훈육법으로, 학생들을 통제하는 대신 그들과 협력적으로 문제를 해결하고자 하는 교사들에게 효과적이다. PDC 훈련을 통해 적게 설명하고 더 많이 질문하는 법을 배운 교사는 학생들의 생각과 의견에 진심으로 관심을 가지게 될 것이다. 학생들이 자신의 의견을 말하도록 격려받을 때, 명령을 받는 대신 선택권을 가질 때, 함께 문제를 해결할 때, 협력적이며 상호 존중하는 교실이 될 것이다. 이로 인해 교사와 학생의 삶 모두 달라지는 것을 경험하게 될 것이다.

새로운 훈육법과의 만남

5학년을 지도하던 첫해는 정말 힘이 들었습니다. 문제 아이들을 거칠게 대하면서 바른 행동을 요구하는 단순한 방법을 사용했지요. 하지만 제가 거칠어지면 학생들은 더 거칠어졌고 제가 거칠어질수록 아이들은 훨씬 더 거칠어졌어요. 결국, 거칠고 강하게 대하는 것이 해결책이 아님을 깨닫게 되었습니다. 학생 중에는 형제자매가 폭력집단에 있거나 부모가 감옥에 있는 경우가 적지 않았습니다. 저는 학생들의 가족만큼 거칠지 않았던 겁니다. 5학년을 가르치던 첫해 제가 배운 것은 '거친 방법은 통하지 않는다'는 사실이었습니다.

이후 몇 년 동안은 조금 나았습니다. 솔직히 말하면 지나치게 친절한 교사로 지내고 있었지요. 그래서 다른 선생님들께 '아이들이 말을 잘 듣게 하는 법'을 물어보곤 했습니다. 그런데 제가 존경하던 선생님조차 칠판에 원을 그리고 문제 학생에게 그 원에 코를 대고 서 있게 했다고 하더군요. 그 이야기를 듣고 나만의 학급 경영을 만들어야겠다고 결심했습니다. 왜냐하면, 저는 학생들에게 굴욕감을 느끼게 하고 싶지는 않았거든요. 이후 몇 년이 지나면서 학생들을 존중하고 일관성 있게 다루는 방법을 터득하게 되었고 학생들은 전보다 협조적인 태도를 보였습니다. 하지만 여전히 고전을 면치 못하고 있었어요. 그러다가 PDC 워크숍을 듣게 되었고 큰 감동을 받았습니다. PDC는 학생들이 존중의 방식으로 협력하는 능력을 키우고 책임감을 기르며 문제를 해결할 수 있게 해주었습니다. 정말 흥분되더군요. 이것이야말로 학생들을 위해 꼭 필요한 것이었으니까요.

이후 우리 반은 점점 좋아졌습니다. 저는 학생들과 함께 학급절차와 해야 할 일, 해결책을 만드는 법을 배웠고 매일 학급회의를 하면서 칭찬하기, 감사하기, 문제 해결하기를 했습니다. 이런 활동으로 이전에는 경험해보지 못했던 '학생들과 연결'되는 느낌을 갖게 되었습니다. 학생들은 서로 신뢰하고 돕고 보살폈습니다. 저는 '내가 바라던 긍정적인 리더'로, 학생들은 '최고의 학생'들로 성장했습니다. 그걸 보면서 저 자신이 꽤 능력 있는 교사라고 느꼈지요.

통제하는 우두머리가 아니라 리더가 되는 법을 배웠고 학생들도 리더가 되도록 안내할 수 있게 되었습니다. 우리 반 학생들은 읽기, 쓰기, 수학뿐 아니라 의사소통기술, 문제 해결, 협동학습 등을 배웠습니다. 이것들은 삶에서 중요한 기술이지요.

어느 가을, 한 해 전에 가르쳤던 학생의 어머니께서 찾아오셨습니다. 학급회의를 통해 문제를 함께 해결했던 일에 대해 감사하다고 하더군요. 새로 진학한 학교는 학생들을 존중하는 방식으로 지도하지 않는답니다. 그래서 그 학생은 새 학교 교장 선생님께 담임교사와 학생들을 위해 학급회의를 활용할 것을 부탁했다고 합니다. 그 학생은 새로운 학급과 선생님께 자신이 긍정적 영향을 미친 것을 자랑스러워했습니다. 이전처럼 비난하거나 단점을 찾는 대신 저와 함께했던 것처럼 문제에 대해 토의하고 함께 해결책을 찾기를 바랐던 것입니다.

도디 블룸버그

2장

교사는 무엇을 어떻게
가르쳐야 하는가

교사에게 가장 중요한 임무는 학교에서 아이들이 좌절을 경험하지 않게 하는 것이며, 이미 좌절을 경험한 아이가 있다면 학교와 교사의 도움으로 자존감을 회복하게 하는 것이다. 이를 위해서 교사는 사명감을 가지고 지속적으로 노력해야 하며, 학생들은 미래를 희망적이고 즐겁게 바라보아야 한다.

알프레드 아들러Alfred Adler

인식의 전환이 필요하다

지금까지 당신은 어른을 기준으로 행동했다. 어떤 일을 하든지 '어른들이 어떤 반응을 보이는가?'를 생각하며 거기에 맞추려 노력했다. 선생님과 부모님은 열심히 공부하고 좋은 점수를 받아오는 당신을 자랑스러워했으며, 당신 또한 모범적인 아이가 되려고 노력했다. 따라서 벌 받을 일은 거의 없었으며 행동이나 생각이 다른 사람에게 문제가 되는 경우도 거의 없었다. 하지만 당신은 인정과 칭찬에 의존하는 사람이 되었다.

이런 경우가 아니라면 사회체제에 맞서 싸우는 사람이었을 것이다.

보상에는 전혀 관심이 없었으며 오로지 벌을 받지 않으려고 피해 다니는 데만 관심을 두었다. 열심히 노력하면 인정받고 좋은 결과를 얻을 수도 있었지만, 가능성을 시도해보지도 않은 채 문제아로 살았다. 안타깝게도 자신의 생각을 살펴보는 대신 다른 사람의 생각을 반박하는 데만 관심을 두고 살았다.

지금까지 경험해온 것과 모든 것이 다른 세상에 들어왔다고 상상해보자. 당신은 상벌을 사용하지 않는 교실의 학생이다. 상벌 대신 문제해결에 초점을 두고, 결과를 강요하기보다는 자기 행동과 그 영향에 대해 생각한다. 또 실수는 배움의 기회라고 믿으며, 더 나은 기분으로 공부할 수 있도록 수업 전에 긍정적 타임아웃을 선택할 수도 있다.

이렇게 새로운 세상을 상상해본 적이 있는가? 이제까지는 내적 동기를 키워주는 어른들에게서 책임감을 배우는 기회를 갖지 못했을 것이다. 오히려 보상과 처벌이라는 외적 동기를 활용하는 어른들에게 의존하거나 반항해왔을 것이다. 따라서 새로운 방법은 행동주의적 훈육법에 익숙한 교사들에게 결코 쉬운 일이 아니다. 실천을 위해서는 반드시 커다란 인식의 전환이 필요하다. 오른쪽 표는 두 가지 다른 훈육법을 사용하는 학교의 관점이 어떻게 다른지를 보여준다.

학생들이 무엇을 배우기를 원하는가

PDC 워크숍을 시작하는 단계에는 훈육방법의 변화가 필요하다는 것

'일반 학교' VS 'PDC 학교' 비교

	일반 학교	PDC 학교
관련 이론	파블로브Pavlov, 손다이크Thorndike, 스키너Skinner	아들러Adler, 드라이커스Dreikers, 글래서Glasser, 넬슨Nelsen, 로트Lott
동기 부여 방식	보상과 처벌	소속감(관계)과 사회적 맥락에서의 자존감(의미)
타인에게 가장 영향을 미칠 때	특별한 행동에 반응하기	지속적인 상호 존중
어른에게 가장 강력한 해결방법	보상, 인센티브, 처벌	공감, 믿음, 협력적 문제 해결, 친절하고 단호한 태도
문제 행동에 대처하는 법	비난, 고립, 처벌	행동 수정 전 공감하기와 문제 해결에 초점두기, 행동 이면의 신념 살펴보기
위협적이고 공격적인 행동에 대응(대처)하는 법	비난, 고립, 처벌	안전 보장 후 책임감과 개선에 대한 계획 세우기
배움의 효과를 극대화하는 방법	효율적인 방법으로 학생의 행동 통제하기	사회적 감정 표현 기술을 배우고 자기 조절력을 키우며, 다른 사람과 연결되어 있음을 알고 교실에서 자신의 역할을 만들어나가기

을 환기시키기 위해 교사들에게 '학생들이 어떤 성품과 사회적 기술을 배우길 원하는지' 물어본다. 30년 이상 많은 나라에서 수백 개의 집단이 이 목록을 작성했지만, 그 핵심은 늘 같았다.

학생들이 갖추어야 할 성품과 사회적 기술

- 건강한 자기 평가
- 책임감
- 협력
- 친절

- 자기 원칙
- 열정
- 자신과 타인 존중
- 문제 해결 기술
- 인간성
- 회복 탄력성
- 책임
- 개인 능력에 대한 믿음

- 연민
- 자연 사랑
- 정직
- 평생 배움
- 자발적 동기
- 행복
- 사회적 인식

이 목록이 학문적 탁월함과 관련이 없다는 것을 발견했는가? '이러한 성품과 사회적 기술이 학문적 탁월함만큼 중요한가?'라고 묻는다면 아마 모두가 '그렇다'고 답할 것이다.

이어서 학생들이 고쳤으면 하는 행동을 작성하게 했다. 이 목록도 교사의 출신 국가와 상관없이 매우 비슷하다.

바뀌기를 바라는 학생들의 행동

- 다른 사람의 말을 듣지 않는 것
- 험담하는 것
- 무기력한 것
- 욕하는 것
- 방해하는 것
- 고집부리는 것

- 싸우는 것
- 불평하는 것
- 발끈 화내는 것
- 쪽지를 주고받는 것
- 미디어를 과도하게 사용하는 것
- 숙제 안 하는 것

- 반항하는 것
- 지각하는 것
- 수업시간에 자는 것
- 놀리는 것

    다음 활동은 학생이 문제 행동을 할 때가 오히려 성품과 사회적 기술을 가르칠 기회라는 것을 보여준다. '설명하기 VS 질문하기' 활동에 참여함으로써 이를 직접적으로 경험하며 배워보자.

 ACTIVITY

설명하기 VS 질문하기

■ **목표**

학생이 문제 행동을 보이면, 이를 학생들에게 바라는 성품과 사회적 기술을 가르칠 기회로 이용하는 방법을 안다.

■ **방법**

1. 학생 역할 1명, 교사 역할 16명을 뽑는다.
2. 교사 역할을 맡은 학생들을 2줄로 나누어 한 줄은 상황을 학생 역할을 맡은 아이에게 설명하게 하고 다른 한 줄은 상황을 물어보게 한다.
3. 학생 역할을 맡은 아이에게 상황을 설명하는 줄로 가게 한 후, 대답이나 반응은 하지 않으면서 설명을 듣고 어떤 생각과 느낌을 갖게 되고 결심하게 되는지 살펴본다.

  ▲ 상황 설명하기

   ① 수업 시작하기 전에 숙제와 책을 준비해야지.

② 쉬는 시간에 외투 가져가는 것을 잊지 마. 밖이 추우니까 꼭 입어

야 해.

③ 수업시간에 과제를 다하지 못하면, 쉬는 시간에 남아서 다하고

가야 해.

④ 과제 치우렴. 책은 책꽂이에 꽂고, 교실에서 나가기 전에 청소해.

⑤ ○○처럼 조용히 할 수 없니?

⑥ 투덜대면서 불평하는 것 좀 그만해.

⑦ 알았어. 근데 이거 누가 그랬어?

⑧ 떠들었으니까 레드카드야.

4. 설명을 듣고 난 다음, 학생 역할을 한 아이가 듣는 동안 어떤 생각과 느

낌을 갖게 되었으며 무슨 결심을 하게 되었는지 이야기하게 한다. 또한,

성품과 사회적 기술 목록 중에서 어떤 것을 배웠는지도 찾아보게 한다.

아마 아이들의 대답은 항상 "없어요"일 것이다.

5. 다음에는 상황을 묻는 줄로 가서, 대답이나 반응을 하지 않고 들으면서

어떤 생각, 느낌 그리고 결심을 하게 되는지 살펴보도록 한다.

▲ 상황 묻기

① 수업 전에 무얼 준비해야 하지?

② 쉬는 시간 밖에서 따뜻하게 지내려면 무얼 입으면 좋을까?

③ 수업이 끝나기 전에 과제를 다하려면 어떻게 해야 할까?

④ 교실을 나가기 전 책상정리와 교실 청소를 위해 도움이 필요하니?

⑤ 수업 준비가 되었을 때 어떻게 앉아 있어야 하는지 보여줄 수 있는

사람?

⑥ 여러분이 말하는 것을 내가 잘 들을 수 있도록 또박또박 이야기해

줄 사람?

⑦ 이 문제를 어떻게 해결할 수 있을까?

⑧ 침묵 시간에 친구를 괴롭히면 어떻게 하기로 약속했지?

6. 이렇게 상황에 대한 질문을 들은 후 학생 역할을 한 아이에게, 활동하는 동안 생각하고 느끼고 결심한 것을 이야기하게 한다. 아마 어떤 상황을 지시하거나 설명하는 것보다 질문하고 주의를 기울여 듣는 것이 학생들의 사고력과 협력을 이끌어내는 데 더욱 효과적이라는 사실을 알게 될 것이다. 이 경우, 학생 역할을 한 아이에게 성품과 사회적 기술 목록을 다시 보고 배운 것을 이야기하게 하면 대답은 항상 "거의 대부분이요"일 것이다.

이제까지의 행동주의 관점에서는 무엇을 해야 하는지 설명을 듣고 지키지 않으면 벌을, 지키면 상을 받는 훈육법을 사용했다. 하지만 이 활동에서 보는 바와 같이 PDC는 이전의 관점과 확연한 차이점이 있다. PDC는 무엇을 해야 할지 학생 스스로 생각하게 하며 이를 위해 설명보다 질문하는 방법을 선택한다.

설명보다 질문이 더욱 효과적인 이유는 무엇일까? 설명을 들으면 우리 몸은 생리적으로 저항하게 되고 뇌도 저항하게 된다. 반면 존중하는 질문을 들으면 몸은 생리적으로 편안해지고 뇌에서는 대답을 찾기 시작한다. 이로 인해 존중, 감사, 소속감, 자존감을 느끼게 되고 상호 협력하여 결정하게 되는 것이다.

행동 아래 감춰진 신념

교사의 바람 VS 학생들의 현실

교사는 학생이 배움에 흥미를 느끼길 바란다. 하지만 현실에서는 잘 못된 훈육법을 사용함으로써 그 바람이 실현되기 어렵다. 상벌이 장기적인 행동변화에 효과적이지 않음에도 불구하고 여전히 많은 교사가 상벌제에 기초한 프로그램을 사용하고 있다. 이러한 프로그램이 단기적 문제 해결에는 효과적으로 보일지 모르지만, 장기적인 관점에서는 결코 효과적이지 않다. 행동 빙산 이론을 살펴보는 것이 이런 딜레마를 이해하는 데 도움이 된다.

행동 빙산 이론

많은 훈육 프로그램이 드러나 보이는 빙산의 윗부분, 즉 학생의 행동에 대해서만 설명하고 있으며 상벌을 사용하여 그 행동을 관리하 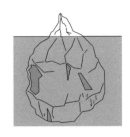 려 한다. 하지만 PDC에서는 빙산의 윗부분뿐만 아니라 수면 아래 잠겨 있는 아랫부분도 설명한다. 심리학자 루돌프 드라이커스는 어긋난 행동을 하는 학생들을 '좌절한 학생'이라 부른다. 다르게 말하면, 학생들은 스스로 소속되고자 하는 욕구가 좌절되었을 때, 소속감과 자존감을 가지려고 그릇된 방식으로 행동한다는 것이다.

드러난 행동에만 초점을 맞추면 행동의 원인이 된 좌절에 대해서는 다룰 수 없다. 우리는 수면 아래 감추어진 부분을 '행동 아래 감춰진 신념Belief behind the behavior'이라고 부른다.

부모와 마찬가지로 교사도 겉으로 드러나는 아이들의 행동만을 해결하려는 경향이 있다. 대부분 아이들을 빙산에 비유하여 생각해본 적이 없으며, 설령 있다 하더라도 수면 아래 숨겨진 부분을 다룰 만한 지식이나 방법을 가지고 있지 않다. 따라서 행동 아래의 신념보다는 겉으로 드러나는 행동이 문제라는 생각을 갖기 쉽다. 하지만 교사가 겉으로 드러나는 행동에 초점을 두면, 학생들은 더 큰 좌절을 경험하게 되며 문제 행동은 더욱 늘어난다.

수면 아래 잠겨 있는 빙산의 아랫부분 이해하기

빙산의 아랫부분, 즉 행동 아래 감춰진 신념에는 자신과 타인 그리고 세상에 대한 판단이 포함되어 있다.

아이들은 자신의 생각과 논리, 경험을 바탕으로 한 잠재의식에 기초해서 판단한다. 이런 판단 중에는 '나는 좋은 사람인가? 나쁜 사람인가?', '능력이 있는 사람인가? 없는 사람인가?', '중요한 사람인가? 중요하지 않은 사람인가?'와 같이 자신에 대한 것이 포함되어 있다.

또한 '다른 사람들이 나를 격려하고 있는가, 좌절을 맛보게 하고 있는가?', '나에게 도움이 되는 사람인가? 해가 되는 사람인가?', '나를 좋아하는 사람인가? 싫어하는 사람인가?'와 같이 다른 사람에 대한 판단도 들어있다.

끝으로 세상에 대한 판단이 있다. '세상은 안전한 곳인가? 무서운 곳인가?', '나를 보호해 주는가? 위협하는가?', '내가 잘 성장할 수 있는 곳인가? 아니면 생존을 위해 노력해야 하는 곳인가?' 등이 해당된다.

학생들은 자신이 이런 판단 속에 살고 있다는 것을 알아채지 못한다. 판단의 핵심은 의미 있는 존재들과 연결되어 있다는 소속감과 자신이 중요한 존재로 여겨지고 있다는 자존감이다. 이런 판단은 신념의 밑바탕이 되고 행동에도 큰 영향을 미친다.

실천 사례

칭찬 포스터를 만들다

학급회의 시간은 친구들이 서로 이해하고 서로의 장점을 말하고 감사를 표현하기에 매우 좋은 기회입니다. 저는 학기 초에 칭찬과 감사를 연습하기 위해 칭찬 포스터 만들기를 했습니다. 우선 바구니에서 한 학생의 이름을 뽑고 그 학생의 개성이나 장점을 브레인스토밍하도록 했습니다. 활동을 통해 학생들이 서로에 대해 긍정적으로 생각하고 장점들을 찾아낸 것은 무척 감동적이었습니다. 브레인스토밍을 통해 찾아낸 장점과 특성을 사진과 함께 포스터로 만들어 학생들이 들어오면서 볼 수 있게 입구에 게시했습니다. 이 활동으로 학급에 대한 소속감이 높아졌고 학생들은 저마다 다른 특성이 있다는 것을 알게 되었습니다. 또한, 친구들과 교사가 생각하는 자신의 장점을 듣는 좋은 기회가 되기도 했습니다. 두 달 동안 교실 입구에 포스터를 소중하게 붙여 놓은 뒤에는 각 가정으로 보내 가족과 함께 볼 수 있도록 했습니다. 학생들과 저에게 매우 소중한 경험이었습니다.

오린, 4학년 교사

소속감과 자존감 그리고 처벌

학생들은 소속감과 자존감을 느낄 때 자신이 안전하다고 느낀다. 이때 가 되어서야 비로소 교사가 가르치고자 하는 성품과 사회적 기술을 배우며 성장할 수 있게 된다. 만약 학생들이 소속감과 자존감을 갖지 못한다면 생존을 위한 행동을 하게 된다. 우리는 이런 행동을 '어긋난 행동'● 이라 부른다. 소속감과 정체성을 원하지만 잘못된 방식으로 이를 얻으려 하기 때문에 원하는 것에서 어긋나버린 행동을 하는 것이다. 이에 대해서는 4장에서 더 자세하게 알아볼 것이다.

보상과 처벌은 장기적인 행동변화에 도움이 되지 않는다. 보상을 바라는 아이들은 보상에 의존하게 된다. 동기를 불러일으키는 데 상벌에 의존한다면 보는 사람이 없어도 내적 동기에 따라 바르게 행동하는 건강한 사회구성원으로 성장하기는 어렵다. 처벌을 오랫동안 사용하면 문제는 더 심각해진다.

처벌의 장기적인 영향, '3Rs'
다음은 처벌이 가져오는 장기적인 영향이다.

● 　　　지금까지는 이런 행동을 '문제 행동'이라고만 표현해왔으나, 앞으로는 '어긋난 행동'이라는 용어를 같이 사용할 것이다. '문제 행동'은 드러난 행동만 보고 판단하는 관점의 용어이며 '어긋한 행동'은 소속감과 정체성을 원하지만 잘못된 방식의 행동을 함으로써 진정으로 원하는 것에서 어긋나버린 행동을 의미한다. - 옮긴이

- Rebellion(반항) : 당신은 나를 통제할 수 없어. 내 멋대로 할 거야.
- Revenge(보복) : 어떻게 되든 상관없어. 복수하고 상처 줄 거야.
- Retreat(후퇴) :

  가. 낮은 자기 평가 : 그래 나는 나쁜 사람이야.

  나. 속임수 : 다음에는 걸리지 말아야지.

처벌을 장기적으로 사용했을 때 '3Rs'라는 부작용이 있음에도 불구하고, 왜 많은 프로그램이 처벌을 바탕으로 한 모델을 사용하는 것일까? 처벌제도를 쓰는 행정가와 교사는 이 프로그램이 학생들과 가족에게 미치는 장기적인 악영향을 이해하지 못한다. 그저 문제 행동을 막기 쉬운 방법을 찾을 뿐이다. 이들은 우선 당장 나타나는 행동변화를 보면서 그 방식이 통한다고 생각한다. 처벌에 기초한 '카드경고제도'와 같은 방법도 효과가 바로 나타나는 것처럼 보인다. 그러나 PDC 홈페이지 게시판에는 '카드경고제도'로 불편함을 겪은 사례가 종종 올라온다.

두 엄마 이야기

다음은 카드경고제도 때문에 고민하는 두 엄마의 이야기이다.

어떻게 하는 것이 좋을까요? 저는 지금 도움이 필요합니다. 저희 아들이 어제부터 유치원에 다니기 시작했어요. 어제와 오늘 선생님께서는 마치는 시각에 아이 한 명 한 명을 앞으로 부르셨습니다. 그리고는 아이가 하루 동안 어떻게 지냈는지 말해주셨어요. 미소를 지으며 "○○가 오늘 참 잘했어요"라고 말하기도 하고 하루 동안 있었던 잘못한 행동에 대해서 말하기도 했습니다. 다행히도 우리 아이는 별문제가 없었는지 마지막에 불렸어요. 얼마나 다행이던지요. 하지만 선생님께서는 우리 아이에게 "○○가 아침에는 괜찮았는데, 오후에는 레드카드를 받았어요"라고 말씀하시더군요. 아들의 손을 잡고 흔들며 인사하려고 준비하던 저는 선생님의 말을 듣고 당황할 수밖에 없었어요.

아들은 돌아오면서 자기 카드가 빨강 칸으로 옮겨졌고 그래서 타임아웃 시간을 가졌다고 얘기하더군요. 그래서 제가 "그럼 내일은 어떻게 되는 거니? 어떻게 해야 그걸 피할 수 있니?"라고 물었어요. 이 문제는 해결되지 못하고 오후까지 계속 이어졌습니다.

남편도 무척 속상해했어요. 남편은 저더러 선생님에게 무언가 이야기해야 하지 않겠냐고 하더군요. 아이와 남편의 얼굴 표정을 보고 있자니 참 마음이 아팠습니다. 남편 말은 이해하지만, 그렇게 했을 때 선생님께서 불쾌해하지 않을까 고민이 되더군요. 제가 하는 말이 선생님의 교육 방식을 비판하는 것으로 받아들일까 봐 걱정됩니다. 도와주세요! 뭐라고 말해야 할까요? 선생님께 어떻게 해야 할지 지혜로운 해답을 알려주시기 바랍니다.

두 번째 이야기도 들어보자.

제 아들은 3학년입니다. 담임선생님은 요즘 색깔이 표시된 행동 차트를 사용하고 계세요. 그런데 제 아들의 카드가 계속 좋지 않은 색깔 쪽으로 옮겨지는 모양입니다. 선생님은 아이를 혼자 앉게 하고 쉬는 시간마저 빼앗으셨어요.

지난주에는 아이가 교장실에 3번이나 불려 갔다고 하더군요. 수업하는 동안 같은 행동을 계속 반복했다고요. 책상에 낙서를 하고 하지 말라는 말에도 계속 반복하고 선생님께 반항하는 행동을 보였다고 합니다. 선생님에게 아이의 부정적인 평가를 듣는 것이 너무 힘들어요. 그래서 앞으로는 아이가 학교에서 문제를 일으키면 비디오게임 같은, 아이가 집에서 누릴 수 있는 특권을 금지할 계획입니다. 이렇게까지는 하고 싶지 않지만, 남편은 그렇게라도 해야 한다고 하더군요. 그래서 이 문제로 남편과도 다투었고 스스로 형편없는 부모라고 여기게 되었습니다. 어떤 사람은 저에게 카드경고제도가 아들에게 도움이 되는지 물어봅니다. 제 대답은 "물론 도움이 되지 않는다"입니다.

두 교사 이야기

다음은 PDC를 사용하는 두 교사가 들려주는 카드경고제도에 관한 이야기이다.

저는 항상 부모님들의 의견을 듣고 싶어요. 저희 반 학급 운영방식을 개선해나가는 데 도움이 되니까요. 다행히 내년에는 카드를 사용하지 않고 학급을 운영할 수 있을 것 같습니다. 카드경고제도 대신 PDC를 활용할 예정이거든요. 사실 수업시간에 색깔 카드를 사용하는 것은 불편해요. 학생들에게 무슨 색깔 카드를 주었는지 항상 기억할 수는 없으니까요. 모든 선생님이 그렇다고 확실하게 말할 수는 없지만, 저는 부모님들이 자신의 고민을 말하더라도 불쾌해 하거나 어찌해야 할지 몰라 당황해 하지 않을 것입니다. 부모님들은 좋은 의도로 말씀하시는 것일 테니까요.

이번에는 다른 사례다.

저는 1학년을 가르칩니다. 저는 지난 몇 년 동안 PDC를 해왔어요. 우리 학교에 근무하는 다른 선생님들은 대부분 PDC를 사용하지 않습니다. PDC를 좋아하는 교사도 있겠지만 '카드경고제도'나 '클립 시스템' 같은 상벌제도를 좋아하는 교사도 많습니다. 저는 이런 것들을 별로 좋아하지 않지만요. 카드경고제도의 폐해에 대해서 아는 것 자체가 얼마나 중요한 것인지, 많은 사람 앞에서 학생의 잘못을 비난하고 소리치는 것이 얼마나 해로운지, 부모님이 교사에게 이야기하는 것이 필요하다고 생각합니다.

카드경고제도를 사용하는 선생님들은 학부모로부터 마음속 이야기를 들을 기회가 많지 않았을 겁니다. 그래도 존중하는 방식으로 이야기한다면 담임선생님도 귀를 기울일 거예요. 이렇게 얘기해보세요. "선생님께서 학생들에게 얼마나 관심이 많은지 알고 있습니다. 아이들을 만난 지 며칠 되지 않았지만, 시간이 흐르면서 더 안정되리라 생각합니다."

보상과 처벌을 넘어서

PDC에서는 수용 불가능한 행동을 한 학생들을 다른 사람으로부터 격리해야 한다고 생각하지 않는다. 이 책은 보상과 처벌을 사용하지 않고도 사회적으로 수용 가능한 행동을 하는 아이로 기르는 다양한 방법이 가득하다. 이 방법들을 배움으로써 학문적인 지식만이 아니라 사회적인 기술까지도 익히게 된다.

아이가 말을 배울 때 무엇이 필요한가? 먼저 단어를 익혀 말하고 다양한 말을 들으며 문장을 배우도록 격려받는다. 그런 다음 해를 거듭하면서 어휘력을 늘리며 계속 발전하고 완벽한 문장을 만들기 위해 노력한다. 그런데 왜 말 배우기가 아닌 다른 것에서는 즉각적인 결과를 기대할까? 아이들이 틀린 문장을 말할 때마다 비난이나 벌을 받는다면 제대로 말하는 법을 배울 수 있을까? 아이들은 그들의 삶을 통해 배움을 얻는다. 아이들이 친절하고 존중하는 아이로 자라기를 원한다면, 아이들이 생활하는 곳이 친절과 존중으로 가득해야 한다.

이 책의 공동 저자이자 심리학자인 린 로트Lynn Lott의 이야기를 들어보자.

어제 저는 특별한 병명도 없이 몇 년 동안 심각한 복통에 시달리는 16살 된 여자아이의 심리 상담을 했습니다. 그 아이의 신념과 관련된 어린 시절 기억에 대한 작업이었어요.

첫 번째 기억은 유치원 때였는데 친구와 떠든다고 여러 번 지적을 받고 결국 '생각하는 의자'에 앉게 되었더군요. 비난과 창피함을 경험한 거죠. 벌(1번째 벌)을 받은 후 부모님은 선생님과 상담을 해야 했고, 선생님으로부터 아이가 너무 많이 떠들었기 때문에 놀이터에서 노는 것을 금지(2번째 벌)한다는 말을 들었습니다. 집에 돌아오자 화가 난 부모님은 아이에게 잔소리하고 장난감을 뺏는 벌을 주었어요.(3번째 벌) 아이는 안전하게 놀기로 마음먹고 문제 행동을 하지 않기 위해 노력했습니다. 문제에 휘말리지도 선생님의 주의를 끌지도 않았으며 점수도 적당히 잘 받아 왔습니다. 그래서 특별히 두각을 나타내지 않았지요. 하지만 이 아이는 늘 긴장 속에서 지냈습니다. A, B 등급을 받는 것도 다른 사람의 주목이 집중되므로 다른 사람의 기대를 받지 않으려고 B, C 등급을 받았습니다. 그 아이는 학교에 대해 더 이상 생각하지 않기로 했습니다. 안타깝게도 그 후로 병명을 알 수 없고 잘 낫지도 않는 복통을 갖게 되었어요.

과도한 벌을 주는 것은 학대와 다를 바 없다. 부모와 교사가 자신의 처벌적 훈육방법이 아이의 일생에 걸쳐 계속해서 문제를 일으킨다는 것을 알게 된다면, 이에 대한 대안을 생각할 것이다. 하지만 안타깝게도 자신이 사용하는 방법이 장기적인 행동변화에 효과가 없으며 더 큰 문제를 일으킬 수 있다는 것을 이해하지 못한다.

그러나 걱정하지 않아도 된다. 이 책에는 처벌적 훈육에 대한 수많은 대안이 있다. 예를 들어 카드경고제도 대신 다른 방법을 찾는다면, 문제 행동을 하는 학생에게 "우리가 이 문제를 해결하려면 어떻게 해야 할까?"라고 물어보는 방법을 사용하면 된다. 이럴 때 학생은 비난받는다고 느끼는 대신에 자신에게는 능력이 있으며 실수에 대한 벌이 아닌 실수를 해결하는 능력을 배우고 있다는 것을 알게 된다. 문제 해결에 대해서는 2부에서 자세하게 다룰 것이다.

나를 안아줄래?

수업 중에 4살 된 남자아이가 소리치며 화를 내고 활동을 멈춘 채 테이블을 박차고 나갔습니다. 보조 선생님이 아이를 따라가서 편안한 소파로 데리고 가셨어요. 거긴 아이들이 기분이 상했을 때 담요를 덮고 기분이 좋아질 때까지 기다리는 장소로 이용되는 곳이었습니다. 하지만 화가 난 아이는 소파를 발로 차며 여전히 소리를 지르더군요. 아이는 보조 선생님과 이야기하는 것조차 거부하고 있었습니다. 전 그 아이 옆에 조용히 앉아 이렇게 속삭였습니다. "나를 안아줄래?" 하지만 여전히 그 아이는 소리를 지르고 몸부림쳤습니다. 전 15초 후에 다시 속삭였어요. "나를 안아줄래?" 그러자 아이가 소리를 지르고 몸부림치는 것을 멈추더군요. 잠시 후 저는 다시 한 번 더 속삭였습니다. "나를 안아줄래?" 그러자 아이는 잠시 머뭇거리더니 몸을 돌려 저를 안아주었습니다. 전 그 아이에게 미술 테이블로 혼자 돌아갈 것인지 저와 함께 갈 것인지 물었습니다. 아이는 함께 가고 싶다고 했습니다. 우린 다시 미술 테이블로 돌아갔고 즐겁게 미술 활동을 마무리했습니다.

스티븐 포스터, PD 리드 트레이너

3장

당신은
어떤 교사인가

나 자신이 먼저 변해야만 우리의 삶과 주위 사람들도 변한다.

루돌프 드라이커스

안타깝게도 교사는 가르친 노력만큼 결실을 보기가 쉽지 않다. 씨를 뿌리지만 수확의 경험을 맛보기는 어렵다. 그러나 PDC 학급에서는 교사 혼자 씨를 뿌리고 가꾸지 않아도 되며, 친절하고 단호한 교사의 리더십 덕분에 훈육의 효과가 즉시 나타난다.

시민의식이 있는 사람은 사회에 관심이 많고 사회에 도움이 되기를 원하며 이를 실천하며 살아간다. PDC 학급에서는 학생들이 문제를 함께 해결하며 상호 존중과 협력학습 기술을 배운다. 이 과정에서 자기 능력을 긍정적으로 사용하는 법을 알게 되며, 이 능력을 과시하기 위해 문제 행동을 하던 것이 사라지게 된다. 다음 사례는 학생들이 시민의식을 갖춘 사람으로 성장하게 되면서 수확의 기쁨을 느끼게 된 한 교사의 이야기다.

교사의 믿음이 학생을 성장시킨다

저는 PDC를 활용하는 학교의 교장입니다. 우리 학교 학생들은 자신의 의견을 자유롭게 말하고 협력하면서 문제를 해결합니다. 눈물이 날 정도로 감동했던 이야기를 하나 소개하겠습니다.

가정에서 가족회의가 중요한 것처럼 학급에서도 학급회의가 매우 중요합니다. 올해 우리 학교는 학급회의를 진행했으며 학생들은 안건에 대해 논의하고 문제를 해결해왔습니다. 몇 주 전 한 선생님이 오셔서 4학년 아이 몇몇이 점심시간에 회의를 했다고 알려 주셨습니다. 회의 안건은 모임을 만드는 것과 선거에 대한 것이었습니다.

1~2주 후에는 다른 선생님이 오셔서 4학년 아이들이 리비아 사람들이 겪고 있는 일이 부당하며 그 사람들을 지지한다는 내용의 포스터를 만들고 싶어 한다고 알려주셨습니다.

그 후로 몇몇 학생이 교무실로 저를 찾아와서는 나와 일정을 맞춰 함께 의논하고 싶다고 요청했습니다. 그래서 어제 쉬는 시간에 만나기로 약속했습니다. 어제 아침에 이 모임 회원인 2학년 학생이 보낸 메일을 확인했습니다. 자신들의 모임에 대해 설명하고 모임의 목표에 대해서도 자세히 적혀 있었습니다. 메일 내용의 일부를 소개합니다.

세상은 점점 더 거칠어지고 있습니다. 친구들과 함께 세상을 바꾸고 싶어요. 저는 불가능한 것도 가능하게 할 수 있다고 믿는 친구들과 함께 세상을 바꾸고 싶습니다.

그런 이유에서 '세상을 바꾸는 아이들, KCCW(Kids Can Change the World)'를 만들고자 합니다. 나이 제한은 18세 이하지만, 교장 선생님께 부탁을 하나 드리고 싶어요. KCCW에 대해 다른 사람들에게도 알려주세요.

KCCW의 목표를 소개하겠습니다.

- 빈곤 없애기
- 전쟁 끝내기
- 환경오염 하지 않기
- 위험에 처한 동물 구하기
- 교육에 힘쓰기
- 마약 퇴치
- 모두를 위한 자유

KCCW 구호는 '세상을 더 좋게 만들자'입니다.

아이들이 몇 명 오지 않을 거라는 제 예상과 달리, 4학년 대부분이 와서 이 단체에 가입하는 것을 보고 깜짝 놀랐습니다. KCCW 사례는 교사가 학생의 능력을 믿고 그 능력을 지원할 때 어떤 일이 일어나는지를 보여줍니다. 이 사례는 훌륭한 리더십이 무엇이며 어떻게 학생들을 성장시킬 수 있는지 보여줍니다. PDC가 없었다면 학생들이 세상을 바꿀 수 있다는 믿음을 가질 수 있었을까요?

다이나 엘트레비, 뉴 호리즌 PDC 초등학교 교장

교실의 분위기는 교사가 결정한다. 상을 줄 때는 친절하다가 벌을 줄 때는 엄하다면, 학생들은 혼란과 두려움 속에서 '나는 좋은 아이일까, 나쁜 아이일까?'로 자신을 판단할 것이다. 반면 친절하면서 단호한 교사는 학생들이 책임감과 신뢰, 회복력, 능력, 영향력, 배려, 자기확신을 갖도록 도와준다.

한 학생이 학교에서 받은 노란카드에 대해 이야기를 하자 할머니는 그 카드가 무엇을 의미하는지 물었다. "그건요, 제가 아주 작은 잘못을 했다는 거예요." 할머니는 손녀가 그릇된 행동을 선택한 이유보다 잘못된 행동에 의해서만 판단되고 있다는 사실에 경악했다.

학생들이 연습이나 실수, 배움, 재시도 없이 지혜로워지고 올바른 판단력을 갖길 기대하는 어른이 많다. PDC 학급에서는 학생들에게 연습 기회를 많이 준다. 학생과 학생, 학생과 교사가 서로 존중하는 분위기에서 교사가 친절하면서 단호하게 대할 때 학생들의 소속감과 자존감은 더욱 커진다.

교사 유형 살펴보기 I – 보스, 하인, 유령

당신은 친절하면서 단호한가? 잘 모르겠다면 자신이 다음 3가지 유형의 리더십 중 어느 것에 해당하는지 살펴보라. 자신과 자신의 리더십 스타일을 아는 것은 매우 중요하며 어떤 부분을 변화시켜야 하는지 아는 데 큰 도움이 된다.

리더십 스타일에 대한 이론은 다양하지만, 교사인 우리에게 딱 맞는 것은 별로 없다. PDC에서는 바람직하지 않은 리더십 유형으로 다음 3 가지를 제시한다.

보스 : 첫 번째 유형은 보스로, 이 유형은 "내 방식대로 쭉 가는 거야. 네가 어떻게 행동하고 무엇을 해야 하는지 내가 다 알려줄 거야. 넌 내가 하라는 대로만 해. 그러지 않으면 곤란해질 거야"라고 믿는다.

하인 : 두 번째는 하인으로 "나는 네 행복과 편안함을 위해 존재해. 원하는 것이나 필요한 것이 있으면 말해. 내가 다 해줄게"라고 믿는 유형이다.

유령 : 마지막 세 번째는 유령으로 위 두 유형과 비교했을 때, 잘하고 싶지만 아무것도 하지 않고, 몸은 여기 있지만 감정은 사라진 리더이다.

이런 리더들은 상과 벌로 훈육한다. 벌은 '기분이 상한 후에야 행동이 변한다'는 믿음을 바탕으로, 잘못하면 대가를 치러야 한다는 것을 가르친다. 이런 접근은 '3Rs' 즉, 반항Rebellion, 보복Revenge, 후퇴Retreat 의 감정을 갖게 한다. 보상은 외적 보상이 있을 때만 우리가 원하는 행동을 하게 한다. 이런 접근 방법은 내적 동기를 무마시키고 더 크고 나은 보상을 바라는 마음을 갖게 한다.

교사 유형 살펴보기 II - 카멜레온, 거북이, 사자, 독수리

교사 유형을 확인할 수 있는 두 번째 방법을 소개한다. 자신이 어떤 유형의 리더인지 알아보고 교실에서 어떤 영향을 미치는지에 대해 생각해보자. 당신은 카멜레온과 거북이, 사자, 독수리 중 어떤 유형인가? 아래의 질문으로 유형을 찾아보자.

"다음 중 가장 피하고 싶은 것은 무엇인가?"

1. 고통과 스트레스

2. 거절과 귀찮음

3. 의미 없음과 중요하지 않음

4. 비판과 조롱

위의 항목을 크게 소리 내어 읽어본 후, 다른 것보다 불편함이 느껴지는 항목을 선택한다.

유형 1. 고통과 스트레스 - 거북이

고통과 스트레스를 선택했다면 당신은 거북이 유형이다. 이 유형은 창조적이고 흥정에 능하며 느긋하다. 또한, 학생들에게 허용적이며 응

석을 받아준다. 스트레스를 받으면 고개를 말아 딱딱한 등껍질 속으로 숨어버리는데, 심한 경우에는 안전해질 때까지 모든 것을 쫓아버리는 공격적인 모습을 보이기도 한다.

거북이 유형이 리더십을 향상시키기 위해서는 일과와 수업에 대한 학급절차 만들기, 다른 사람들과 의사소통하기, 학생들이 한 선택에 대한 논리적 결과를 경험하게 하기 등을 실천하는 것이 필요하다.

유형 2. 거절과 귀찮음 – 카멜레온

거절과 귀찮음을 선택한 당신은 카멜레온 유형의 교사이다. 당신은 사람에 따라 행동양식이 달라진다. 친절하지만 쉽게 상처를 주며, 자신을 하인처럼 대할 때도 있지만 자기 자신만 챙길 때도 있다. 학생들에게서 사랑받고 인정받는 것을 중요하게 여겨 교실을 정도 이상으로 혼란스럽게 내버려두거나, 순서에 따르기보다 인정받는 일을 우선시하는 성향이 있으므로 주의할 필요가 있다.

카멜레온 유형이 리더십을 향상시키려면 행동의 경계를 만들고 문제를 함께 해결해야 한다. 지나친 배려보다는 자신의 솔직한 마음을 표현하는 것이 중요하다. 당신이 아니라고 생각할 때 'NO'라고 말할 수 있어야 한다.

유형 3. 의미 없음과 중요하지 않음 – 사자

의미 없음과 중요하지 않음을 선택했다면 당신은 사자 유형이다. 이 유형은 아는 게 많고 솔선수범하며 높은 이상을 가지고 있다. 그러나 안타깝게도 자신의 능력은 너무 무리하게 사용하고, 다른 사람의 능력은 과소평가한다. 항상 더 나아질 수 있다고 생각하기 때문에 스스로 채찍질하고 다른 사람들에게도 압박을 가한다. 전혀 그럴 의도가 없음에도 불구하고, 유용한 충고를 할 때조차 거만하고 비판적인 인상을 준다. 사자형 교사는 위협을 느꼈을 때 다른 사람의 머리를 물어뜯거나 큰 소리로 으르렁거릴 수도 있다는 것을 기억하자.

사자 유형이 리더십을 갖기 위해서는 완벽해지려는 마음을 내려놓고 다른 사람을 믿고 인내심을 가지도록 노력해야 한다.

유형 4. 비판과 조롱 – 독수리

비판과 조롱을 선택했다면 당신은 독수리 유형이다. 이 유형은 책임자로서 계획을 미리 세운다. 따라서 매우 체계적이지만 지극히 산만할 수도 있으며 중요한 일을 계속 미루기도 한다. 일을 잘 처리해서 도움이 되려 하지만, 스트레스를 받을 때는 자신의 둥지로 물러남으로써 학생들이 두려움과 소외감을 느끼게 한다. 또한, 자신이 비난받는다고 느끼면 평소의 여유로운 모습을 잃고 소리 지르거나 사냥감을 공격하는 모습으로 변할 수 있다.

이 유형이 리더십을 갖길 원한다면, 자신이 느끼는 바를 말하고 권한을 위임하며 사람들에게 선택권을 주는 것이 필요하다.

교사 유형에 대해 더 자세히 알고 싶다면 린 로트Lynn Lott가 운영하는 www.lynnlott.com에 안내된 자료를 참고하자.

PDC 교사의 기본 관점과 기술

지금까지 교사의 유형을 살펴보았다면, 이제부터는 PDC 교사라면 기본적으로 갖추고 있어야 할 관점과 기술을 살펴보자.

PDC 교사의 기본 관점과 기술

1. 학생은 경험에서 배운다.

2. 실수는 배움의 기회다.

3. 칭찬과 보상 대신 격려 사용하기

4. 학생들과 함께 학급일정 만들기

5. 학급 역할 나누기

6. 교사와 부모, 학생이 간담회에 함께 참여하기

학생은 경험에서 배운다

PDC 교사는 학생들이 그들의 경험에서 배우는 기회를 갖게 한다. 학생이 자연적인 결과를 경험하게 하는 것은 실제적인 훈육방법 중 하나이다. 자연적인 결과는 어른의 개입이 없는 상황에서 일어난다. 비가 오는데 비옷을 챙기지 않았다면 젖게 될 것이다. 새치기를 했다면 친구들이 새치기를 하지 말라고 할 것이다. 도시락을 챙기지 않았다면 학급 친구들의 도시락에서 그 아이들이 먹고 싶지 않은 음식을 나눠 받아먹어야 할 것이다.

교실에서 일어나는 많은 문제가 어른의 개입 없이 쉽고 빠르게 해결

된다. 참견하지 않고 기다리는 것이 불편하다면 마음속으로 열까지 세어 보자. 그리고 상황에 대해 자세히 알려고 하기 전에 어떤 일이 벌어지고 있는지 관찰하자.

실수는 배움의 기회다

실수에 대한 학생들의 잘못된 개념을 바로잡을 기회는 많다.

"여러분 중에는 비디오게임이나 컴퓨터게임을 하는 친구가 많을 거예요. 게임을 예로 들면 실수에 대해 이해하기가 더 쉬울 거예요. 게임을 하다가 실수하면 어떻게 하나요? 그래요. 그냥 다시 하지요. 그렇게 우리는 수많은 실수를 하고 해결하면서 다음 단계로 나아가는 거예요."

게임은 꾸짖거나 창피를 주지 않는다. 다만 이전 실수에서 배우도록 격려한다. 삶에서 일어나는 일도 대부분 비슷하다. 이 세상 모든 사람은 살아 있는 한 실수를 한다. 그런데 실수를 숨기면 더욱 고립될 뿐이며 만회할 기회도 얻지 못한다. 과거의 잘못된 판단으로 얻게 된 경험은 이후에는 올바른 판단력을 키우는 바탕이 된다.

모든 사람은 실수하기 마련이다. 따라서 실수를 부족하고 잘못된 것이라 여기지 말고 배움의 기회로 보는 것이 훨씬 더 도움이 된다. 학급 전체가 실수를 통해 배울 수 있다고 진심으로 믿는다면, 학생 개개인도 실수에 대한 책임을 걱정하지 않을 것이다.

오히려 실수했을 때, 이 일이 친구들에게 도움받을 기회가 될 것이라고 생각할 것이다. 그리고 자신이 한 행동이 실수였다 하더라도 그 일에 대해 책임을 지는 것이 얼마나 자랑스러운 일인지 배우게 될 것이다. 왜냐하면, 실수를 잘못된 것이거나 문제 상황이라고 생각하지 않기 때문이다.

실수가 좋은 배움의 기회임을 알려주는 방법은 모든 학생이 자신이 했던 실수와 그것을 통해 배웠던 것에 대하여 이야기를 나누는 것이다. 아래 또 다른 방법 하나를 소개한다.

실수를 배움의 기회로 여기기

■ 목표

교사는 자신이 가지고 있는 실수에 대한 잘못된 개념을 알아차린다.

학생들은 실수에 대한 올바른 개념을 이해한다.

■ 방법

1. 교사는 자신이 학생이었을 때를 떠올리고 학생들은 현재 자신의 경험을 생각한다. 먼저 자신이 실수했던 경험을 떠올린다. 그 경험을 상상하며 '실수'라는 말을 들을 때 떠오르는 표면적인 의미와 숨겨진 의미에 대해 모두 쓴다. 사람들이 쓴 내용은 다음과 같다.

   • 실수는 나쁜 것이다.

   • 실수를 하면 안 된다.

   • 실수를 저지른다면 당신은 멍청하고 형편없는 사람일 뿐 아니라 부족한 실패자다.

- 실수는 실패를 의미한다.
- 실수를 했다면 누구에게도 들켜서는 안 된다. 누군가가 알게 되었다면 그것은 사실이 아니라고 어떻게든 둘러대야 한다.

2. 이런 신념을 바탕에 깔고 있다면 실수를 한 자기 자신이나 그 행동에 대해 어떤 생각을 하게 될지 써 본다. 사람들이 쓴 글은 다음과 같다.

- 실수를 하다니 나는 형편없는 사람이야.
- 실수를 하면 나를 모자란 사람으로 생각할 거야.
- 실수를 한다면 들키지 말아야 해.
- 책임지는 것보다 변명을 하거나 남 탓을 하는 게 더 나아.
- 어차피 실수할 게 뻔하잖아. 차라리 가만있는 게 더 낫지.

3. 이것들은 실수에 대한 잘못된 신념이다. 사람들이 어떤 실수를 하며 그것을 무마하려 어떤 행동을 하는지에 관해 학생들과 이야기를 나눈다. 또한, 실수를 인정하거나 사과를 하며 문제를 해결하고자 할 때 어떻게 하면 좋을지에 대해서도 이야기한다.

칭찬과 보상 대신 격려 사용하기

격려는 이 책에 다루는 모든 개념의 바탕이 된다. 격려는 한 사람의 행동이 그 사람과 동일시 될 수 없으며, 학생의 행동에 대해 가치판단을 하지 않고 그 고유성을 인정하고 소중한 존재로 받아들인다는 것을 의미한다.

성적표에 A나 B를 받은 학생이 있다고 하자. 그 학생에게 뭐라고 이야기하면 좋겠는가? "잘했어. 기분 좋겠는걸. 정말 탁월하구나"와 같이 칭찬할 수 있을 것이다. 그런데 같은 학생이 D나 F를 받았다면 뭐라고 말할 것인가? 학생은 격려의 말이 필요하겠지만, 교사는 그 말을 생각해내기가 쉽지 않다. 아래에 격려의 예를 몇 가지 소개한다.

- 네 점수에 대해 어떤 느낌이 드니?
- 요즘 무슨 일이 있니? 점수가 떨어질 만한 일이 있는 거야?
- 혹시 점수를 올리는 데 도움이 필요하니? 내가 도움을 줄 수 있으면 좋겠구나.
- 누구나 좋지 않은 점수를 받을 수 있어. 이번 결과와 관계없이 난 너를 여전히 좋아한단다.
- 부모님께 점수를 보여드리는 것이 두려운 모양이구나.

다음은 학생들이나 동료 교사와 함께해볼 수 있는 격려와 관련된 활동이다.

ACTIVITY

성장을 위해 격려하기

■ 목표

학생들이 새로운 기술을 익힌 후에도 좌절을 경험하게 되었을 때 이겨내도록 돕는다. 다른 사람들에게도 도움을 준다.

■ 준비물

색인 카드, 볼펜 또는 연필, 색인 카드를 담을 모자나 가방

■ 방법

1. 색인 카드를 학생들에게 나누어준다.
2. 자신감이 떨어지게 되는 상황을 학생들에게 제시한다.
   - 뭔가를 노력했는데 잘되지 않았다.
   - 화가 나서 소리 지르고 못되게 구는 것을 멈출 수 없었다.
   - 노력하고 있는데 놀림당하거나 비판받았다.
3. 자신감이 떨어졌을 때 듣고 싶은 격려의 말이 있다면 색인 카드에 적게 한다. 글을 쓸 수 없는 학생이 있다면 다른 사람이 받아쓰거나 그림으로 그릴 수도 있다. 다음과 같은 말을 보기로 제시할 수도 있다.
   - 네가 해낼 수 있다는 걸 믿어.
   - 조금만 더 힘내, 넌 할 수 있어.
   - 도움이 필요하니? 네가 필요하다면 도와줄 수 있어.
4. 학생들이 글을 쓰는 동안 오늘 수업을 마친 후 다른 사람이 쓴 격려 카드를 가지고 갈 것이라고 이야기한다.
5. 교실을 돌아다니며 가방이나 모자에 카드를 모은다. 이때 학생들에게 고맙다는 말을 하는 것을 잊지 않는다.
6. 집으로 가기 전에 카드를 하나씩 뽑아가게 한다.

학생들과 함께 학급일정 만들기

학급에 정해진 일정이 있으면 학생들은 교실에서 해야 할 일을 예상

할 수 있고 이로 인해 더욱 안정감을 느낀다. 부드러운 리듬으로 하루하루를 보낼 때 삶은 더욱 편안해지기 마련이다. 교사와 학생들은 학급일정을 보면서 무엇을 해야 하고, 무엇을 배우는지 알 수 있다. 수업을 안내할 때 "다음은 국어 시간이에요."보다 "다음은 무슨 시간인지 일정표를 확인해보세요. 이야기해 줄 사람?"이라고 말하는 것이 학생들 스스로 할 일을 찾는 데 도움이 된다.

앞의 말은 교사가 학생들을 통제하고 있다면, 뒤의 말은 학생들이 스스로 학급일정을 확인하게 하고 무엇을 해야 하는지 찾아보게 한다. 교사가 무언가를 하라고 하면 반항하는 학생들이 생기지만, 교사가 존중하는 태도로 무엇을 해야 하는지 묻는다면 대부분 기꺼이 받아들인다.

대부분의 경우 교사가 직접 학급일정을 만든다. 이제까지 그래 왔다면 지금부터는 학생들을 참여시켜 학급일정을 만들어보자. 학급일정을 제대로 만들려면 제한된 선택이 포함된 질문(제한적인 선택을 허용하는 질문)을 사용하는 것이 좋다.

"수학과 영어 중 무엇을 먼저 하고 싶나요?"

"미술 수업은 점심 먹기 전 시간과 마지막 시간 중 언제가 더 나을까요?"

학급일정을 만들 때는 수업 시간표만 짜기보다는 아래와 같이 학급에서 일상적이고 반복적으로 일어나는 학급절차를 함께 만들어두는 것이 훨씬 효과적이다.

학급절차 목록

- 학습 준비물을 나누고 모으는 방법
- 학생들이 교실을 들어오고 나가는 방법
- 줄 서는 방법
- 현장학습과 같은 교실 밖 활동에 대한 절차 등

아래의 '학급일정 만들기'를 참고하자. 이렇게 상호 존중을 바탕으로 학급일정을 만들어두면 해야 할 일을 예측할 수 있고 일관성 있게 일정을 운영할 수 있다. 학급회의에서도 학생들과 이 방법을 지속적으로 사용해보자.

TIP 학급일정 만들기

1. 한 번에 주제 하나씩 다룬다.
   "먼저 일정표를 만들 거예요. 일주일 동안 지내면서 괜찮은지 확인해보고 결정할 겁니다. 만약 괜찮지 않다면 더 좋은 방법을 찾아봅시다."
2. 소란스러울 때보다는 모두가 안정이 되었을 때 의논하는 것이 좋다. 학급일정이 제대로 진행되지 않는다면 이것을 학급회의 안건으로 올린다. 학급회의 시간이나 모두가 차분한 상태일 때 학급일정 개선을 위해 논의한다. 소란스러울 때 논의하면 매우 힘든 시간이 될 것이다.
3. 정해진 학급일정을 크게 만들어 게시한다. 의논이 끝나고 학생들이 학급일정에 동의하면 교사나 학생 중 한 명이 이를 정리해서 일정표를 크게 만들 수 있다. 국어 시간이 언제인지 물어보려면 "국어 수업은 언제인지 일정표를

확인해보세요"라고 말한다. 학급일정표가 교사를 대신한다.

4. 롤플레잉으로 연습한다. 학급일정표 순서대로 해당 과목 수업을 준비하고 공부하는 것처럼 롤플레잉을 한다. 여러 번 연습하면 모든 학생이 다음에 무엇을 해야 할지 알게 될 것이다.

5. 학급일정이 정해졌다면 충실히 따른다. 어떤 학생이 일정을 물어보거나 무시한다면 "일정표를 확인해보렴. 다음에 뭘 해야 하지?"라고 묻는다. 일정을 알려주거나 잔소리하지 않아도 게시된 일정표를 확인하라고 이야기하는 것만으로 충분하다.

학생들과 함께 학급일정을 만들면 더욱 안정적이고 차분하며 신뢰할 수 있는 학급을 만들 수 있다. 그뿐만 아니라 학생들이 삶의 기술을 효과적으로 배울 수도 있다. 이로 인해 자신의 행동에 대한 책임감을 배우고 협력하며 자존감을 가지게 된다.

학급 역할 나누기

학급에서의 역할을 나누는 것은 학생들이 의미 있는 행동으로 학급에 기여하게 하여 소속감과 자존감을 느끼게 하는 좋은 방법 중 하나이다. 역할 분담을 하면 학생들은 자신이 학급에 도움이 되었다는 것에 만족감을 느끼게 되고 교사는 모든 일을 혼자 다하지 않아도 된다.

역할 분담을 하는 가장 간단한 방법은 브레인스토밍을 해서 모든 학생이 한 가지씩 역할을 맡을 수 있도록 충분한 일거리를 찾아내는 것이다. 역할 중에는 각자 맡은 역할을 잘 수행하고 있는지 확인하는 것도 있다. 잘되지 않은 역할이 있다면 그 역할을 하는 것을 잊어버린 친구에게 미리 말해주지 않은 그 학생의 책임도 있다. 이렇게 만들어진 학급 역할 목록을 잘 보이는 곳에 붙여둔다.

학급 역할 목록

- 학급 역할 차트 만들기
- 학습지 나눠주기
- 식물에 물주기
- 게시판 꾸미기
- 책꽂이 정리하기
- 줄 세우기
- 연필깎이 비우기
- 아침 인사 당번

- 과제물 모으기
- 물고기 먹이 주기
- 전달사항 안내하기
- 교실 꾸미기
- 물품 보충하기
- 청소 확인하기
- 급식당번
- 운동장 시설 관리하기

매주 역할을 바꾸어 다양한 역할을 수행해보는 것도 좋다. 모든 학생이 동의한다면 한 학기 내내 한 가지 역할만 할 수도 있다. 하지만 모든 학생이 하고 싶어 하는 일을 한 학생이 너무 오랫동안 한다면 다른 학생들이 불만을 가질 수 있다.

학생들이 역할을 수행할 때 수업에 방해되지 않도록 수행 시간을 따로 정할 수도 있다. 역할에 따라 연습이 필요할 수 있으므로 학생들에게 어떻게 해야 하는지 가르치는 것도 필요하다. 그리고 역할 수행 시간에 교사의 도움이 필요한 학생들은 적절하게 도와주어야 한다.

유치원 교사인 피터슨은 청소시간의 역할 분담에 대해서 함께 이야기를 나누고 역할마다 재미있는 이름을 붙였다. 예를 들어, 책상 아래 종이 부스러기를 청소하는 사람은 '정리대장', 각자 읽은 책을 상자 안에 넣고 상자를 정리하는 사람은 '책 상자', 학습지나 준비물을 나눠주는 사람은 '우체국장'이라고 부르고 의자를 집어넣는 사람은 '의자의 달인'이라고 불렀다. 피터슨은 다음과 같이 말한다.

 "제가 '청소할 시간이야'라고 말하면 금방 청소가 끝나요. 네 명의 아이가 한 책상에 모여 앉아 있어서 청소 역할을 넷으로 나누었지요. 각 역할은 월요일마다 바뀝니다. 어떤 아이가 결석을 하면 지난주에 그 일을 한 아이가 결석한 아이의 역할을 맡습니다. 이번 주 자기 역할도 같이 하면서요."

 트라버 선생님 반에서는 학급 역할 목록을 자세하게 작성한다. 학생들은 두꺼운 도화지로 학급 역할 주머니와 자신의 이름 카드를 만든다. 역할관리자가 처음 하는 일은 학급 역할 주머니 안에 든 친구들의 이름 카드를 다른 주머니로 옮겨 놓는 것이다.

 학급 역할 뿐만 아니라 학습에서의 역할에도 그대로 적용할 수 있다. 고등학교 미술교사인 라슨은 연수 때문에 이틀 동안 학교에 가지 못하게 되었다. 연수를 가기 전에 자신이 없는 동안 영화감상을 할 것인지 아니면 자신의 수업계획에 따라 스스로 수업을 할 것인지 학생들에게 선택하게 했다. 그 당시 학교 벽화 그리기 프로젝트가 진행 중이었는데 학생들은 그것을 마무리하고 싶어 했다. 학생들은 벽화 그리기에 필요한 역할들을 나누어서 맡았다. 라슨 선생님이 연수를 마치고 돌아왔을 때 보결교사로부터 쪽지 한 장을 받았다.

"선생님 반 학생들은 규칙을 잘 지키고 수업에 적극적이었으며 서로에게 아주 뛰어난 '선생님'이었습니다."

교사와 부모, 학생이 간담회에 함께 참여하기

PDC는 부모-교사 간담회 대신 부모-교사-학생이 모두 참여하는 간담회를 권한다. 이미 많은 교사가 이 방법을 실천해 왔으며, 이를 통해 간담회에 학생이 참여하는 것이 매우 중요하다는 것을 알게 되었다. 간담회의 목적은 학생을 격려하는 것이다. 그런데 어떻게 학생이 참석하지 않을 수 있는가? 당사자가 없는 자리에서 그 사람에 대해 이야기하는 것은 예의 바른 태도가 아니라고 가르치지 않았는가?

교사와 학생, 학부모가 모두 참여하는 간담회를 의미 있고 효과적으로 하려면 격려의 과정이 필요하다. 아래 질문 목록을 참고하여 격려활동지를 준비해보자.

격려활동지 질문 목록

1. 잘하고 있는 것은 무엇인가?
2. 잘하기 위해 격려와 지원이 필요한 것은 무엇인가?
3. 어떤 부분을 개선하는 것이 도움이 될 것인가?
4. 더욱 성장하도록 도우려면 어떻게 해야 하는가?

각자의 이름을 활동지의 맨 위에 쓴다. 활동지를 학생과 학부모에게 한 장씩 나눠주고 교사도 한 장 가진다. 학생과 학부모에게 간담회 전에 활동지를 작성해달라고 부탁한다. 혼자서 쓰기 어려운 학생은 도와주거나 대신 받아쓴다.

간담회에서는 활동지에 적은 것들에 관해서 이야기를 나눈다. 학생에게 잘하고 있는 것이 무엇인지 물어보고 공감해준다. 이어서 앞으로도 지금처럼 잘하려면 어떤 지원과 격려가 필요한지도 함께 이야기를 나눈다.

다음에는 학생에게 개선이 필요한 부분을 말하게 한다. 개선해야 할 부분을 가장 잘 알고 있는 사람은 바로 자기 자신이다. 부모가 먼저 말한다면 방어적인 태도를 보이겠지만, 학생 스스로 찾아  이야기함으로써 책임감을 갖게 된다. 무엇보다 중요한 것은 모두가 자신의 생각을 나누는 것이다. 모든 사람이 성장을 돕고 격려하는 방법을 자유롭게 말할 수 있다.

이렇게 나온 방법 중에서 가장 도움이 되는 것을 학생이 직접 선택하게 한다. 개선이 필요하다는 것에 학생과 부모의 의견이 일치하지 않을 때는 서로 그 이유를 이야기한다. 학생이 생각하지 못한 것을 부모와 교사는 필요하다고 말할 수도 있다. 그러나 이것을 서로 공유한다면 학생은 그것을 받아들이고 성장을 위해 더욱 노력할 것이다.

어른들에게는 『강점에 올인하라Soar With Your Strengths』라는 책이 도움이 될 것이다. 이 책에는 오리와 물고기, 독수리, 부엉이, 다람쥐, 토끼 등의 동물들이 학교에 가서 달리기, 수영, 나무 오르기, 점프, 날기 등의 다양한 수업을 듣는 재밌는 우화가 실려 있다. 모든 동물은 이 중에서 적어도 한 분야에서는 뛰어날 수 있지만 다른 분야에서는 그렇지 않을 수 있다. 우화에 나오는 부모와 학교는 '동물 학생들'에게 학교를 졸업하기 위해서 여러 분야에서 다재다능함과 뛰어남을 갖추길 요구하고, 그 때문에 동물들이 처벌과 좌절을 경험하는데 이 모습은 우리 주변의 학생들과 비슷하다. 이 책은 "약점을 없애는 것이 아니라 강점에 주목하고 약점을 관리함으로써 탁월함을 얻을 수 있다"고 강조한다. 학생들에게 약점을 관리하고 강점을 키우도록 가르치자. 학부모와 교사, 학생이 서로 성장하도록 함께 도울 수 있다. 이런 경험을 통해 학생들은 자신감을 얻게 된다.

교사의 문제해결 14단계

자신의 문제보다 다른 사람의 문제를 해결하는 게 더 쉽다는 것을 잘 알고 있을 것이다. 이유는 간단하다. 다른 사람들의 문제를 해결할 때는 감정에 휩싸이지 않고 객관적으로 문제에만 초점을 두기 때문이다. 그러나 교사는 문제 행동을 하는 학생들에게는 즉각적으로 반응한다. 이런 학생들은 다른 학생들보다 더 많이 이해하고 배려해야 할 필요가 있기 때문에 교사가 즉각적으로 반응을 보이면 문제 해결은 더욱 어려워진다.

문제가 생기면 학교문제해결절차에 따라 상담사나 교장, 교감의 도움을 받게 될 것이다. 그러나 그 전에 '교사의 문제 해결 14단계'를 활용해보기를 권한다. 이를 활용하면 학생들은 긍정적 영향을 받아 변화에 대한 의지와 용기를 갖게 될 것이다. 많은 교사가 '교사의 문제 해결 14단계'가 학생들을 격려하고 행동이 변화하는 데 도움이 된다는 사실을 알고 있다. 이 과정을 활용함으로써 교사와 학생 모두가 힘을 얻을 것이며 학교에 의지하고자 하는 마음은 크게 줄어들 것이다.

'교사의 문제 해결 14단계'는 문제를 겪고 있는 지원자와 문제 해결을 도와주려는 교사가 함께 그룹을 만들어 사용한다. 이들은 역할극에 참여하거나 브레인스토밍을 통해 문제를 해결한다. 교사가 학교 전체에 이 과정을 적용해보길 원한다면, 문제를 겪고 있는 한두 명의 동료 교사와 먼저 연습해볼 수도 있다.

그 과정에서 학생들의 의욕을 키워주는 계획을 세울 수 있다. 그렇다고 해서 문제가 바로 해결된다는 것은 아니다. 하지만 교사의 작은 변화가 학생들에게는 큰 변화가 될 수 있다는 것을 명심하기 바란다.

교사의 문제 해결 14단계를 정확히 따르고 과정을 신뢰하는 것이 요령이다. 각 단계를 큰 소리로 읽고, 지원자들에게 각각의 질문을 하고 대답을 기다린다. 5, 6단계에서 필요한 어긋난 목표 차트(4장) 부분을 확인한다. 2, 3단계의 정보와 10단계의 제안 목록 외에는 어떠한 것도 적을 필요가 없다.

각 단계가 적힌 종이를 무릎에 놓은 후 빈 종이로 가린다. 한 번에 한 단계씩 보여주며 지원자가 집중하고 이해할 수 있도록 읽어준다. 분석하지 않으며 그 단계에 해당하지 않는 정보는 제공하지 않는다.

교사의 문제 해결 14단계

■ 방법

1. 모든 참여자가 서로 나누며 배우게 될 것이므로 이 과정에 참여한 동료 교사 모두에게 감사의 표시를 한다.

2. 플립차트에 다음의 내용을 적는다(연습 때는 종이에 할 수 있다). 몇 학년을 지도하는지, 문제 행동을 하는 학생의 이름과 나이도 비밀을 유지할 수 있게 은밀하게 적는다.

3. 문제를 하나의 핵심 단어나 문장으로 쓴다.

4. 문제가 마지막으로 일어났을 때를 설명한다. 다음 단계에서 롤플레잉을 해야 하므로 영화 대본처럼 자세하게 대화를 충분히 넣어서 설명한다. 지원자가 상황을 설명하는 데 도움이 필요하다면 "당신은 무엇을 했나요?", "그 학생은 무엇을 했나요?", "무슨 일이 일어났나요?"라고 물어본다.

5. 느낌이 어땠는지 물어본다. 만약 지원자가 한 단어로 감정을 표현하는 걸 어려워한다면 '어긋난 목표 차트(4장)' 두 번째 줄을 보여주고 참고하도록 한다.

6. 감정 표현에 대해서는 어긋난 목표 차트를 활용하여 학생들의 어긋난 목표를 추측한다. 이때 정확하게 목표를 찾아내는 것이 중요한 것은 아니다. 롤플레잉을 하면서 새로운 정보가 나올 수 있으므로 추측을 통해서 가설을 세우는 것만으로도 충분하다.

7. 문제를 해결하는 데 더욱 효과적인 다른 방법은 무엇인지 묻는다.

8. 지금까지 확인된 상황을 바탕으로 최소 두 명 이상의 지원자에게 롤플

레잉을 부탁한다. 상황과 관련된 정보를 담아내되 1분 정도로 짧게 하도록 한다. 만약 다른 사람들의 도움이 필요하다면 도와 달라고 할 수 있다. 학생들의 세계로 들어가 볼 수 있는 가장 좋은 방법은 롤플레잉에서 학생의 역할을 해보는 것이다.

9. 롤플레잉을 한 후 참가자들은 어떤 생각을 했고 어떤 감정을 느꼈으며 무엇을 결심했는지 이야기한다.

10. 상황에 놓인 사람이 할 수 있는 해결책을 다양하게 브레인스토밍한 후, 나온 제안들을 모두 쓴다. 참가자가 많을 경우 롤플레잉 지원자는 다른 사람들이 해결책을 브레인스토밍하는 것을 듣기만 한다.

11. 상담을 신청한 교사에게 일주일 동안 시도해보고 싶은 제안을 고르게 한다.

12. 상담을 신청한 교사에게 교사 역할을 할지, 학생 역할을 할지 물어본다. 역할이 정해지면 11단계에서 고른 제안으로 롤플레잉을 한다. 롤플레잉을 하고서 9단계처럼 생각, 감정, 결심한 것을 말한다.

13. 선택한 제안을 일주일 동안 실행하고 일주일 후에 결과를 나누자고 이야기한다.

14. 참가자들에게 롤플레잉을 통해 알게 된 것은 물론 활동을 함께한 것에 감사를 표한다.

■ Tip

다음은 문제 해결 14단계 적용할 때 생길 수 있는 일반적인 문제점이다.

1. 문제 해결 단계를 전체적으로나 단계별로 정확히 따르지 않는다.

2. 주변 이야기에 사로잡힐 수 있다. 문제가 일어난 그 시각에 일어난 일에 집중하는 것이 중요하다. 이 과정에서 주변 정보는 별로 필요하지 않다.

3. 분석하면서 질문하고 내용을 계속 분석한다.

4. 이 책에서 읽은 내용이나 어긋난 목표 차트의 마지막에 제시된 문제 해결방법을 제안하지 않는다.

5. 롤플레잉이나 감사하기 같은 단계를 생략한다.

'교사의 문제 해결 14단계'는 평가와 진단 도구, 처방방안, 활동계획, 격려 과정 등의 모든 것이 하나로 통합되어 있다. 각 단계는 교사들을 긍정적으로 변화하게 하는 실용적인 생각과 기술을 가르쳐준다. 다른 교사들과 함께 각 단계를 해나가는 것은 즐거움이나 편안함을 줄 뿐 아니라 도움이 되는 행동 대신 변명과 비난, 원인 분석 등에 반복적으로 빠지는 것을 막아준다.

'교사의 문제 해결 14단계'의 시도를 주저했던 교사들도 이 과정에 참여함으로써 활동에서 얻게 된 도움과 격려가 인상적이라고 느낄 것이다. 다른 역할에 실제로 들어가 그 입장이 되어 보는 것이 그들을 이해하는 데 얼마나 큰 도움이 되는지 모른다. 동료에게 격려받는 즐거움을 누리고 학생들을 격려할 때 사용할 수 있는 많은 방법도 알게 된다. 이 방법은 관계에 관한 것으로 학교만이 아니라 집과 직장에서도 효과가 있다.

한 교사가 점심시간에 다른 교사들과 이 방법을 직접 해보았다. 처음에는 생각할 것이 너무 많다며 주저했다. 다른 교사들처럼 일거리가 더 많아질 거라고도 생각했다. 그렇다면 직접 경험한 후에는 어떻게 되었을까?

"상황을 설명한 후 그 상황에서 어떤 감정을 느꼈는지 이야기하는 것이 정말 재미있었어요. 14단계를 마친 후 평소 우리가 사용하던 방식과 어떤 점이 다른지 이야기했어요. 우리가 느끼는 감정을 표현할 수 있는 것이 너무나도 좋았습니다. 또 학생들이 얼마나 격렬하게 상호작용하며 지내는지를 역할극을 하며 그대로 경험했어요. 모든 학교가 이 방법을 사용하길 바랍니다. 고맙습니다."

PDC 교사로 성장하기 위한 의식과 능력의 4단계

교사들은 대체로 지시하는 것에 익숙하고 학생들은 지시받는 것에 익숙하다. 하지만 이것은 그다지 효과적이지 않다. 지시하는 대신 권한을 주는 것이 더 낫다. 그러나 학생들은 교사가 문제 해결력을 키울 수 있는 프로그램을 마련하여 사용하는 것을 그리 달가워하지 않는다. 왜냐하면, 학생들은 책임을 지고 싶지 않기 때문이다. 지금까지는 교사가 처벌과 보상을 사용하여 문제 상황에 대해 책임을 져 왔다. 따라서 학생들은 새로운 시도에 흥미를 느끼지 못할 수 있다. 그러나 자신이 처한 상황에 참여함으로써 존엄성과 존중, 자기만족을 경험한다면 새로운 기회가 될 것이다.

교사가 먼저 변하지 않으면 학생들 스스로 변화하기는 쉽지 않다. 자기 절제, 자기 원칙, 책임, 문제 해결 기술을 가르치려면 누가 먼저 솔선수범해야겠는가?

친절하고 단호한 PDC 교사는 변화를 직시한다. 변화는 인식과 기술 발달, 연습, 시간을 모두 포함하는 과정이다. 자전거 타기를 배우던 때를 생각해보자. 대부분은 두 발 자전거에 바로 올라타거나 처음부터 길거리를 달리지는 않았을 것이다. 처음에는 무의식적 무능력 상태로 능력이 없음을 인지하지 못하고 '탈 수 있을 것 같은데……'라고 생각한다. 그런데 일단 자전거에 올라타면 능력이 없음을 인지하게 되면서 의식적 무능력 상태가 되어, '윽! 못 타겠는데? 자전거 타는 법을 모르잖아'라고 생각한다. 이때는 보조바퀴나 옆에서 잡아 주는 사람이 있어야만 페달을 밟아 나아갈 수 있다. "놓으면 안 돼요!"라고 소리치면서 앞만 보고 간다. 보조바퀴나 다른 사람의 도움으로 연습을 계속 하면 실력이 조금 나아졌다고 느낀다. 그러면 내 능력을 인식하는 의식적 능력 상태가 되어 '내가 해냈어! 내가 자전거를 타고 있다고!'라고 생각한다. 그러다 어느 순간 보조바퀴를 떼어내고 도와주던 사람도 손을 놓은 상태로 혼자서 자전거를 타고 있다는 것을 알아차리게 된다. 물론 여러 번 넘어지기도 하겠지만, 일단 이렇게 배우고 나면 무의식적 능력 상태가 되어 하나하나 의식하지 않아도 자전거를 쉽게 탈 수 있게 된다. 설령 몇 년 동안 자전거를 타지 않아도 "자전거 타는 법을 어떻게 잊어!"라고 말하게 될 것이다.

자전거 타는 것과 친절하고 단호한 PDC 교사가 되는 것은 어떤 관련이 있을까?

교사들은 PDC를 처음 접하고 이렇게 생각할 것이다. '별거 아닌 것

같은데?' 이것은 아직 능력이 없다는 것을 알아차리지 못하는 단계이다.(무의식적 무능력 단계)

하지만 막상 시작하려고 하면 너무 복잡하고 어렵게 느껴질 것이다. 따라서 이제 막 능력이 없음을 알아차렸을 뿐이므로 여기서 멈추면 안 된다.(의식적 무능력 단계)

책이나 연수 또는 다른 교사의 도움으로 PDC를 활용하는 데 조금씩 자신감이 생긴다. 물론 실수도 하고 힘들겠지만, 연습과 실천을 통해 실력을 키워나간다. 이제는 어느 정도 할 수 있다고 생각하지만, 이것저것 신경을 써야 한다.(의식적 능력 단계)

의식적 능력 단계가 지속되면서 PDC를 능숙하게 활용할 수 있게 된다. 이젠 매번 책을 펼쳐야 하거나 어떻게 할지 고민하지 않아도 물 흐르듯 자연스럽게 PDC를 활용하게 된다. 처음에는 신경을 곤두세우고 자전거를 타던 아이가 이제는 콧노래를 부르며 즐기듯, 물고기가 물과 하나가 되어 헤엄을 치듯 PDC와 하나가 되어 자연스럽게 활용하고 있는 자신을 보게 될 것이다.(무의식적 능력 단계)

학생들도 마찬가지다. 변화하려면 도전해야 하고 시간이 걸리며 격려가 필요하다. 학생들은 대부분 권위적이고 지배적인 부모 밑에서 자랐으며, 부모가 좋아하지 않는 행동에는 벌을 주는 가정에서 성장했다. 그게 아니라면 사소한 것까지 끊임없이 참견하는 가정에서 자랐을 것이다. 그런 학생들도 스스로 생각하고 자신의 행동에 책임을 지는 데 익숙하지 않다.

하지만 친절하고 단호한 PDC 교사와 함께 지낸다면 학생들은 당장은 아니더라도 점차 조금씩 변할 수 있을 것이다. 이것은 노력할 만한 가치가 있다. PDC를 학기 초부터 학생들에게 가르치고 꾸준히 실천하면 무의식적 능력 상태에 도달할 수 있다는 믿음을 갖자. 그 믿음을 함께 실천한다면 앞으로의 시간은 더욱 수월하고 행복해질 것이다.

실천 사례

PDC는 행동이며 실천이다

교장으로 부임한 날, 학교에서 학생의 행동에 대해 상벌카드제도로 훈육한다는 걸 알게 되었습니다. 학생들은 바른 행동을 하고 나서 카드를 받고 싶어 했고 카드 10장을 모으면 시상식을 열어 상을 주었습니다. 시상식은 학년 말에 열렸고 20장 정도 모으면 최고의 상을 받을 수 있었습니다. 하지만 벌점카드를 받은 학생들은 교실로부터 격리되어 상담실에서 상담 선생님과 시간을 보내야 했습니다. 상담 선생님은 문제를 일으켜 격리된 아이들이 숙제나 사과편지, 반성문 쓰기 등을 할 수 있도록 도와주었습니다. 거기에는 도덕적으로 지켜야 할 내용도 포함되어 있었습니다.

학기가 시작된 첫 달, 저는 상담실에 갔다가 10명이 정원인 상담실에 18명이나 되는 학생이 비좁게 서 있는 것을 보았습니다. 학생들에게 왜 상담실로 보내졌는지, 학급에서 얼마 동안이나 떨어져 지내게 되는지 물어보았지만, 겨우 몇 명만 대답할 수 있었습니다. 그날, 저는 우리 학교의 훈육프로그램에 변화가 필요하다는 것을 알게 되었습니다. 한 달 전 교장으로 부임했을 때, 선생님들이 상담실은 꼭 필요하다고 말했기 때문에 바꾸기가 쉽지 않으리라는 것도 잘 알고 있었습니다.

변화의 필요성을 느낄 수 있도록 1년 동안은 기존의 훈육법을 함께 사용했습니다. 그동안 선생님들은 PDC 워크숍에 참가했습니다. 저는 선생님들이 PDC를 활용하고 즉각적인 변화가 생기기를 바랐지만, 그렇게 되지는 않더군요. 건성으로 참여하는 선생님도 있었으니까요. 하지만 PDC를 적극적으로 시도하는 선생님도 있었습니다. 변화의 필요성을 느끼지 못했던 선생님들은 첫해에는 그렇게 큰 변화를 보이지 않았습니다. 그러나 변화를 원치 않던 선생님 중에서 기존의 방법보다 더 효과적인 긍정적 타임아웃, 화해 테이블, 선택 돌림판과 같은 방법을 점차 활용하기 시작했고 학급회의는 대부분이 실천하게 되었습니다.

변화에 대한 저항이 모두 사라진 것은 아니었지만, 많은 선생님이 학급회의를 하면서 학급 분위기가 훨씬 좋아진 것에 만족했습니다. 교장으로서 PDC가 만들어내는 놀라운 변화를 자주 보게 됩니다. 학급만이 아니라 가정에서도 이야기하는 능력이 향상되고 문제 해결방법을 사용하며 다른 사람의 문제에 관심을 더 가지는 것 등이 바로 커다란 변화입니다. 이런 전략적인 사고와 방법은 학생들의 학업에도 도움이 된다고 믿고 있습니다.

PDC의 놀라운 힘에 대해 오늘 겪었던 일을 하나 소개할까요? 식당에 있을 때였는데, 3학년 여학생이 제게 와서 이런 이야기를 들려주더군요.

"저는 조지에게 3단계 대화법을 사용했어요. 그런데도 저를 자꾸 놀려요."

작년에 이 아이는 자신을 짜증 나게 하는 친구들을 발로 차곤 했습니다. 그런데 이제는 '나 대화법I-message'을 사용한 것이었습니다. 흥미로운 점은 이 학생이 느끼는 문제가 괴롭히는 것 그 자체보다는 세 번이나 '나 대화법'을 사용했는데도 들어주지 않는다는 것이었습니다. 그래서 조지를 만나 이야기를 나누었어요.

"메리는 저에게 '하지 마'라고만 말했어요."

그러니까 메리는 3단계 대화법 중에서 1단계만 사용했고 조지는 3단계까지 말할 때 대답을 할 거라는 거였어요. 만약 3단계를 사용했다면 놀리거나 이야기를 무시하는 행동은 하지 않았을 거라고 말 하더군요. 진작 이것을 배웠더라면 지난 2년 동안 욕을 하거나 치고받고 싸우지 않아도 되었을 겁니다. •

또 다른 변화는 부모들에게서 일어났습니다. 우리 학교 상담 선생님은 부모가 자녀와 의사소통 과정에서 겪는 문제를 해결하는 데 많은 도움을 주고 있습니다. 지난 학부모 모임에서 상담 선생님은 어긋난 목표 차트를 포함한 PDC 개념에 대해 설명했습니다. 학부모를 위한 PDC 연수도 여러 차례 진행했습니다. 연말에 한 학부모가 PDC는 학생들에게 매우 중요하며 우리 학교 최고의 프로그램이라고 말하더군요.

문화라는 것은 하룻밤 사이에 변할 수 없으며 몇 년 이상이 걸리기도 합니다. 하지만 우리 학교에서는 그 변화가 시작되고 있습니다. 요즘 우리 학교의 교사와 학생, 학부모는 효과적인 학업환경을 만들기 위해 서로 존중하는 마음으로 함께 일하고 있습니다. 이제 우리는 다른 사람을 지지하면서 서로 소통하는 방법과 기술을 알고 있습니다. 그럼으로써 서로 윈윈할 수 있게 되었지요. PDC를 활용하기 전에 존중은 하나의 단어에 불과했지만, 지금은 행동이며 실천입니다.

제인 넬슨

• 　　토마스 고든의 나 대화법I-message 1단계는 나의 감정 말하기이며 3단계는 내가 원하는 친구의 행동변화이다. - 옮긴이

아이들은 왜
문제를 일으키는가

상황에 따라 의미가 결정되는 것이 아니라 우리가 그 상황에 어떤 의미를
부여하는지에 따라 의미가 결정된다.

알프레드 아들러

좌절감이 모든 문제 행동의 근원이다.

루돌프 드라이커스

네 학생의 이야기

상처받은 학생이 문제 행동을 한다. 학생들은 소속감을 느끼지 못하고
자존감이 낮을 때 아래 4가지 어긋난 목표 행동 중 하나를 선택한다.

- 지나친 관심 끌기
- 힘의 오용
- 보복
- 무기력

어른들은 일반적으로 드러난 문제 행동에 집중하느라 빙산 아래에 감춰진 문제 행동의 원인인 어긋난 목표를 알지 못한다. 이와 관련해서 네 학생의 이야기를 살펴보자.

관심 받고 싶은 올리브

올리브는 손을 휘젓고 방방 뛰며 선생님을 부른다. 이럴 때 어떻게 하는가? 보통 올리브의 이름을 부르고 주의를 주며 행동을 고치려 할 것이다.

"올리브, 순서를 기다리라고 몇 번이나 말했니? 한 번 더 말하면 백 번이야. 손 내리고 다른 사람이 다 말할 때까지 기다려."

이렇게 백번 넘게 말해도 올리브는 그 행동을 계속할 것이다. 왜냐하면, 올리브는 관심받지 못하는 것보다 차라리 혼나더라도 관심을 끌었을 때 자신이 더 소중한 존재라고 느끼기 때문이다.

힘을 오해한 네이트

네이트는 맨 앞에 서려고 친구들을 밀치곤 한다. 운동장에서는 다른 아이들의 공을 빼앗고 교실에서는 교사에게 말대꾸하고 반항해서 힘들게 한다. 이런 행동을 할 때 어떻게 하는가? 대부분의 교사는 그런 식으로 대장 노릇 하지 말라며 혼낼 것이다. 그러면 네이트는 싸워 이기는 것과 통제력을 갖는 것에 무의식적으로 몰두하게 되고 더 심하게 반항한다.

네이트는 소속감과 자존감을 느끼려면 어른들과 싸워 이길 수 있는 힘을 가져야 한다고 무의식적으로 믿고 있다. 그래서 어른들이 자신을 통제하려는 것에 대항해 싸우지만 결국엔 쓴맛을 보게 된다.

모두에게 상처 주려는 피터

피터는 옷차림이 지저분할 뿐만 아니라 친구들과 자주 다툰다. 게다가 다른 친구들의 학용품을 훔치고 거짓말도 밥 먹듯이 한다. 그래서 친구들은 피터를 매우 싫어한다. 교사는 피터가 이런 행동을 하면 숨겨진 동기를 살피기보다는 반성하도록 잔소리하거나 그 행동이 얼마나 잘못되었는지 알려주려 할 것이다. 그러나 피터의 행동은 빙산의 드러난 부분일 뿐이다. 빙산 아래에는 상처받고 사랑받지 못하는 슬픔을 느끼고 있으며 자신을 혐오하는 친구들에게 불만을 품고 있다. 그래서 자신이 만나는 사람들에게 상처를 줌으로써 존재감을 확인하려 한다.

아무것도 할 수 없다고 믿는 릴리

릴리는 뭔가 해보기도 전에 포기한다. 아무리 설득해도 하지 않는다. 교사가 설득을 포기할 때까지 자신의 존재를 감추는 데 최선을 다한다. 이런 릴리의 모습은 학습장애가 있는 것으로도 보일 수 있다. 그러나 이것은 빙산의 보이는 부분에 불과하다. 수면 아래에는 자신이 아무것도 할 수 없다는 확고한 신념이 있다. 그래서 시도조차 하지 않는다. 릴리는 과제를 시간 안에 끝내지 않을 것이고 교사와 친구들이 자신에게 아무것도 기대하지 않게 만들 것이다.

어긋난 목표 차트

학생 목표	부모와 교사의 감정	부모와 교사의 반응	아이의 반응	아이 행동이면의 그릇된 신념	숨겨진 메시지	긍정 훈육법
지나친 관심 끌기 (다른 사람의 지속적인 도움과 관심을 얻으려 함)	성가시다. 짜증난다. 걱정된다. 죄책감을 느낀다.	알아차리게 한다. 아이를 타이른다. 아이들이 할 수 있는 일을 대신 해준다.	순간적으로 행동을 멈추지만 같은 행동을 반복하거나 다른 방법으로 방해한다.	'내가 사람들의 관심을 받을 때 또는 특별한 대접을 받을 때 나는 소속감을 느껴.' '당신이 나 때문에 분주할 때 내가 중요한 사람이 된 것 같아.'	**나를 봐 주세요. 나도 함께 하고 싶어요.**	제대로 된 관심을 받을 수 있는 일을 하도록 이끌어준다. "난 너를 사랑해. 나중에 너와 함께 시간을 보낼 거야." 특별 대접을 하지 않는다. 바꾸거나 구해주려 하지 말고 아이 스스로 감정을 조절할 수 있다고 믿는다. 특별한 시간을 계획한다. 아이들이 일정표를 짜도록 도와준다. 문제 해결 과정에 참여시킨다. 가족회의 또는 학급회의를 활용한다. 비언어적 신호를 정한다. 작은 행동은 무시한다.
힘의 오용 (보스처럼 행동함)	화난다. 도전받는 느낌이다. 위협을 느낀다. 패배감을 느낀다.	싸운다. 포기한다. '넌 벌 받아야 해' 또는 '본때를 보여주겠어'라고 생각한다. 바로 잡아주려 애쓴다.	더 심한 행동을 한다. 명령에 반항한다. 부모나 교사가 화내는 모습을 보고 만족감을 느낀다. '네'라고 대답하고 따르지 않는다.	'내가 대장일 때 또는 내가 통제할 때 나는 소속감을 느껴.' '누구도 나를 어쩔 수 없어.'	**도와줄 게요. 선택권을 주세요.**	아이가 긍정적 힘을 사용할 수 있도록 도움을 요청한다. 한정된 선택을 제안한다. 싸우거나 포기하지도 않는다. 갈등상황에서 빠져 나온다. 부드러우면서도 단호하게 행동한다. 말하지 않고 행동한다. 당신이 할 행동을 결정한다. 규칙이나 일정표를 따르게 한다. 자리에서 물러나 마음을 진정시킨다. 상호 존중하는 태도를 개발한다. '관철하기' 기술을 친절하고 단호하게 실천한다. 가족회의 또는 학급회의를 활용한다.

90 학급긍정훈육법

어긋난 목표 차트

학생 목표	부모와 교사의 감정	부모와 교사의 반응	아이의 반응	아이 행동이면의 그릇된 신념	숨겨진 메시지	긍정 훈육법
보복 (똑같이 되돌려 줌)	상처받는다. 실망스럽다. 믿지 못하겠다. 협오스럽다.	보복한다. 복수한다. 창피함을 느낀다. '네가 나한테 어떻게 이럴 수 있지?'라고 생각한다.	보복한다. 더 심하게 행동하거나 다른 방법을 찾는다.	'난 어디에도 속해 있지 않아. 그래서 내가 상처받은 만큼 다른 사람들한테도 상처를 줄 거야.' '사람들이 나를 좋아하지 않아.'	**난 상처받고 있어. 내 마음을 알아줘.**	상처받은 감정을 토닥여준다. 감정에 상처를 주지 않는다. 처벌이나 보복을 하지 않는다. 신뢰를 쌓는다. 경청한다. 당신의 감정을 표현하고 나눈다. 보상해준다. 배려를 보여준다. 장점을 격려한다. 어느 한쪽 편을 들지 않는다. 가족회의 또는 학급회의를 활용한다.
무기력 (포기하고 혼자가 됨)	체념한다. 절망적이다. 어쩔 수 없다. 기대에 미치지 못한다.	포기한다. 아이들이 할 수 있는 일을 대신 해준다. 지나칠 정도로 도와준다.	더욱 움츠러든다. 수동적이 된다. 더 나아지려는 생각이 없다. 아무런 반응을 보이지 않는다.	'난 잘하는 게 없어. 그래서 어디에도 속할 수가 없어. 사람들이 나한테 아무런 기대도 할 수 없게 할 거야.' '난 도움이 안 되는 무능한 인간이야.'	**날 포기하지 말아줘. 나에게 조금씩만 과제를 주세요.**	할 일을 작은 단계로 나누어준다. 비난하는 것을 멈춘다. 시도한 것 자체를 격려한다. 아이의 가능성에 믿음을 갖는다. 긍정적 자산에 초점을 둔다. 동정하지 않는다. 포기하지 않는다. 성공할 기회를 제공한다. 기술을 가르친다.— 어떻게 하는지 보여준다. 그러나 해주지는 않는다. 아이와 즐겁게 지낸다. 아이가 좋아하는 것을 찾도록 도와준다. 가족회의 또는 학급회의를 활용한다.

어긋난 목표 행동

어긋난 목표 차트를 통해 빙산 아랫부분(문제 행동의 동기가 되는 좌절된 신념)을 이해할 수 있을 것이다. 어긋난 목표는 루돌프 드라이커스가 정립한 것이다. 드라이커스는 "아이들을 어떻게 이런 틀 안에 넣을 수 있는가?"라는 질문에 "나는 아이들을 그 틀에 넣지 않았다. 거기서 발견했을 뿐이다"라고 대답했다. 이 차트는 학생들의 어긋난 목표 행동을 이해하고 잘못된 신념을 바꾸는 데 도움이 된다. 많은 교사가 이것을 복사해서 책상 위 가까운 곳에 두고 문제 행동을 만날 때마다 참고한다.

앞에 소개한 어긋난 목표 차트를 사용해보자.

① 올리브, 네이트, 피터, 릴리를 생각한다. 그들처럼 행동하는 학생이 당신의 학급에 있는가?

② 두 번째 칸에서 어떤 것이 당신의 감정과 가장 비슷한가? 교사의 감정은 학생들의 어긋난 목표를 알려주는 첫 번째 실마리다.

③ 세 번째 칸에서 문제 행동에 주로 어떻게 반응하는지 살펴본다. 교사의 반응에 대해 학생들은 네 번째 칸에 있는 반응을 하는가? 이것이 학생들의 어긋난 목표를 정의하기 위한 두 번째 실마리다. 여기까지는 빙산의 드러난 부분에서 무엇이 일어나는지 보여준다.

④ 다섯 번째 칸은 빙산의 아랫부분, 즉 드러나지 않는 부분을 설명한다. 이것은 학생들이 소속감과 자존감을 갖기 위한 방법을 잘못 이해하고 있는 것이다.

⑤ 여섯 번째 칸은 문제 행동의 암호를 보여준다. 학생이 그 암호를 풀어서 표현하는 것보다 교사가 풀어내는 것이 더 효과적이다. 교사는 학생들이 보내는 암호화된 메시지를 이해하며 풀 수 있도록 도와준다.

⑥ 마지막 칸은 교사가 학생들을 격려하고 힘을 북돋워 주는 구체적인 개입방법을 알려준다.

같은 행동 속 다른 목표

어긋난 목표 모두에 해당하는 것처럼 보이는 행동도 있다. 숙제하지 않는 것을 예로 들어보자. 학생이 숙제를 하지 않아서 교사가 걱정되거나 괴롭다면 학생의 목표는 '지나친 관심 끌기'이다. 교사가 도전받고 있고 패배감을 느낀다면 학생의 목표는 '힘의 오용'이다. 상처받고 실망한다면 학생의 목표는 '보복'이다. 무기력해지고 절망한다면 학생의 목표는 '무기력함'이다. 이처럼 같은 행동을 보여도 그 목표는 다를 수 있다.

롤플레잉으로 4가지 어긋난 목표 행동 알아보기

롤플레잉은 교사들이 어긋난 목표 차트를 이해하기 위해 워크숍에서 하는 활동으로 처벌의 장기적인 효과를 이해하고 좌절을 극복하기 위해 격려하고 힘을 불어넣는 방법을 알려준다. 격려하고 싶어도 구체적으로 어떤 말을 해야 할지 모를 때가 있다. 그래서 '격려의 말' 목록도 함께 제공한다. 이 목록은 어긋난 목표 행동을 한 학생을 격려하기 위해 사용할 수 있다.

그냥 읽는 것보다 함께해보는 것이 기억에 훨씬 오래 남는다. 교사
들이 먼저 이 활동을 해본다면 더 쉽게 이해할 수 있을 것이다.

 ACTIVITY

빙산 모형으로 문제 확인하기

■ 목표

처벌의 장기적인 효과를 이해한다.

좌절을 경험하게 하는 말 대신 격려하고 자신감을 갖게 하는 말을 할 수
있다.

■ 준비물

빙산 모형 포스터 4장, 포스트잇

■ 방법

1. 활동 준비하기

   ① 4~6명씩 네 모둠으로 나눈다. 각 모둠은 차트에 있는 4가지 어긋난
   목표 중 하나를 선택한다.

   ② 선택한 것에 해당하는 빙산 모형 포스터를 가진다.

   ③ 포스트잇을 나눠주고 차트 두 번째 칸의 감정을 느끼게 하는 학생들
   의 행동을 쓰게 한다. 그 포스트잇을 빙산의 윗부분에 붙인다.

2. 문제 행동에 비난하는 말하기

① '지나친 관심 끌기' 모둠에서 학생 역할 한 명을 뽑는다. 나머지는 의자 위에 한 줄로 서서 교사 역할을 한다. '학생'은 종이를 가슴 앞에 들고 걷다가 각 교사 앞에서 잠시 멈춘다.

② 의자에 서 있던 교사들은 조금 전 포스트잇에 썼던 문제 행동에 대한 반응(차트 3번째 칸)을 과장해서 연기한다. '학생'은 아무 반응 없이 교사들이 비난하는 말을 들으면서 어떤 생각과 감정 그리고 어떤 결심을 하게 되는지 느껴본다.

③ '학생'은 조금 전에 생각하고 느끼고 결심한 것을 '교사들'에게 이야기한다. 보통 '학생'은 "나는 선생님들이 정말 싫었어요" 또는 "상처받고 화가 났습니다"라고 이야기한다. 그리고 그만두고 싶었다고들 말한다. '교사'들에게 '학생'의 기분을 상하게 하는 말을 할 때 어떤 생각과 감정을 느끼고 결심을 했는지 묻는다. 교사 대부분은 자신이 하는 행동이 별로 효과적이지 않다는 것을 인정하지만, 어떤 말을 해야 하는지 모른다.

④ '학생'에게 성품과 사회적 기술 목록을 보여주고 어떤 것을 배웠는지 물어보면 대부분의 '학생'은 배운 것이 하나도 없다고 말한다.

3. 격려하는 말하기

① 이번에는 '교사'들이 의자에서 내려와 격려하는 말들이 쓰여 있는 종이를 받는다. '학생'은 각 교사에게 다가가 격려하는 말을 차례로 듣는다.

② '학생'은 격려받으면서 든 생각과 느낌, 결심을 말한다. 그리고 성품과 사회적 기술 목록 중 어떤 것을 배웠는지 물어본다. 그러면 거의 대부분을 배웠다고 답한다.

③ 교사들은 격려하는 표현을 하면서 든 생각과 느낌, 결심한 것을 나

눈다. 격려하는 것이 얼마나 효과적인가를 알면 깜짝 놀랄 것이다.

④ 나머지 어긋난 목표 행동 3가지도 2~3번 항목의 활동을 반복한다.

■ Tip

'지나친 관심 끌기'에 대처하는 격려의 말

• 그럼 이렇게 하자. 우선 자리에 앉아서 과제를 다 하고 쉬는 시간에 이
  야기하는 게 어때?

• 그래 중요한 것 같구나. 학급회의 의제로 올려주겠니?

• 잘 들었어. 지금은 수업 시간이니 쉬는 시간에 대답해 줄게.

• 이것들 좀 나누어주겠니?

• 지금 나에게 그렇게 말하지 말아줘. 네 마음이 편안해지면 존중하는 태
  도로 즐겁게 이야기하면 좋겠어.

• 지금은 조용해야 하는 시간이니까 나중에 이야기하자.

• 너에게 늘 관심을 갖고 있어. 그래도 지금은 안 되겠구나.

• 나중에 이야기 나눌 때까지 그 생각은 아껴두렴.

• 재미있긴 한데 지금은 아니야. 다음 활동 시간에 우리를 즐겁게 해주렴.

• 내 설명이 끝나고 물어보렴.

'힘의 오용'에 대처하는 격려의 말

• 우리 반 약속을 읽어보겠니?

• 네가 좀 도와줬으면 좋겠어. 이 문제를 해결하려면 어떻게 해야 할까?

• 그럼 이렇게 하자. 네 마음을 이야기해봐. 나도 이야기할 게. 그다음 우
  리가 함께할 수 있는 것을 찾아보면 어떻겠니?

• 너를 도와주려면 어떻게 해야 할까? 학급 안건으로 올리는 게 좋겠니?

아니면 선택 돌림판을 사용해볼래?

- 논쟁하지 말고 이것을 학급회의 안건으로 올리는 게 어때?
- 그렇게 생각하는구나. 내 생각은 좀 다른데 들어볼래?
- 내 의견에 동의하지 않아도 괜찮아. 우선은 들어보렴.
- 우리가 함께 세운 계획이니까 더 좋은 계획이 나올 때까지는 우선은 이대로 해보자.

'보복'에 대처하는 격려하는 말

- 마음이 상한 것 같구나.
- 지금 우리가 힘겨루기를 하고 있구나. 우선 마음을 좀 가라앉히고 다시 이야기하는 게 어떻겠니?
- 누가 이 문제를 먼저 시작했는지는 별로 중요하지 않아. 나는 이 문제를 존중하는 태도로 해결하고 싶을 뿐이야.
- 네가 요즘 힘든 일이 많아서 화가 나 있는 것 같구나.
- 함께 걸으면서 이야기 좀 할까?
- 다른 사람의 마음에 상처를 줄 때 너는 어떤 느낌이 드니?
- 오늘 하루가 정말 힘들어 보이는구나. 이야기 좀 할까?
- 내가 너를 정말로 도와주고 싶어 하는 거 알지?
- 이 방법으로는 해결할 수 없을 것 같구나.

'무기력'에 대처하는 격려의 말

- _____를 처음 했을 때를 생각해봐. 그것을 잘해내는 데 얼마나 걸렸니?
- 쉬운 단계부터 해보면 어때?

- 함께해보자.

- 새로운 것을 시도하고 반복하면서 네 능력이 더 커질 거야.

- 실수해도 괜찮아. 그렇게 배우는 거야.

- 네가 웃으니 교실이 밝아지네.

- 내가 첫 번째 문장을 쓸게. 다음은 네가 써봐.

- 어떻게 해야 할지 잘 모르겠구나. 네가 나에게 알려주겠니? 네 도움이 필요해.

모든 어긋난 목표 행동에 사용할 수 있는 격려의 말

- 어떻게 하면 네 실력을 향상시킬 수 있을까? 함께 찾아보자.

- 이걸 해결하면 우리는 다음 단계로 나아갈 거야.

- 우선 이 방법으로 일주일 동안 해보자. 그다음에 확인해보자.

- 괜찮으니까 다시 해보렴.

- 내가 다시 할 준비가 되면 너에게 알려줄게.

- 무엇 때문에 그렇게 속상해하니?

- 정말 화가 많이 났구나. 무엇 때문에 그렇게 화가 났는지 얘기해 줄 수 있겠니?

- 나는 네가 바보라고 놀려서 기분이 나빠. 사과하고 다시는 그러지 않았으면 좋겠어.

- (한 단어로 단호하게 말하기) 연필! 조용! 나중에! 그만!

- 이 일은 네게 정말 중요한 것 같구나

- 난 네가 얼마나 열심히 했고 얼마나 오랜 시간 노력했는지 알고 있어.

'빙산 모형으로 문제 확인하기'와 '격려의 말'을 읽으면서 언제, 어떤 상황에서 이 표현들을 써야 할지 떠올려 보았을 것이다. 이 표현들을 가까이에 두고 격려의 말이 필요할 때 이용하면 도움이 된다. 또한, 교실의 학생들에게만 대상을 한정 짓지 말고 가정이나 직장에서도 해 보자.

학생들에게 어긋난 목표 행동 차트 가르치기

학생들에게 4가지 어긋난 목표 행동에 대해 가르쳐보자. 학생들이 이것을 이해하고 사용법을 배우면 자신의 부정적인 행동과 어긋난 목표를 알아차리게 된다. 그뿐만 아니라 자신이 진정으로 원하는 것이 무엇인지도 알게 된다. 이로써 소속감과 자존감이 행동의 목표였음을 알고 목표를 이루기 위한 적당한 방법을 찾을 수 있게 된다. 학생들은 행동 뒤에 감춰진 신념이 무엇인지 더 깊이 이해할 수 있게 되며, 문제 행동을 하는 것은 소속감과 자존감을 얻지 못했기 때문이라는 것도 알게 된다.

학생들이 어긋난 목표 행동에 대하여 서로 격려하는 다양한 기술을 가르치는 활동을 소개한다.

ACTIVITY

어긋난 목표 행동 4가지

■ 목표

학생들이 서로 차이를 인정하며 격려하는 방법을 알려준다.

문제 행동이 일어나기 전에 학생들이 소속감과 자존감을 갖도록 돕는다.

■ 준비물

모두가 볼 수 있는 크기의 '어긋난 목표 행동 차트'

■ 방법

1. 어긋난 목표 행동 차트를 눈에 잘 보이는 곳에 붙인다. 학생들에게 언제, 어떤 상황에서 짜증이 나는지 떠올리게 한다. 두 번째 칸 '짜증 난다'를 가리키면서 표의 마지막 칸에 있는 격려 표현을 알려준다. 다섯 번째 칸으로 이동하여 학생들의 행동 뒤에 감춰진 신념을 확인한다. 짜증나는 행동 뒤에는 '내가 사람들의 관심을 받거나 특별한 대접을 받을 때 소속감을 느껴. 네가 나 때문에 분주할 때 내가 중요한 사람이 된 것 같아'라는 생각이 자리 잡고 있다는 것을 알게 된다.

2. 손으로 첫 번째 칸을 가리키며 잘못된 행동 유형이 '지나친 관심 끌기'임을 알려준다.

3. 만약 짜증 나게 하는 누군가를 돕고 싶다면 칸의 가장 오른쪽에 있는 격려 표현을 사용하게 한다.

4. 각각의 어긋난 목표 행동에 대해 반복해서 연습한다. 화가 난 상황(힘의 오용), 상처받은 상황(보복), 희망이 없는 상황(무기력)에 대해 1~3번

항목의 활동을 한다.

5. 어긋난 행동의 이유를 알지 못하거나, 격려의 말을 사용하지 않는다면 문제가 해결될 수 없다는 것을 알려준다.

■ Tip

격려가 자신과 다른 사람의 행동을 변화시킨다는 것은 매우 중요한 의미가 있다. 어긋난 목표 행동 차트를 통해 문제 행동을 하는 학생들에게는 존중과 격려가 필요하며 스스로 할 수 있도록 도와줄 필요가 있음을 알게 된다.

학생들이 다른 사람의 어긋난 목표 행동을 이해하고 학급에서 사용할 수 있도록 격려해보자. 아래 표는 한 초등학교의 5학년 학생들이 어긋난 목표 행동에 대해 격려하는 방법을 정리한 것이다.

4개의 막대 끝에 어긋난 목표를 각각 붙이고 학생마다 막대세트를 나눠주는 방법도 있다. 누군가 문제 행동을 하면, 학생들은 문제 행동

격려하는 방법

지나친 관심 끌기	힘의 오용	보복	무기력
• 함께 걷기 • 점심 함께 먹기 • 이야기에 웃어 주기 • 함께 이야기하기	• 생각 물어보기 • 모둠장 맡기기 • 프로젝트 등에 주도적 역할 맡기기 • 다른 학생들을 돕도록 부탁하기	• 마음을 상하게 했다면 '미안하다' 말하기 • 친구 되기 • 생일에 초대하기 • 칭찬하기	• 좋아하는 것으로 다른 사람 돕게 하기 • 괜찮다고 말하기 • 함께 과제하기 • "너도 수학이 어렵구나"라고 말하기

의 어긋난 신념에 대해 생각하고 알맞은 막대를 들어 올린다. 이 방법은 문제 행동을 하는 학생에게 편견을 갖거나 비난을 하려는 게 아니라 부드러운 방법으로 행동의 목표가 무엇인지 알려주기 위한 것이다. 이를 통해 문제 행동을 했던 학생은 문제 행동 대신 학급에 도움이 되는 행동을 선택할 수 있게 된다.

누가 문제 행동 표시를 가장 많이 받을 것 같은가? 놀랍게도 교사다. 이 경우, 훌륭한 교사라면 "맞아요. 내가 여러분을 통제하려 했네요. 선생님이 좀 더 잘할 수 있는 방법을 이야기해줄 사람?"이라고 말할 것이다. 이를 통해 실수가 부정적인 것만은 아니며 서로 도움으로써 바람직한 해결방법을 찾는 기회가 된다는 것을 알게 된다.

어떤 교사는 4가지 어긋난 목표 행동을 이해하기 쉽게 노래로 만들었다. 학생들은 노래를 부르면서 목표 행동을 더 쉽게 이해할 수 있다. 노래를 부른 후 어떤 행동이 있었는지 물어볼 수도 있다. 학생들은 노래를 들으며 깔깔깔 웃거나 미소 짓거나 끄덕거리는 등 다양한 행동을 보인다. 노래에 나오는 인물들이 어떻게 격려받을 수 있는지 이야기해볼 수 있다.

링컨 고등학교 교장인 짐이 빙산의 수면 아래 행동을 어떻게 다루었는지 소개한다.

짐은 처음으로 학생의 어긋난 행동에 격려의 방법을 썼는데 그 효과는 매우 놀라웠다. 짐은 더 이상 과거의 훈육방법으로 아이들을 다루지 않게 되었다. 그러다 한 학생이 교사에게 심한 욕을 한 일이 발생했다. 링컨 고등학교뿐만 아니라 미국의 대부분 고등학교에서 정학을 받을 만한 행동이었다. 하지만 짐은 그 학생을 앉히고 조용히 말했다.

"괜찮니? 네가 한 일이라고 믿어지지 않는구나. 무슨 일 있었니?"

그리고는 좀 더 자세하게 물었다.

"스트레스를 많이 받았구나. 화가 많이 났네. 화가 얼마나 났는지 0에서 10까지의 숫자로 나타낸다면 얼마나 될 것 같으니?"

분노로 가득했던 학생의 표정이 이야기를 나눌 수 있을 정도로 풀어져 있었다.

"무슨 일이 있었니?", "어떤 일로 그렇게 화가 난거야?"

마음 속을 가로 막고 있던 철벽같은 경계가 얼음 녹듯 사라지면서 비록 부드러운 말투는 아니었지만 학생은 자신의 이야기를 쏟아내기 시작했다.

"우리 아버지는 알코올 중독이에요. 아버지는 저랑 한 약속을 하나도 지키지 않았어요."

그 학생은 쉴 새 없이 가정에 관한 이야기를 쏟아냈고 끝에는 "선생님께 욕을 하지 말았어야 했어요"라고 말했다.

그 학생은 자신이 욕했던 교사에게 사과하고 난 후 상담실로 가게 되었다. 이 학교의 상담실은 학생들이 마음을 가라앉히고 숙제를 하거나 상담교사와 이야기를 나눌 수 있는 긍정적 의미의 타임아웃 공간이다. 문제 행동을 대하는 방식을 바꾼 후 이곳에 오는 학생들이 798명에서 135명으로 크게 줄어들었다.

한 시간이나 반나절, 하루 또는 한 주 동안 집중해서 학생들의 빙산 아랫부분을 면밀히 살펴보고 실천사례를 자신의 SNS 등에 기록하길

바란다. PDC KOREA 홈페이지(www.pd-korea.net)에서 그 사례를 나눈
다면 자신뿐만 아니라 더 많은 교사에게도 도움이 될 것이다.

실천 사례

나도 관심받고 싶어요

어제 음악 시간에 있었던 일입니다. 수업을 시작할 무렵에는 별일이 없었
어요. 그런데 그날 배우는 노래에 대한 이야기를 나누고 있을 때쯤 한 아이
가 "난 개야"라고 말하는 게 아니겠어요? 그리고는 원 가운데에 들어가 누
워서 개처럼 짓기 시작했어요. 저는 "앉아서 이야기를 들으렴" 하고 친절하
게 이야기했습니다. 하지만 그 아이는 행동을 멈추기는커녕 저와 눈조차
마주치지 않았어요.

그 순간 저는 '내가 짜증이 나고 있다'는 것을 알아차렸습니다. 그래서 바로
어긋난 목표 행동 차트를 떠올렸지요. 이 아이는 관심을 받고 싶었던 거예
요. '내가 이 아이를 위해 할 수 있는 것은 무엇일까? 다시 그만하라고 이야
기할까? 저는 이 아이가 음악 시간에 저를 도와 할 수 있는 일이 있는지 생
각해 보았습니다. 그리고는 실로폰을 선반에서 꺼내달라고 부탁했어요.
실로폰을 수업 마지막에 연주하려고 했기 때문에 당장 필요한 것은 아니
었어요. 하지만 '개처럼 짓는 것'에 대해 말하는 대신 "실로폰 가져오는 것
을 도와주겠니?"라고 속삭였습니다.

그 아이는 즉시 짓는 것을 멈추고 실로폰을 가져왔습니다. 물론 남은 시간
에는 수업을 잘할 수 있었어요. 관심을 보이는 말 한마디가 수업을 정상화
시킨 거죠. 그 후 노래 두 곡을 더 불렀고 게임을 하고, 실로폰을 쳤습니다.

그 아이는 예의 바른 태도로 수업에 집중했어요. 태도를 바꾸어 훌륭한 연주가가 된 것입니다.

얼마나 다행인지!

이후로 불편한 일은 없었어요. 저는 그 아이가 왜 그런 행동을 했는지는 모릅니다. 하지만 PDC가 놀랄 만큼 효과적이라는 것은 분명하게 알고 있습니다.

오로라학교 음악 교사

5장

아이들은 왜
바뀌기 어려운가

다른 사람의 눈으로 보는 것, 다른 사람의 귀로 듣는 것, 다른 사람의 마음
으로 듣는 것을 우리는 사회적 감정이라 정의한다.

알프레드 아들러

학생과 학교가 좋은 관계를 맺는 7가지 요인

연구 결과에 따르면 학생은 학교와 좋은 관계를 유지할 때 성공적인
학교생활을 할 수 있다고 한다. 학교와 관계가 원만해지면 장기결석이
나 놀림, 싸움, 기물파손과 같은 문제 행동이 줄어들고 학습 의욕과 수
업 집중력, 학업성과, 출석률, 과제 완성도 등이 높아진다.

　교사와 학생이 '관계를 형성한다는 것'은 배움에 관련된 과정뿐만
아니라 개개인에게도 관심을 가져야 한다는 뜻이다. 즉, 학생들이 학
교에서 성과를 얻기 위해서는 학교에 소속되어 있다고 느껴야 한다.
다음은 학생이 학교와 긍정적인 관계를 맺는 데 영향을 미치는 7가지

요인이다.

- 학교에 대한 소속감과 자신이 학교의 일부라는 느낌
- 학교와 연결되기
- 교사들로부터 지원과 보호를 받고 있다는 느낌
- 학교에서 좋은 친구들과 함께하는 것
- 현재와 미래의 수업 과정에 참여
- 훈육법이 공평하고 효과적이라는 믿음
- 방과 후 활동 참여

위의 7가지 요인은 자신과 사회, 친구들이 연결되었다는 느낌을 가지게 하여 학교생활을 더욱 원만하게 만든다.

기존 방법으로는 변하지 않는다

교사의 노력에도 불구하고 학생들이 바뀌지 않는 이유가 뭘까? 이에 대해 학생들로부터 설득력 있는 이야기를 들을 수 있다.

학생들에게 다음의 질문을 했다.

"학교에서 문제가 생겼을 때 어떤 일을 겪게 되나요?"

학생들은 방과 후에 남기, 토요일에 등교하기, 점심시간에 남기, 출석정지, 특별과제 같은 것뿐만 아니라 외출금지나 가정에서의 체벌,

학교에 불려 온 부모님과 함께 앉아 있는 것, 상담실로 보내지는 것 등과 같은 다양한 대답을 내놓았다.

다시 학생들에게 물었다.

"여러분 중에 이러한 것들을 경험해 본 사람 있나요?"

열 명 중 두 명은 학교에서 일어난 일로 맞은 경험이 있었고 다섯 명은 부모님이 학교에 불려 온 일이 있었다. 모든 아이가 방과 후 남기를 경험해보았을 뿐 아니라 외출금지, 폭언, 특별과제를 받았다고 이야기했다. 열 명 중 일곱 명이 점심시간에 따로 남기, 토요일 등교, 출석정지 등을 경험했다.

"이런 방법들이 학교생활에 도움이 되었나요?"

이 물음에 학생들은 동시에 대답했다. "아니요."

"더 사랑받고 보호받고 있다는 느낌을 갖게 되진 않았나요? 아니면 서로 협력하며 지내는 방법을 알게 되었나요?"

학생들은 웃으며 대답했다. "선생님은 어떻게 생각하세요?"

"그럼, 어른들은 왜 여러분에게 아무 도움이 안 되는 이런 방법들을 사용할까요?"

"어른들은 힘을 좋아하니까요."

"여러분을 더 보호하고 더 잘할 수 있도록 돕기 위해서라고 생각하지 않나요?"

이 질문에 학생들은 그냥 웃었다.

학생들과의 대화를 보면서 기존의 방법으로는 잘 변화하지 않는다는 것과 변화시키기 전에 먼저 해야 할 것이 있다는 사실을 알게 되었을 것이다.

관계 형성이 먼저다

학생들이 교사와 유대감을 갖게 되려면 교사가 학생들에게 관심을 갖고 있다는 믿음이 반드시 필요하다. 교육자이자 축구협회 심판이었던 제임스 터니 박사는 '관심에 대한 인식 정도'를 측정하는 연구로 박사 학위를 받았다.

터니 박사는 제일 먼저 교장 선생님들에게 물었다.

"교사들에게 관심을 가지고 있습니까?"

대부분의 교장은 항상 큰 관심을 보이고 있다고 대답했다. 하지만 교사들은 교장에게서 별로 관심을 받지 못한다고 인식하고 있었다.

그다음에는 교사들에게 물었다.

"학생들에게 관심이 있습니까?"

당연히 교사들은 학생들에게 큰 관심이 있다고 대답했지만, 이와 반대로 학생들은 관심을 거의 받지 못했다고 답했다. "학생들에게 관심이 있나요?"라고 물으면 거의 대부분의 교사가 "그렇다"고 답한다. 하지만 "교사가 관심이 있다는 것을 학생들이 알고 있을까요?"라는 질문에는 소수의 교사만 "그렇다"라고 답한다.

이런 결과를 보면서도 대부분의 교사는 학생들이 교사의 마음을 알고 있을 거라 여전히 믿고 있다. 하지만 터니 박사의 연구 결과에 따르면, 교사의 노력에도 불구하고 학생들은 관심을 받지 못한다고 생각한다. 학생들은 교사들이 자신을 화나게 하거나 말을 잘 따르는 학생에게만 관심이 있다고 생각한다. 이런 문제를 해결하기 위해 교사들이 학생들에게 관심을 표현하는 방법을 배울 수 있는 활동을 소개한다.

 ACTIVITY

학생에게 관심을 표현하는 방법 찾기

■ 목표
관심을 표현하는 방법과 빈도를 확인한다.

■ Tip
연구 결과에 따르면, 학생들이 "선생님이 나를 좋아할까?"라는 질문에 어떻게 대답하는가가 가장 중요했다.

■ 준비물
두꺼운 방습지, 보드마커, 마스킹테이프

■ 방법
1. 앞에 설명한 제임스 터니의 박사학위 논문에 관해 교사들과 토의한다.
2. 3~5명으로 모둠을 만든다. 각각의 그룹은 큰 종이와 보드마커를 받는다.
3. 각 모둠에서 기록할 사람 한 명을 뽑은 후, 3분 동안 브레인스토밍으로 교사가 학생에게 관심을 표현하는 방법을 최대한 많이 찾아 기록하게

한다.

4. 3분 뒤에 기록한 것을 벽에 붙이고 모둠 발표자가 목록을 읽는다.

5. 다음의 질문에 대해 논의한다.

   • 어떤 것을 알게 되었나?

   • 학생들에게 하는 행동으로 알게 된 것은 무엇인가?

   • 학생들에게 관심이 있다는 것을 보여주기 위한 방법 중 다음 주에 실
     천하고자 하는 것은 무엇인가?

6. 모든 그룹의 아이디어를 모아 중복된 것은 뺀 후, 문서로 만들어 출력
   하여 교사들에게 나누어준다. 이 자료는 학생들에게 관심을 표현하는
   방법을 실천하는 데 도움이 될 것이다.

아래에 워크숍에서 이 활동을 하고나서 작성한 목록을 소개한다. 학
생들은 이럴 때 교사가 자신에게 관심이 있다고 생각한다.

학생들에게 관심을 표현하는 방법

• 교사가 학생이 어떤지 관심을 표현할 때

• 실수를 했을 때 이번 일을 배움과 성장의 기회로 여기라고 격려할 때

• 학생들의 능력이 우리 모두에게 실제적인 도움이 된다고 믿음을 보여줄 때

• 학생들의 이야기를 경청하고 생각을 진지하게 받아들일 때

• 의사결정과정에 학생들이 함께 참여하도록 할 때

• 학생들이 선택한 결과에 대해서 처벌보다는 편안한 분위기에서 문제 해결
  을 하려고 도울 때

배려의 힘

교사가 학생들에게 관심을 가지고 학생들이 서로 마음을 쓰도록 이끌어줄 때 배려의 분위기가 만들어진다. 뉴욕의 한 학교에 근무하는 카터 베이톤은 다음과 같이 말했다.

"당신이 머리로 판단하기 전에 먼저 가슴으로 느껴야 한다."

1991년 「라이프LIFE」 9월호에는 일반 학급에서는 지도가 어렵다고 여겨졌던 17명의 2학년 학생들과 베이톤의 이야기가 실렸다. 베이톤은 6개월 동안 그 학생들을 지도했고, 이 학생들은 들어가기 힘들 것 같았던 일반 학급에 도전하여 수학 시험을 통과했다.

베이톤은 학생들을 가르칠 때 친절함과 단호함이 중요하다는 것을 알고 있었다. 또한, 배려가 교사와 학생의 관계 형성에 매우 중요하다는 것도 잘 알고 있었다. 교사들은 배려의 말을 나눌 기회가 많으므로 실천해보기를 바란다. 학생들은 배려받는다고 느낄 때 협력하게 되고 문제 행동을 하지 않게 된다. 주목받거나 자존감을 얻기 위해 과도한 행동을 하지 않아도 될 때, 학생들은 편안한 마음으로 적극적으로 공부에 집중할 수 있다.

관계 형성을 위한 태도와 기술

우리는 교사가 학생들에게 많은 관심을 가지고 있다는 것을 안다. 하지만 학생들은 교사의 그런 마음을 잘 알지 못한다. 교사들은 학생들과 친밀한 관계를 맺기 원하지만, 학생들에게는 이에 반대되는 메시지를 보낸다. 이와 관련된 사례가 하나 있다.

학생들과 심한 갈등을 겪는 한 교사가 있었다. 이 교사는 학생들이 보여주는 적대감을 이해할 수 없었다. 교실을 방문한 참관자는 이 교사의 태도와 목소리에서 그 이유를 찾아낼 수 있었다. 하지만 그 교사는 다른 교사들처럼 학생들이 문제 행동을 할 때마다 소리치고 비난하는 자신의 목소리가 학생들에게 어떤 영향을 미치는지 알지 못했다. 수업 후에 참관자가 교사에게 피드백에 대한 의향을 묻고는 피드백을 해주었다.

"선생님은 작은 문제를 해결하는 데 강력한 무기를 사용하시네요."

자신에게 어떤 문제가 있는지 깨닫고 난 후 그다음 시간부터 바로 자신의 태도와 목소리를 바꾸었다. 같은 날 그 교사는 다른 교사에게 다음과 같이 말했다.

"학생들이 오후에 아주 부드러워졌어요. 내가 강력한 무기를 내려놓은 후부터 말이죠."

PDC 워크숍 중 연습 활동을 마치고 한 교사가 자신이 깨달은 것에 대해 다음과 같이 말했다.

"저는 학생들을 비판할 때 다른 사람들이 들을 만큼 크게 말해왔어요. 그런데 좋은 것을 말할 때는 다른 사람들이 잘 듣지 못할 만큼 작은 목소리로 말해왔더군요."

경청하고 진지하게 대하라

학생들이 '라스'라고 부르는 로버트 라스무센 선생님은 학생들이 직접 선정하는 '최고의 선생님'에 5년 연속으로 뽑혔다. 그뿐만 아니라 그 지역 올해의 선생님으로 뽑히기도 했다. 라스 선생님이 교실에 없을 때 학생들에게 라스 선생님이 상을 받은 비결에 대해 이야기를 나눴다.

"라스 선생님은 우리를 존중하고 우리 이야기를 귀담아들어 주세요. 그리고 자신의 일을 즐겨요."

"일을 즐기는 것이 다른 것들과 관련이 있나요?"

"많은 선생님이 단지 '일'하러 학교에 와요. 우리를 싫어하죠. 자신이 하는 일도 싫어하고요. 그 선생님들은 자신의 삶을 싫어하는 것 같아요. 자신의 일도, 삶도 그리고 저희도요."

라스는 독특한 방법으로 학생들이 배려받고 있다고 느끼게 했다. 교실에 곰돌이 인형을 가져와서는 "이것은 우리의 배려곰돌이입니다. 여러분 중에 누군가 기분이 안 좋거나 절망할 때 배려곰돌이를 데려가세요. 배려곰돌이가 여러분의 기분을 좋게 해줄 거예요"라고 말했다.

처음에 학생들은 선생님이 제 정신이 아니라고 생각했다. 하지만 중학생, 고등학생, 청년이 되어서도 여전히 그때를 잊지 못한다. 이미 졸업해서 미식축구팀에 있는 학생도 라스 선생님 책상에 가서 말한다.

"저는 지금 배려곰돌이가 필요해요."

배려곰돌이는 유명해져서 라스 선생님은 더 많은 곰돌이를 데려왔다. 어떤 학생은 하루 종일 곰돌이를 가지고 있기도 하지만 늘 제자리에 다시 갖다 놓는다. 라스 선생님은 실망한 학생을 보면 배려곰돌이를 건넨다. 이 행동은 다음과 같은 상징적 의미를 담고 있다.

"나는 너를 보살피고 도와주고 싶어. 지금 너와 따로 시간을 보내기 힘들지만, 나는 너를 도와주고 싶단다."

현장학습, 그 이상의 의미를 즐기자

중학교 교사 브렌다는 페이스북에 이런 글을 남겼다.

학생들과 자전거 여행을 갔다가 지금 막 돌아왔어요. 밤새도록 스컹크들이 야영지 주위를 어슬렁거렸고 너구리가 불쑥 나타나 우릴 놀라게 했지요. 지금은 완전히 녹초가 되었어요. 학생들에게 이번 여행이 어땠는지 물어보니 이렇게 대답하더군요. "우리 모두 즐거운 시간을 가졌어요. 자전거를 타고 11Km나 돌아다니면서요. 공원에도 가고… 이전에는 이렇게 갈 만한 곳이 많다는 것을 몰랐어요."

브렌다는 동료 교사 2명과 학부모 2명, 자전거 전문가 10명, 학생 10명과 의미 있는 시간을 보냈다. 무척 즐거웠을 뿐 아니라 학생들을 더욱 깊이 이해할 수 있게 되었고 참가자 간에 강한 유대감을 갖게 되었다. 이 여행은 모두에게 특별한 관계를 맺는 계기가 되었다. PDC를 사용하는 학교에서는 현장학습을 권장한다. 현장학습을 통해 학생과 교사, 부모들이 배움의 기쁨을 나누고 교육적 모험을 함께 즐길 것을 권한다.

사람은 저마다 독특한 특성이 있다

학생들을 위해 야구 카드 세트를 만들 수도 있다. 각 카드에는 학생들의 사진과 함께 별명이 적혀 있다. 고양이의 친구 콜린, 홈런왕 션 등 각 학생만의 특징으로 별명을 붙인다. 카드 세트를 만드는 데 많은 시간과 노력이 들겠지만, 서로 존중하는 마음이 있다면 별명을 함께 찾는 것은 즐거운 일이 된다.

다음에 소개하는 활동인 자신의 티셔츠를 만들게 하는 것도 개인의 특성을 표현하게 하는 좋은 방법이다. 교사 회의에서 동료 교사와 함께해보는 것도 좋다.

나만의 티셔츠 만들기

■ 목표

자신과 다른 사람이 가진 고유한 특별함을 알게 한다.

■ 준비물

마스킹테이프, 티셔츠 모양의 종이(학생 한 명당 한 장), 활동방법이 적힌
보드나 차트

■ 방법

1. 티셔츠를 만드는 시간으로 10분을 준다.

  ① 티셔츠 위에 자신의 이름을 적는다.

  ② 티셔츠 중앙에 자신을 묘사하는 단어 하나를 쓴다.

  ③ 티셔츠 전체에 자신의 성격이나 특별히 관심 있는 것을 설명하는 단
     어들을 쓴다.

  ④ 티셔츠 단추 아래 다른 사람들이 모르는 자신에 관한 사실 한 가지를
     적는다.

2. 입고 있는 옷 위에 테이프로 티셔츠를 고정한다.

3. 학생들을 3~5명 모둠으로 만들고 모둠끼리 자기 티셔츠의 내용에 관
   해 이야기를 나눈다.

4. 학생들은 교실을 돌아다니며 성격과 관심사가 비슷한 사람을 찾는다.

5. 그다음에는 성격이나 관심사가 비슷하지 않은 사람들을 찾게 하고 다
   른 사람의 티셔츠에서 본 것에 대해 서로 묻게 한다.

6. 활동을 통해 배운 것에 대해 물어본다.

  • 이 활동으로 어떤 것을 배웠나요?

  • 여러분이 더 알고 싶어 하는 것에 관심이 있는 친구를 찾은 사람?

  • 여러분과 비슷한 관심과 특징을 가진 사람을 찾은 사람?

  • 다른 사람을 돕는 것에 재능이 있다는 것을 알게 된 사람?

  • 자신에게 도움을 줄 수 있는 강점을 가진 사람을 찾은 사람?

유머 감각이 관계 형성의 열쇠다

교사들은 학생들과 있을 때 유머를 사용하는 것을 잊곤 한다. 항상 진지할 필요는 없다. 터너 선생님은 교실에서 학생들이 좋아하는 협상게임을 하곤 한다.

"자, 협상게임을 시작할게요. 나는 정시에 시작하고 싶고 여러분은 정시에 마치고 싶어 합니다. 나는 수업 시작 전까지 기다리는 시간을 아낄 수 있을 거고, 여러분은 방과 후 시간을 확보할 수 있을 거예요. 어때요, 협상할까요?" 학생들은 불평했지만 곧 조용해졌다.

어떤 교사는 유머로 가장하여 비꼬아 말하는데, 그 말이 학생에게 상처를 주기도 한다. 심지어 학생들을 놀리는 것을 좋아하는 교사도 있다. 이는 존중의 방식이 아니다. 교사의 행동 이면에 있는 감정은 행동만큼이나 중요하다.

버클리 선생님에게는 학생들이 좋아하는 유머 감각이 있다. 학생들은 버클리 선생님이 자신들을 배려하며 학생들의 성과에도 관심을 기울이고 있다는 것을 안다. 학생들은 교사의 행동 뒤에 있는 감정을 느끼고 관심을 받아들인다.

어느 날 버클리 선생님이 딴생각을 하는 학생에게 다가가 어깨에 가볍게 손을 올리며 말했다.

"자! 너는 18살이야. 아침에 일어나면 MTV를 틀지. 너는 TV에 나오는 가수들과 가사를 잘 알 거야. 그런데 사람들은 그런 너에게 일자리를 줄까? 그럴 리가 없지! 왜냐고? 그건 네가 교실에서 멍하니 앉아

딴생각을 하면서 시간을 보냈기 때문이야."

그 학생은 고개를 들고 싱긋 웃더니 책을 폈다.

다음 시간 버클리 선생님이 책을 읽는 동안 제니퍼가 집중하지 않고 친구에게 쪽지를 보냈다. 버클리 선생님은 부드러우면서 명확한 목소리로 책을 읽듯이 말했다.

"죽느냐 사느냐 그것이 문제로다. 제니퍼는 매일 자기 자신에게 이 질문을 던진다."

제니퍼는 고개를 들고 말했다.

"절 부르셨나요?"

"내가 제니퍼를 부르는 것을 본 사람? 난 부르지 않았는데."

제니퍼는 남은 시간 동안 수업에 집중했다. 학생들에게 진심으로 관심을 보인다면 그들은 당신이 보내는 메시지를 받아들인다.

학생들의 관심사를 존중하라

학생들은 학교보다 학교 밖 세상에 더 많은 관심이 있다는 것을 기억하자. 이런 관심사는 학생들의 학교생활에서도 매우 중요한 부분이다. 친구들 사이에서 소외되지 않고 인기를 얻는 방법을 알아내야 할 뿐 아니라, 놀이 팀에 끼지 못했거나 시험에서 1등을 놓친 것에 대해 화가 나는 것도 참아야 한다. 그뿐만 아니라 중·고등학생이 되면서는 자동차나 직업, 연애, 성, 마약에 대해서도 관심을 갖게 된다.

학생들은 밤늦게까지 깨어 있으려고 하며 아침에 일어나는 것을 힘들어하지만, 학교에는 일찍 나와야 한다. 이와 관련하여 한 고등학교의 교실 문에 붙어있던 메모를 하나 소개한다.

"지각입니다. 조용히 들어오세요. 자리에 앉아서 칠판에 적힌 활동 안내를 참고하세요. 시종이 울리면 바로 수업이 시작됩니다."

이 교사는 지각하는 학생들을 비난하거나 벌주는 대신에 정중한 태도로 자연적 결과를 경험하게 하고 뒤처진 수업을 따라오는 데 필요한 것들을 할 수 있도록 도와준다. 학생들은 교무실에 가거나 반성문을 쓰거나 당혹감에 학급 분위기를 어지럽히는 대신 곧바로 수업에 참여할 수 있다.

"지각 종이 울린 후에도 5분이나 시간을 그냥 보내고 싶지 않아요. 여러분도 할 일이 있고 여러분 또래에게 요구하기에는 무리가 되는 일도 있다는 것을 압니다. 오전 10시까지 자고 학교에는 오후 5시에나 오면 좋겠지요. 저녁 시간도 가족과 함께하거나 일을 하거나 사회생활을 하는 데 쓰고 싶다는 것도 알고 있어요."

교사가 이렇게 말하자 학생들은 환호했다. 학생들은 교사가 자신을 존중하는 방식으로 교사를 존중한다. 교사가 학생들을 존중하고 있음을 느끼게 해야 한다. 존중은 존중을, 무시는 무시를 낳는다. 학생들이 교사를 존중하지 않는다면 교사는 먼저 자신의 행동을 다시 생각해봐야 한다.

완벽함이 아니라 성장을 격려하라

학생들은 교사가 완벽함이 아니라 이전보다 더 나아지도록 격려할 때 배려받는다고 생각한다. 모든 교실은 완벽하지 않다. 하지만 교실에서 얻은 실패의 경험은 그 해결방법을 찾음으로써 더 나은 교실로 만들 수 있다. 낙담하거나 뒷걸음질칠 때도 조금씩 앞으로 나아가며, "이 문제를 풀기 위해 무엇을 해야 할까?"라고 계속해서 질문한다. 이 질문은 개인의 문제를 넘어 친구들과 함께 문제를 해결하도록 격려한다.

어느 학교에서 교통사고로 여학생이 사망하는 일이 발생했다. 이 사고로 슬픔과 공포에 휩싸인 학생들을 돕기 위해 각 반에서는 학급회의를 열었다. 회의시간에 그 친구에게서 받은 고마운 일에 대해 감사를 표현하는 시간을 가졌다. 그런 다음, 지금 걱정되는 것이 무엇인지 물어보았다. 몇몇 학생이 집에 가는 것이 두렵다고 했다. 많은 학생이 죽음에 대해 생각해본 적이 없었으며 무엇을 해야 하는지도 알지 못했다.

학생들은 아이디어를 모은 뒤에 몇 가지 제안을 했다. 하나는 한밤중이라도 서로 전화할 수 있도록 비상연락망을 만드는 것이었다. 그다음에는 낮에 함께 이야기를 나눌 수 있는 사람의 명단을 작성했다. 경비아저씨, 사서 선생님, 급식 도우미 선생님, 상담 선생님, 선생님, 교장 선생님 등이 명단에 올랐다. 도움이 필요하다면 이들 중 누구에게라도 가서 이야기할 수 있었다. 또한, 학생들은 그 친구의 사진을 리본으로 만들어 일주일 동안 달고 다니자고 했다. 그리고 친구를 기억하기 위해 나무를 심고 1년 내내 사랑과 정성을 다해 길렀다. 학생들은 학교의 어른들에게 슬픔을 어떻게 다루는지 보여주었다.

학생들에게 배려에 대한 기술을 가르치면, 교사들은 자신의 일상이 이전보다 더 쉽고 재밌어지는 것을 느끼게 된다. 그리고 교사가 할 수 있는 가장 강력한 행동은 학생들을 배려하고 소속감과 자존감을 갖도록 돕는 것임을 알게 된다. 그러면 학생들은 자연스럽게 잠재력을 최대한 발휘하게 되고 학습이나 다른 분야에도 의욕을 갖게 된다.

실천 사례

작년에 우리에게 필요했던 것

15년 전 교사로 첫발을 내디뎠을 때, 저는 아이들의 행동을 어떻게 다루어야 하는지 몰랐습니다. 구체적인 훈육법이 절실하게 필요했어요. 그러나 어떤 훈육법을 어떻게 실천해야 할지 전혀 알지 못했습니다. 책을 찾아보고 다른 학급을 살펴보아도 칠판에 이름 적기, 신호등 카드제도와 같은 처벌적인 방법만 있을 뿐이었습니다. 그래서 그것들을 시도해 보았습니다. 하지만 제가 잘하고 있는지 확인할 수 있는 방법은 학생들이 조용한지, 순간순간 나의 지시를 잘 따르는지를 살펴보는 것뿐이었습니다. 그러나 이 방법은 명확하지 않았어요. 그래서 더 이상 하지 않기로 했습니다. 다른 훈육법이 필요했지요. 정말 길고 힘든 시간이었어요.

오랫동안 저 자신이 실망스러웠고 무력하게 느껴졌습니다. 걸핏하면 소리 지르고 화를 냈고 때로는 소리 죽여 울기도 했지요. 그 해가 끝날 무렵,

이제는 이런 실수를 되풀이하지 않겠다고 맹세하며 다음 해를 준비했습니다. 그리고 제가 다시는 경험하고 싶지 않은 것이 무엇인지도 알게 되었어요. 저는 학생들이 학문적 성과를 얻는 것만큼이나 서로 도와주기를 원했으며, 학생 개개인을 바라보며 인간적으로 연결되는 것을 중요하게 여겼던 것입니다. 개인적인 관계 형성 없이 학문적 성공을 얻기는 힘들다는 것을 확신하게 되었어요.

이후 10년 동안 제가 했던 것과 가르치며 느낀 것은 PDC와 비슷합니다. 2007년 『PDC』와 『PDC 교사 가이드 A-Z(Positive Discipline : A Teacher's A-Z Guide)』를 우연히 읽었어요. 처음에는 낯설게 느껴졌지만, 책을 읽으면서 점점 천사의 소리를 듣는 것 같았습니다. 내가 읽은 모든 것이 옳은 말이었어요. 평소 느끼고 생각하고는 있었지만 표현할 수는 없던 것이어서 깜짝 놀랐습니다.

2008년 여름에는, PDC 1박 2일 워크숍에 참여하여 의미 있는 시간을 보냈습니다. 배운 것을 학교에서 해볼 생각에 신이 났었죠. 학급에서 PDC를 사용하기 시작했고 책과 워크숍에서 배운 것을 비공식적으로 학부모들과 나누었습니다. 학급회의를 열면, 항상 잘 진행된 것은 아니었지만 문제를 해결하려는 학생들의 모습과 그들의 제안에 깜짝 놀라곤 했지요. 마지막 날 우리가 1년 동안 해결한 문제를 기록한 종이를 보았습니다. 적어도 한 뼘은 되더군요. 함께 이렇게 많은 문제를 해결한 것에 대해 학생들은 무척이나 자랑스러워했습니다. 물론 저도 그렇습니다.

작년에는 학교의 요구와 해야 할 일이 많아지면서 PDC 활동을 하지 못했습니다. 너무 바빠서 이런 활동을 할 여유가 없었던 거지요. 힘들었던 작년을 되돌아보니 학생들의 문제 행동이 원인이었음을 알게 되었습니다. 우릴 힘들게 했던 것들이 이전 해에는 학급회의에서 해결했던 것들이라는 사실도 알게 되었습니다. 작년에 우리에겐 학급회의가 필요했던 겁니다. PDC 활동을 하지 않은 것이 가장 큰 실수였습니다. 이런 경험을 통해 PDC 가 얼마나 도움이 되는지를 다시 한 번 느낄 수 있었습니다. 실수는 배움의 훌륭한 기회라는 것도요.

익명

- 2부 -

행복하고 민주적인 교실을

위한기술

존중하는
의사소통기술

어떠한 의견이라도 보는 사람의 관점에 따라 옳을 수 있다.

루돌프 드라이커스

의사소통기술을 향상시키기 위해서는 지속적인 노력이 필요하다. 이번 장에서는 의사소통기술을 확인하고 관련 도구를 익히며 의사소통 능력 향상과 관련된 활동을 배운다.

의사소통 걸림돌을 의사소통기술로 전환하기

스티븐 글렌Stephen Glenn은 의사소통 걸림돌과 의사소통기술 5가지를 설명한다. 우리는 의사소통을 잘하고 있다고 생각하지만, 사실은 걸림돌을 사용할 때가 많다는 것을 명심하기 바란다.

판단하기 vs 확인하기

교사들은 학생에게 물어보지도 않고 학생의 생각과 감정을 안다고 판단하기 쉽다. 또 학생들이 할 수 있는 것과 할 수 없는 것, 어떻게 반응해야 하고 반응하지 않아야 하는지를 임의로 판단한다. 교사들은 이것을 '독심술Mind reading'이라 부르며 학생의 마음을 읽을 수 있는 검증된 전문가가 없는지 여전히 찾고 있다. 하지만 누군가에 대해 선입견을 가지고 단정 짓는다면, 그 사람의 진면목을 발견할 기회를 놓치게 될 뿐만 아니라, 의도하지 않았지만 마음에 상처를 입히고 관계를 망가뜨리게 된다는 것을 기억하자.

판단 대신 애정 어린 질문을 하거나 확인함으로써 의사소통기술을 향상시킬 수 있다. PDC에서는 교사가 학생들이 실제로 생각하고 느끼는 것을 알아내는 것이 중요하다고 말한다. 단정 짓고 판단하는 대신 확인할 때, 학생들이 문제에 대해 어떻게 생각하고 느끼며, 학생들에게 영향을 미치는 문제가 무엇인지 찾아낼 수 있다.

한 특수 교사의 사례를 보자. 행동주의 기법을 사용하던 이 교사는 특수학급 학생들은 학급회의를 진행할 능력이 부족하다고 판단하고, 학생들의 행동을 통제하는 것이 자신의 역할이라고 믿었다. 하지만 PDC를 배우고 나서 PDC 학급회의를 시도해보았다. 학생들에게 PDC 학급회의 안건 중에서 자신이 도움을 줄 수 있는 것에 표시하게 했다. 그 결과 교사의 생각보다 학생들이 훨씬 뛰어난 능력을 갖고 있다는 것을 알게 되었다. 학생들은 학급회의에서 자신들의 요구를 표현하는 법을 빠르게 배워나갔으며, 교사의 예상을 뛰어넘어 문제 해결에

행동이 어떤 영향을 미쳤고, 그것에 대해 어떻게 느끼는지 그리고 문제를 어떻게 해결하는지를 탐구하는 좋은 기회가 된다.

학생들이 회의를 통해 결정한 것은 실제로 교사가 가르치려 했던 것과 거의 다르지 않다. 그러나 같은 내용이더라도 교사가 가르치려 했다면 들으려 하지 않았을 것이다. 이 과정에서 학생들은 외적 동기보다 내적 동기로 행동할 수 있게 된다.

지시하기 VS 이끌어주기

교사가 지나치게 지시하고 학생들의 자발성이나 협력을 거부하면, 학생들은 소극적 공격 행동, 즉 해야 할 일을 마지못해 최소한으로 대충 해치우는 경향이 있다. 당신이 이런 의사소통의 걸림돌을 사용하고 있는지 잘 모르겠다면 지금 직접 확인해보자. 당신은 계속 반복해서 뭔가를 말해야 하거나 학생들이 잘 듣지 않아 불만인가? 그렇다면 지나치게 지시하고 있는 것이다. 그런 경우에는 '이끌어주고 격려하기' 의사소통기술을 사용할 수 있다.

학생들이 계획하고 문제를 해결하도록 이끌어준다면 스스로 결정하는 힘이 자라난다.

"곧 종이 울릴 거예요. 다음 시간을 위해 교실 정리를 도와주면 고맙겠어요."

지시받을 때 수동적이거나 저항하고 거부하던 학생들도, 함께하도록 이끌어주고 격려하면 협력하는 태도를 보인다.

기대하기 VS 격려하기

교사가 학생들의 가능성을 기대하고 잠재력을 믿는 것은 중요하다. 그러나 그 기대가 기준이 되어 버린다면, 교사는 학생의 부족한 부분에 대해 부정적으로 판단하게 되고 학생들은 자신감을 잃고 의기소침하게 된다. "난 네가 더 완벽하길 기대했어. 그보다 더 책임감을 가지길 바랐지. 네 형처럼 너도 친절한 학생이기를 바랐어"라고 얘기하는 것이 지나친 기대의 예가 될 것이다.

PDC에서는 지나친 기대보다는 학생이 이루어낸 것과 그만의 독특한 개성에 대해서 격려한다. 교사와 학생은 PDC 학급회의에서 칭찬하고 문제를 해결하는 과정을 거치며 서로 알아가고, PDC 기술이 학급회의뿐만 아니라 일상에서도 활용되고 있다는 것을 알게 된다. 교사가 학생의 잠재력이나 작은 변화를 알아차리고 바로 적절한 피드백을 한다면 학생들은 더욱 용기를 얻는다. 그러나 교사가 지나치게 많이, 빨리 기대하고 요구한다면 학생들은 의기소침하게 된다.

평소 발표하기를 꺼리며 잘 참여하지 않던 학생이 주제와 관련이 없는 질문을 했다고 가정하자. 교사는 수업에 집중하지 않았다고 비난할 것이 아니라 질문한 것 자체를 먼저 칭찬해야 한다. 주제와 관련된 질문이 있는지는 그 이후에 물어본다. 학생이 커닝을 했을 때도 좋은 점수를 얻고자 하는 마음이 있다는 것을 알아차리고 성적을 향상시킬 다른 방법을 찾아내도록 이끌어주어야 한다.

어른의 관점으로 보기 VS 존중하기

학생들이 아직 미성숙한 존재라는 것을 잊고 어른처럼 생각하고 행동하기를 바랄 때 어른의 관점으로 학생들을 바라보게 된다. 예를 들어 "왜 넌 한 번도 하지 않니?", "왜 넌 항상 그러니?", "당연히 이해되지?", "내가 몇 번을 이야기해야 하니?", "네가 그런 일을 하다니 믿을 수 없구나! 너한테 실망이야" 같은 말이 이에 해당한다. '해야 한다'로 끝나는 말이나 화가 난 말투는 대부분 '어른의 관점으로 학생들을 바라보는 것'이다. 이는 격려하고 지지하는 것이 아니라 수치심과 죄책감을 들게 한다. 이 메시지는 '내 관점과 다르기 때문에 이건 너의 잘못이야'라는 의미를 담고 있다.

교사가 존중하는 마음을 실천하다 보면, 학생과 교사가 관점이 다를 수 있다는 것을 이해하게 된다. 존중은 성장을 격려하고 효과적인 의사소통이 가능한 수용적 분위기를 이끌어낸다. 학생들이 알지 못할 거라 판단하지 말고, 자기 자신과 다른 사람들을 이해하도록 격려하자. "내가 이번 프로젝트에서 뭘 원하는지 당연히 알고 있겠지?"라고 말하기보다 "이 프로젝트에서 중요한 것이 뭐라고 생각하니?" 또는 "프로젝트를 이런 방식으로 발표하는 것에 대해 어떻게 생각하니?"라고 질문한다. 대답을 들을 마음이 없다면 처음부터 질문하지 않는 것이 더 낫다.

학생들이 중요하게 여기는 것이 어른들과 다를 수 있다. 수학과 과학을 잘하는 것이 학생들의 우선순위에는 100위 안에도 들지 못할 수 있다. 이 말은 학생들이 수학과 과학을 배울 필요가 없다는 것이 아니라, 학생들이 친구(친구가 있거나 외롭거나), 스포츠(팀에 뽑히지 못하는 것), 자동차(내 차는 언제쯤 생기지?), 늦잠자기(교사들은 학생들의 시간 개념이 다르다는 것을 잘 모른다), 가족 관계 등에 관심을 가지는 것을 이해하고 존중해야 한다는 뜻이다. PDC 학급회의는 학생들이 그들과 관련된 이슈를 해결하고 탐색할 좋은 기회다. 교사는 학생들의 관심사를 배움과 연관 지어 탐구하도록 한다. 이렇게 할 때 학생들은 반항하는 대신 협력한다.

의사소통 온도계

■ 목표
의사소통기술에 따라 나타나는 효과의 차이를 확인한다.

■ 방법
1. 교사 역할을 하는 사람은 교실 앞에 서고 학생 역할을 하는 사람은 교실 가운데 선다.
2. 교사가 말을 할 때 기분이 나쁘고 마음이 상했다면 학생은 그만큼 뒤로 물러난다(차가워지는 것을 의미). 기분이 좋아지고 격려받고 있다고 느끼면 그만큼 앞으로 나온다(따뜻해지는 것을 의미). 교사와 학생의 거리가 온도계 역할을 한다.
3. 교사가 하는 말을 듣고 학생은 아무 말 없이 앞뒤로 움직인다.
4. 아래는 의사소통을 방해하는 표현을 모아 놓은 것이다. 먼저 비난하는

목소리로 한 번에 한 문장씩 읽는다.

- 이건 네 잘못이야!

- 내가 몇 번 이야기했어?

- 친구들이 네 행동을 보고 뭐라고 하겠니?

- 도대체, 언제 좋아질래?

- 네가 어떻게 느끼는지 상관없어. 울지 마! 아기처럼 굴지 말라고!

- 무슨 짓을 한 거야? 다시는 안 그러겠다고 말해!

- 네가 했으니까 네가 해결해! 그렇지 않으면 F학점을 받게 될 거야.

5. 학생이 어디에 서 있는지 확인하고 무엇을 느끼고 어떤 생각이 들었으며 무엇을 배웠는지 모든 학생과 이야기를 나눈다.

6. 이번에는 의사소통을 향상시키는 표현을 존중하고 격려하는 목소리로 한 번에 한 문장씩 읽는다.

- 지금 많이 화가 난 것 같구나. 이해해. 화 날만도 하지.

- 과학 선생님께서 오늘 너의 태도가 별로 좋지 않았다고 하더라. 너에게 무슨 일이 있었는지 듣고 싶어.

- 도움이 필요하면 이야기하렴. 나에게 좋은 생각이 있을 수도 있잖니?

- 이걸 학급회의 안건으로 올리는 것은 어때? 친구들에게 네 입장을 말할 수 있어.

- 앞으로 이 문제가 일어나지 않게 하려면 어떻게 해야 할까?

- 이것에 대해 나와 이야기 나눠줘서 고마워.

7. 학생이 어디에 서 있는지 확인하고 무엇을 느끼고 어떤 생각이 들었으며 무엇을 배우게 되었는지 모든 학생과 이야기 나눈다. 이 활동을 통해서 의사소통을 방해하는 것과 향상시키는 것에는 어떤 것들이 있는지 알아보고 내가 향상시킬 수 있는 것은 무엇인지 찾아본다.

의사소통의 걸림돌 5가지는 교사와 학생들에게 좌절과 실망을 경험하게 한다. 의사소통의 걸림돌 대신 의사소통기술을 활용하자. 교사가 학생을 하나의 인격체로 받아들이면, 확인하기, 탐험하기, 이끌고 격려하기, 칭찬하기, 존중하기 방식으로 학생들에게 힘을 실어줄 수 있다. 다음 한 교사의 사례를 살펴보자.

저는 오늘에서야 제가 지금까지 학생들에게 '의사소통 걸림돌'을 사용해왔다는 것을 알았습니다. 학생들이 무엇을 필요로 하는지에 대해 교사인 제가 단정 짓고 개입하며, 신경 쓰고, 설명해왔어요. 그뿐만 아니라 어디로 가야 하는지, 무엇을 해야 하는지 지시하고, 제 기대에 미치지 못하는 것은 지적하며, 어떤 것을 해야 한다고 늘 이야기했어요. "몇 번을 이야기했니?", "이것보다 더 잘할 수 있지 않아?"와 같은 말을 반복하면서 교사인 나도 지쳐 갔고 학생들의 행동도 나아지지 않았습니다.

그래서 방법을 바꿔 의사소통기술을 사용해 보았어요. 먼저 학생들이 문제를 어떻게 이해하고 있는지 확인했어요. 문제를 PDC 학급회의 의제로 다룰 것인지 물어보았고, 회의를 통해 해결방법을 함께 찾았습니다. 저의 기대에 미치지 못할 때, 지적하는 대신 노력 자체를 칭찬했습니다. 그리고 학생들의 생각과 감정을 받아들이며 존중했지요. 덕분에 교실 분위기가 좋아졌습니다. 이제 저는 의사소통기술을 사용할 수 있게 되었고 학생들의 행동은 바람직하게 변했어요.

의사소통이 단순히 '이야기 나누기'가 아니라는 것을 명심하자. 주의 깊게 듣기, 존중, 호기심, 권한주기 등이 함께한다면 어떤 기술을 사용하는지는 크게 상관이 없다. 의사소통기술에 대해서 좀 더 구체적으로 살펴보자.

의사소통에 힘을 불어넣는 4가지 기술

말한 것은 실천하라

학생들은 언제 교사가 의미 있는 말을 하며, 언제 의미 없는 말을 하는지 안다. 학생들은 교사의 말보다 행동에 더 관심을 둔다. 교사가 말하고, 지시하고, 요구하는 데에만 많은 시간을 보내고, 그에 걸맞은 행동을 하지 않으면 학생들은 교사의 이야기를 한 귀로 듣고 한 귀로 흘려보낼 것이다.

반대로 교사가 말한 바를 행동으로 실천한다면 학생들은 교사가 노력하고 있다는 것을 알고 관심을 기울인다. 따라서 교사는 실천 가능성에 대해 확신하기 전에, 먼저 깊이 생각해야 한다.

예를 들어보자. "조용히 줄을 섰을 때 우리는 운동장으로 나갈 겁니다"라고 말하고 학생들이 줄을 설 때까지 조용히 기다린다. 그리고 준비가 되면 교실 문을 열고 운동장으로 나간다.

교사가 "늦게 제출한 시험지는 0점이야"라고 말했다고 하자. 어떤 학생이 시험지를 늦게 내고 0점을 받은 시험지를 돌려받았다. 학생은 불평하기도 하고 울며 빌기도 했다. 교사는 "시험지를 끝까지 푼 것은 알고 있어"라고 말한 다음 다른 주제로 넘어간다.

학생 두 명이 교사에게 와서 어떤 문제에 대해 서로를 비난할 경우 교사는 이렇게 말한다. "난 누가 잘못했는지 가려내는 데는 관심이 없단다. 우리가 함께 문제를 풀어가는 데에만 관심이 있지. 우린 이 문제를 PDC 학급회의 안건으로 넣을 수 있어, 다음 회의에서 잘 해결할 수 있을 거야."

짧게 말하라

학생들이 집중하지 않고 통제가 되지 않는다면, 짧게 말하자. 이때 사용하는 말은 한 단어나 열 단어 내외의 짧은 문장이 적당하다.

"휴식, 조용, 잠깐, 원, 학급회의 시간, 지저분한 교실, 청소시간"(짧은 단어) 또는 "연필 내려놔, 종이 앞으로, 준비되면 손을 드세요, 선택 돌림판의 해결방법을 보세요"(짧은 문장)처럼 짧게 이야기하자.

이 방법을 시도해보면 간단한 방법임에도 학생들이 더욱 집중력을 보이는 것에 놀랄 것이다. 교사는 한 단어나 짧은 문장으로 말하고 학생들이 그것을 하도록 조용히 기다려주기만 하면 된다.

문제 해결로 이끌어라

우리는 교실에서 판단하기, 감정 표현하기, 문제 해결로 이끌기 기술을 사용할 수 있다. 그러나 대부분의 경우 머리로 사고하여 판단한다. 하나의 상황에 대해 판단하기, 감정 표현하기, 문제 해결로 이끌기로 이야기한 사례를 소개한다. 읽어 보면서 각각에 대한 반응이 어떨지 생각해보자.

판단하기 : 운동장에서 놀 때 밀고 다투며 상처 주는 일이 너무 많아요. 선생님은 이런 놀이를 금지해야 한다고 생각합니다. 우린 운동장에서 그런 행동을 해서는 안 돼요. 알겠죠?

감정 표현하기 : 놀이 시간에 누군가 일부로 공을 던져서 다른 사람을 맞추는 것을 봤어요. 그 아이는 멍까지 들었더군요. 여러분이 과연 안전하고 존중하는 방법으로 게임을 할 수 있을까요? 선생님은 화를 참을 수가 없네요.

문제 해결로 이끌기 : 네가 놀이를 하면서 다른 친구들에게 상처를 주는 것을 보니 화가 나는구나. 선생님은 서로 존중하고 안전하다고 생각될 때까지 이 놀이를 하지 않을 거야. 해결방법을 찾으면 선생님에게 알려 줘.

눈을 감고 학생의 입장이 되어보자. 한 사람이 위의 내용을 큰 소리로 읽는 동안 잘 들어보자. 어떤 것이 가장 효과적인가? 판단하는 말은 "에이, 또 잔소리야"로 들리고, 감정을 표현하는 말은 "또 화가 나셨군. 맨날 화만 내"로 들린다. 그러나 문제 해결로 이끌기는 "좋은 방법이 없을까?"라고 생각하게 될 것이다. 선생님은 화가 나 있지만, 학생들을 걱정하고 있으며, 계속 학생의 입장에서 효과적인 방법을 찾고 싶어 한다는 것을 느낄 것이다.

PDC를 사용할 때 교사들은 '친절함과 단호함'을 동시에 실천하는 것을 어려워한다. 친절하게 대하는 것은 그다지 어렵지 않지만, 단호하게 행동하는 것은 쉽지 않다. 문제 해결로 이끌기는 단호함을 표현하는 최고의 방법이다. 문제 해결 행동을 요구할 때 존중하는 태도로 한다면 더 효과적일 것이다.

주고 받아라 – 랠리 대화법

테니스 경기를 하거나 멋진 테니스 시합을 본다고 생각해보자. 공이 왔다 갔다 하며 랠리를 이어가는 것이 흥미로울 것이다. 그러나 한 명이 서브를 넣었는데도 아무도 받지 않아 공이 되돌아오지 않는다면 어떨까? 아마도 금방 흥미가 시들어버릴 것이다. 이런 상황은 일방적인 대화에서 나타난다.

좋은 대화는 테니스 경기와 같다. 이야기를 주고받으며 상대방의 입장이 되어보고 생각과 감정을 나누는 것이 좋은 대화이다. 가끔 랠리 대화가 적절하지 않을 수도 있지만, 다음의 경우에는 필수적이다.

방과 후에 학생이 찾아와 수업시간에 이해되지 않았던 부분을 물어볼 경우, 랠리 대화법을 사용해야 한다. 학생들과 현장학습을 가서 시간을 함께 보낼 때도 그렇다. 학생들은 PDC 학급회의를 통해 랠리 대화법에 필요한 경청과 번갈아가며 이야기하는 법을 배운다. 이제 랠리 대화법을 실천하기 위한 의사소통기술 3단계를 가르쳐보자.

의사소통기술 1단계 : 경청기술 – 브레인스토밍

■ 목표

효과적인 듣기 기술을 지도한다.

■ Tip

일반적으로 말하는 것보다 제대로 듣는 것이 더 어렵다. 제대로 듣기 위해서는 연습이 필요하다.

■ 방법

1. 학생들이 둘씩 짝을 지은 다음 '내가 좋아하는 음식', '내가 학교에서 좋아하는 것', '내가 학교에서 싫어하는 것' 중에서 주제를 고른다. 모든 학생이 동시에 그 주제에 관해 말한다.

2. 대화를 멈추게 하고 얼마나 많이 들었고 느꼈는지를 물어본다. 이 활동을 하면서 알게 되고 느끼고 결심한 것에 대해 이야기한다.

3. 학생들에게 동시에 이야기할 때의 문제를 해결하기 위한 방법을 물어본다. "제대로 들으려면 어떻게 하는 것이 좋을까요?"

4. 학생들의 모든 아이디어를 포스터에 기록하고 붙인다. 제목은 '제대로 듣는 법'이라고 쓴다.

• 눈을 맞춘다.

• 끼어들지 않는다.

• 가끔 고개를 끄덕여서 듣고 있다는 것을 표현한다.

• 다른 사람이 말하는 것에 대해 호기심과 관심을 가진다.

- 말하는 사람에게 집중한다.

5. 정리된 포스터를 교실에 붙여 놓고 학생들이 경청하지 않을 때, 포스터를 가리키며 경청하도록 안내한다.

의사소통기술 2단계 : 경청기술 – 롤플레잉

■ 방법

1. 학생들이 둘씩 짝을 지은 다음, 먼저 한 학생이 다른 학생에게 좋아하는 TV 프로그램을 설명하게 한다. 이때 듣는 학생은 일부러 눈을 피하며 마주치지 않는다. 그다음에는 상대방이 말하는 동안 일어나서 돌아다닌다.

2. 학생들에게 활동을 하면서 알게 되고 느끼고 결심한 것에 관해 이야기 나누도록 한다. 비록 역할극이었지만 무례한 태도로 경청하지 않은 것에 대해 친구에게 사과하게 하고 다시 경청하는 태도로 듣게 한다. 이 활동을 통해서 학생들은 실수를 경험하고, 잘못된 부분을 수정하여 다시 해보면서 바람직한 의사소통 방법을 배울 수 있다. 이 활동은 학급에서 존재감이 없다고 느끼는 학생들에게도 도움이 되며 다음 활동에 참여할 수 있게 한다.

3. 우선 짝을 지어 짝에게 좋아하는 TV 프로그램에 대해 다시 이야기한다. 이번에는 교사의 지시에 따라 눈을 맞추고, 관심이 있다는 몸짓을 하며 말하는 사람을 보면서 듣도록 한다.

4. 이 활동을 하면서 학생들이 알게 되고 느끼고 결심한 것에 관해 이야기하게 한다.

■ Tip

비록 역할극이었지만, 처음의 무례한 태도에 상처받은 학생들에게는 마음에 흔적이 남아 있을지도 모른다. 학생들의 이야기를 통해 교사는 듣기 기술이 충분하지 않을 때 어떤 경험을 하게 되는지 학생들이 알게 되었음을 확인할 수 있을 것이다. 경청하는 것이 회의 상황에서뿐만 아니라 삶과도 어떤 관련이 있는지 학생들과 의논해보자.

의사소통기술 3단계 : 경청기술 – 나 전달법

■ 목표

다른 사람을 분석하는 대신 자기 내면에서 일어나는 것에 대해 이야기할 때 의사소통 능력이 향상된다. 이 활동은 자기 감정을 알아차리고 그것을 다른 사람과 나누는 데 도움이 될 뿐 아니라 의사소통 능력도 향상시켜준다.

■ 방법

1. 효과적인 의사소통 대화법으로 '나 전달법I-message'이 있다. 학생들은 가장 행복했던 때를 떠올리며 나 전달법을 연습한다.
2. 아래의 빈칸을 채운다.

   나는 _____할 때 행복합니다.

   그리고 나는 _____을 바랍니다.
3. 그다음 화났을 때를 떠올리며 다음의 빈칸을 채운다.

   나는 _____할 때 화가 납니다.

그리고 나는 _____을 바랍니다.

■ Tip

감정도 한 단어로 표현할 수 있다. 학생들이 행복, 분노, 당황, 두려움, 슬픔, 즐거움 등의 감정을 발달시키기 원한다면 '감정 차트'를 참고하길 바란다. 이 차트는 학생들이 나 전달법을 익히고 나서도 의사소통에 어려움을 겪을 경우, 도움자료로 활용할 수 있다. 학생들이 비난이나 판단하는 대화를 하면 "나 전달법을 사용해보지 않겠니?" 또는 "친구들의 도움이 필요하니?"라고 물어볼 수 있다. 만약 도움받기를 원한다면 학생들에게 어떻게 도와줄지 이야기하게 하고 그중에서 원하는 것을 선택하게 한다.

TIP 학부모와 함께하는 PDC

PDC는 학생과 교사, 학부모가 함께해야 하는 프로그램이다. 학생-교사-학부모 각자에게 명확한 기대를 가지고 있으며 각 주체가 해나가는 과정을 중요하게 여긴다. 학부모가 학교에서 PDC 교육을 받는 것은 대단히 효과적이다. PDC에서는 학부모의 훈육방식이 잘못 되었다거나 바꾸라고 말하는 것을 경계한다. 학부모가 PDC 수업을 듣고 교사가 학급에서 아이들에게 대하는 것과 같은 방식으로 가정에서도 훈육하길 바란다. 그래서 교사와 학부모가 하나의 팀이 되길 원한다. 많은 학부모가 연수에 참여하며 대부분 PDC를 가정에서도 실천한다.

감정 차트 (Feeling Face)

7장
친절한
문제해결기술

민주주의에서 생겨난 문제는 더욱더 민주적인 방법으로 해결해야 한다.

루돌프 드라이커스

모든 학생이 상과 벌 대신 해결방법에 초점을 둔다면 어떤 일이 일어날까? 모든 사람이 해결방법에 초점을 둔다면 세상이 어떻게 변할지 상상할 수 있겠는가? 아마 진정한 평화를 경험하게 될 것이다. 그러나 학생들은 처벌을 당연하게 받아들인다. 다음 활동은 학생들이 처벌에 대해 좀 더 깊이 생각해보고 다른 관점을 갖게 해줄 것이다.

먼저 격려가 체벌보다 더 효과적이라는 것을 알려주는 포스터를 학생들과 함께 만들어보자.

기분이 상해야 더 잘할 수 있다는 터무니없는 생각은 어떻게 갖게 된 것일까?
사람들은 기분이 좋아야 더 잘할 수 있다.

다음의 3가지 항목이 적힌 종이를 나눠주고 기분이 나빠진 다음에 좋은 결과를 얻은 경험에 대하여 이야기를 나눈다.

처벌방법 칸 아래에는 외출금지, 엉덩이 때리기, 잔소리와 특권 상실과 같은 다양한 처벌을 적는다. 학생들이 적당하다고 생각되는 처벌이라면 무엇이든지 적게 한다. 그 일을 떠올리면서 무슨 일이 일어났으며 어떤 느낌이었는지 기억해내도록 한다. 그리고 나와 다른 사람에 대한 생각, 내가 결심한 행동 칸도 채워 넣는다.

학생들에게 아래 표를 나눠주고 다음과 같이 물어본다.

"여러분은 이 표의 학생이 앞으로 어떻게 행동할 거라고 생각하나요? 이렇게 처벌받은 학생이 앞으로 더욱 책임감을 가지고 협조적으로 행동할까요?"

이 질문에 대한 학생들의 답을 듣고 이 활동을 하면서 무엇을 배웠는지 이야기해보자. 벌을 받지 않으면서, 존중을 바탕으로 행동을 개

처벌방법	나와 다른 사람에 대한 생각	내가 결심한 행동
방과 후에 남기	선생님은 멍청하다.	방과 후에 남아서 공부하는 척할 것이다.
부모님께 전화로 알리기	곤경에 빠졌다. 빠져나갈 방법을 찾아야 한다.	부모님께 선생님이 거짓말을 한 거라고 말한다.
반성문 쓰기	너무 지겹고 바보 같은 일이다. 다시는 걸리지 않아야겠다.	반성문을 쓴 후에는 내가 하고 싶은 대로 할 것이다.
칠판에 이름 적기	신경 쓰지 않는다.	처벌을 받는다. 하지만 바뀌지는 않을 것이다.
경고카드 받기	나는 나쁜 아이다.	나는 나쁜 사람이니까 포기한다.

선시키는 방법을 배울 의사가 있는지도 물어본다. 대부분 이 제안을 거부하지 않을 것이다. 학생들은 처벌이나 처벌과 유사한 논리적 결과가 아닌 해결방법을 찾기 위해 브레인스토밍하는 법을 알게 될 것이다.

많은 학급에서 "우리는 비난하지 않으며 해결방법을 찾는다", "무엇이 문제 행동이고 무엇이 해결방법인가?"라는 슬로건을 포스터로 만들어 사용한다. 학생들이 해결방법에 초점을 두게 할수록 이 새로운 방법에 더욱더 흥미를 가지게 될 것이다.

이와 같은 관점으로 학급에서 일어나는 문제를 해결할 수 있는 구체적인 방법을 소개한다. 8장에서 소개하는 방법에 비해 좀 더 부드럽고 친절하게 접근해서 문제를 해결하는 방법이라 '친절한 문제해결기술'이라 부른다.

1. 문제 해결을 위한 '3R 1H'

2. 문제 해결 4단계

3. 문제 해결 카드상자

4. 선택 돌림판

5. 화해 테이블

6. 긍정적 타임아웃

7. 학급회의

문제 해결을 위한 '3R 1H'

학생들이 학문적 기술을 익히기 위해서는 열심히 배우고 연습해야 하는 것처럼 문제 해결기술을 익히는 데도 계속 배우고 연습해야 한다. 문제 해결기술을 익히는 데 다음 활동이 도움이 될 것이다.

3R 1H로 문제 해결방법 찾기

■ **목표**

3R 1H로 문제 해결방법을 찾는 법을 배운다.

■ **방법**

1. 지금부터 처벌 대신 문제를 해결하는 방법을 찾아낼 것이라고 안내한다.

2. 한 학생이 다른 학생의 책상 위에 낙서하는 장면을 떠올린다. 그리고 칠판에 이 문제를 해결하기 위한 방법 5가지를 적는다.

   • 일주일 동안 바닥에 앉는다.

   • 교실의 모든 책상을 청소한다.

   • 모든 사람이 보는 앞에서 낙서한 책상을 청소한다.

   • 사과한다.

   • 낙서한 책상을 지금 청소할 것인지 그날 돌아가기 전에 할 것인지 물어본다.

3. 학생들에게 3R 1H 해결법에 대해 알려준다.

- 연관성Related
- 존중Respectful
- 합리성Reasonable
- 도움Helpful

4. 3R 1H에 대해 자세하게 이야기 나눈다.

① 연관성Related : 해결방법이 그 행동과 명확히 연관이 있어야 한다. 예를 들어, 숙제를 해오지 않은 학생들을 교무실로 보내는 것은 숙제를 해오지 않은 것과 관련이 없다. 그들의 행동과 관련된 해결방법은 숙제를 하게 하거나 과제에 점수를 주지 않는 것이다.

② 존중Respectful : 어떤 해결방법을 활용하든지 교사와 학생은 정중한 태도와 목소리로 해야 한다. 교사도 해결법을 인정하고 존중해야 한다. "점심시간이나 방과 후에 숙제를 하는 것이 어떨까?" 이렇게 선택하게 할 때 학생들은 앞으로 실수할 경우에 어떤 선택을 하게 될지 예상할 수 있다. 그러나 학생이 선택할 기회가 없다면, 교사가 독단적으로 학생을 교실에 남게 했다는 것을 의미한다.

③ 합리성Reasonable : 해결방법은 합리적이며 처벌을 더하지 않아야 한다. "지금 2번 이상 써야만 해", "부모님께 편지를 써서 네가 집에서 누리는 특권을 빼앗는 게 좋겠다고 말씀 드릴 거야"와 같은 표현은 합리적이지 않다.

④ 도움Helpful : 해결방법을 통해 학생들이 더 나은 행동을 하고 문제를 해결하는 데 도움이 되어야 한다.

5. 다른 학생의 책상에 낙서한 학생에게 한 제안들을 검토해보자. 이 제안들이 연관성이 있고 존중하는 표현이며 합리적이고 도움이 되는지 물어본다. 그다음 4가지 해결방법3R 1H의 기준에 적합하지 않은 것은 지

운다. 4가지 기준을 모두 만족하는 해결법을 찾는다면 아마 처벌이 아니라 좋은 대안이 될 것이다.

학생들이 문제 해결방법을 브레인스토밍할 때는 자신에게 가장 도움이 될 것 같은 해결책을 스스로 고르도록 하는 것이 매우 중요하다. 어떤 선택이라도 존중받는 안전한 환경에서 이런 방법은 학생들의 책임감을 더욱 성장시킬 것이다.

문제 해결 4단계

문제 해결 4단계는 문제 해결 과정이자 문제 해결법을 찾을 때 학생들이 참여하는 지침이 되기도 한다.

ACTIVITY

문제 해결 4단계

■ 방법
1. 문제에서 물러난다.
  • 다른 일을 한다(다른 게임이나 활동을 찾는다).
  • 감정을 추스를 시간을 가진 후 다음 단계로 간다.

문제에 머물러 직면하거나 맞서 싸우거나 논쟁하는 것보다 더 큰 용기

가 필요할 것이다.

2. 문제에 대하여 정중하게 이야기한다.

- 문제에 대해 어떻게 느끼는지 다른 사람에게 이야기한다.

- 지금 일어난 일을 좋아하지 않는다는 것을 표현한다.

- 다른 사람들은 어떻게 느끼고 무엇을 좋아하지 않는지 관심을 가지고

  듣는다.

- 문제 해결법에 대한 생각을 이야기한다.

- 다른 방법으로도 해결할 의지가 있다는 것을 이야기한다.

3. 해결방법에 대하여 의논한다.

- 역할을 나누거나 순서를 정하기 위한 계획을 세운다.

- 행동 수정 방법을 찾아낸다.

- 손해를 보상할 방법을 생각해낸다.

4. 만약 함께 해결할 수 없다면 도움을 요청한다.

- 학급회의 의제로 올린다.

- 부모님이나 선생님, 친구들과 이야기를 나눈다.

■ Tip

학생들이 다음 상황에 맞는 역할극을 하면서 4가지 다른 방법(각 단계에

한 가지 방법)으로 각각의 상황을 해결하도록 한다.

- 서로 공을 먼저 사용하려고 다투는 상황

- 새치기하는 상황

- 다른 사람의 별명을 부르는 상황

- 버스에서 서로 창가에 앉으려고 다투는 상황

문제 해결 4단계를 가르친 후, 각 단계를 포스터로 만든다. 포스터를 만들면 학생들이 참고할 수 있는 곳에 붙인다. 어떤 교사는 문제 해결단계를 카드로 만들어 학생들이 가지고 다니며 필요할 때마다 사용할 수 있게 한다. 어떤 학교에서는 운동장에 있는 문제 해결 벤치에 문제 해결 4단계를 써 놓기도 한다.

어떤 교사는 문제가 생긴 학생들에게 교실 밖으로 나가 문제 해결 4단계를 사용하여 이야기하도록 했다. 몇 분 뒤에 그 학생들은 교실로 돌아 와서 아무 일도 없었던 것처럼 자신이 해야 할 일을 했다.

문제 해결 카드상자

어떤 교사는 처벌이나 보상 대신 해결방법에 초점을 맞추는 것을 불편해 한다. 그들은 어떤 다른 방법이 있는지 궁금해한다. 사실 이 책에는 해결방법에 초점을 맞추는 대안적 방법이 많이 소개되어 있다. 그 중에서 문제해결카드를 소개한다.

이 카드는 가정에서 부모와 아이들이 사용하도록 만들어졌지만, 교실에서도 같은 효과를 볼 수 있다.(카드는 www.positivediscipline.com에서 구할 수 있다.)

문제해결카드를 상자 안에 넣어두자. 학생들에게 문제가 생기면 상자로 가서 무작위로 하나를 뽑게 한다. 아니면 카드를 3장 정도 뽑아 최선이라고 생각하는 카드 하나를 선택할 수도 있다.

학생들이 카드에 적힌 해결법을 확실하게 이해하려면 일주일에 한 번 카드 한 장을 뽑아서 토의하는 시간을 가진다. 카드에 적힌 것이 무슨 뜻인지, 어떻게 이해했는지 모든 학생과 이야기를 나눈다. 좀 더 명확하게 이해하게 하려면 설명을 하고 예를 들어준 후 역할극을 해본다. 학생들이 더 많은 문제 해결기술을 갖게 될수록 교사가 문제 해결에 쏟아 붓는 시간은 줄어든다.

선택 돌림판

선택 돌림판을 활용하면 문제 해결의 무거운 짐을 교사 혼자 지는 대신, 학생들이 스스로 해결하는 힘을 기를 수 있다. 돌림판 각 칸에는 학생들이 배워서 사용할 문제 해결법이 적혀 있다. 이를 통해 존중을 기본으로 한 해결방법을 알게 된다. 선택 돌림판의 기술들은 다른 사람에 대한 존중과 협동, 자기 효능감을 바탕으로 하고 있다.

『PDC』가 출판된 후, 많은 교사가 특별히 자세한 안내를 받지 않아도 쉽게 선택 돌림판을 활용할 수 있었다. 덕분에 많은 학생이 마음을 진정시키기 위해서 수를 세거나, 역할 분담과 차례 정하기처럼 쉬운 방법을 알게 되었다. 이것만으로도 어느 정도는 효과를 발휘한다. 그러나 수업활동안을 만들어 활용해본 교사들은 관련 수업을 했을 때 학생들이 문제 해결기술을 익히고 깊이 이해하는 데 더욱 효과적이라고 말한다.

선택 돌림판

수업시간에 각각의 기술을 연습하고 학생들은 자신이 만든 개인 선택 돌림판에서 해당 기술의 칸을 색칠한다. 선택 돌림판의 14개 선택에 대한 수업 활동안은 www.positivediscipline.com에서 찾아 활용할수 있다. 여기서는 '사과하기' 활동안을 소개한다.

사과하기

■ 목표

진심으로 사과하는 방법을 가르친다.

■ 준비물

선택 돌림판을 칠할 수 있는 크레용이나 펜

■ Tip

잘못을 했을 때 가능하면 그에 대해 책임을 지고, 할 수 있는 한 적절한 보상을 해야 한다. 그것이 불가능하다면 적어도 사과는 해야 한다. 사과를 하면 서로 마음이 연결되고 해결방법을 찾을 수 있다.

■ 방법

1. 실수 그 자체보다는 실수를 하고 나서 어떻게 하느냐가 더 중요하다. 누구나 잘못을 저지를 수 있지만, 책임 있는 사람이라면 "미안해"라고 말하고, 할 수 있는 한 실수에 책임을 진다.

2. 진심이 담기지 않은 사과를 받아서 상처받았던 때를 떠올려보라고 한다.

3. 둘씩 짝을 지어 서로 거짓 사과를 한다.

4. 다음 3단계를 사용하는 것이 진심 어린 사과이다.

   "그래 내가 네 연필을 가져갔어. 미안해. 대신 내 거 하나 줄게."

   • 문제 인정하기 : 그래 내가 네 연필을 가져갔어.

   • 미안하다고 말하기 : 미안해.

선택 돌림판은 다양하게 사용할 수 있다. 책상에 각자 선택 돌림판을 만들거나 크게 해서 벽에 붙일 수도 있다. 어떤 학교에서는 운동장 어디에서나 볼 수 있을 만큼 큰 선택 돌림판을 벽에 붙였다. 운동장 관리자는 문제가 생기거나 문제 해결방법을 고를 때 보여줄 작은 선택 돌림 카드를 가지고 다니면서 문제 해결을 도와준다.

감정이 격앙된 학생들에게는 재미있는 게임을 활용하는 방법도 있다. 돌림판에 스피너를 붙이고 돌린 뒤에 멈춘 해결방법 칸의 내용을 실천하게 한다. 그 칸의 내용이 맘에 들지 않는다면, 실천할 해결방법을 고르거나 원하는 해결법이 나올 때까지 계속 돌릴 수도 있다.

1학년 교사인 타미는 학생들에게 선택 돌림판에서 가장 마음에 드는 것을 4가지 고르게 하고 그것들을 가지고 각자 개인용 모빌을 만들게 한다. 학생들은 모빌 윗부분에 자신의 자화상을 그려서 색칠하고 아래에는 자신이 선택한 4가지 해결방법을 붙였다. 문제 해결 모빌을 책상 위에 걸어놓고 필요할 때 해결방법을 생각해볼 수 있게 한 것이다.

화해 테이블

화해 테이블에는 갈등상황에서 서로 의견 차이가 있더라도 함께 앉을 수 있다. 화해 테이블은 '문제 해결법에 초점을 맞추기'가 모든 사람을 존중하는 유익한 방법이라는 것을 깨닫게 한다. 어떤 교사들은 화해 테이블에 아무런 규칙도 두지 않는다. 학생들은 갈등상황이 생기면 화해 테이블에서 화해할 방법을 찾는다. 어떤 아이들은 문제 해결 기준 3R 1H이나 문제 해결 4단계, 문제 해결 카드상자나 선택 돌림판을 사용한다. 또 다른 아이들은 구체적인 방법을 사용하거나 사용하지 않으면서 서로 화해했다고 느낄 때까지 이야기를 나눈다. 이런 과정을 겪으면서 학생들은 다른 사람의 관점을 이해하게 된다.

긍정적 타임아웃

어떤 이유로든 부적절한 행동을 해보지 않은 사람은 아무도 없을 것이다. 『거꾸로 육아법』에서 다니엘 시겔Daniel Siegel은 이것을 "뚜껑이 열리다(flipping our lids, 자제심을 잃다)"라고 표현했다. 이는 이성적으로 행동하지 않고 그냥 그대로 반응하는 것을 일컫는다. 시겔 박사는 뇌를 쥐어진 주먹에 비유하여 설명한다. 엄지손가락을 덮은 나머지 손가락은 대뇌피질로 이성적인 사고를 하는 유일한 곳이다. 주먹에 둘러싸인 엄지손가락은 중뇌로 결함에 대한 두려움을 포함한 원초적 두려움이 저

장된 곳이다. 두려움에 대한 기억은 뇌간의 싸우거나 피하거나 얼어붙는 부분Fight-Flight-Freeze: 3F을 활성화하는데, 이는 손목에서 손바닥에 이르는 부분에 비유할 수 있다.

긍정적 타임아웃은 징벌적인 타임아웃과는 완전히 다르다. 징벌적 타임아웃에서는 학생들을 타임아웃 시킬 때 "네가 한 일에 대해 생각하도록 해"라고 말하는데 이는 비난과 수치심을 느끼게 하고 처벌받고 있다고 생각하게 한다.

긍정적 타임아웃에는 비난이나 수치심이 없다. 교사는 마음을 안정시키고 기분을 전환할 수 있는 공간을 만드는 데 학생들을 참여시킴으로써 자신을 스스로 조절하는 법을 가르친다. 지금까지는 타임아웃이 주로 징벌적 의미로 사용되었다. 그렇기 때문에 긍정적 타임아웃에서는 이 공간에 '진정하는 곳'이나 '기분 전환하는 곳' 또는 '평화의 섬'처럼 목적에 맞는 이름을 붙인다. 그리고 학생을 긍정적 타임아웃 장소에 보내는 대신 학생들이 그 장소에 가는 것을 선택할 수 있게 한다. 긍정적 타임아웃의 규칙 중 하나는 학생들이 원한다면 언제라도 그 장소에 갈 수 있으며 교사가 학생들에게 선택권을 줄 수도 있다는 것이다.

"지금 어떻게 하는 것이 좋을까? 학급회의 의제로 올리길 원하니, 아니면 평화의 섬으로 가는 것이 좋겠니?"

긍정적 타임아웃 공간을 만들고 이름을 붙이고 선택하는 과정에서 학생들은 주인의식을 가지게 된다.

학생들은 긍정적 타임아웃을 통해 뇌가 이성을 되찾을 때까지 마음을 진정시키는 효과적인 삶의 기술을 배우게 된다. 이를 통해서 벌을 받거나 창피를 당하는 경험 대신 지지받고 자율성을 보장받는 경험을 하게 되고 관련된 모든 사람이 진정할 수 있는 시간을 갖게 된다.

긍정적 타임아웃은 잠깐 멈춰 서서 행동변화에 대한 준비를 한 후 다시 시도해볼 수 있다는 점에서 학생들에게 큰 도움이 된다. 징벌적 타임아웃은 학생들의 잘못된 행동을 잠시 멈추게 할 수는 있지만, 효과는 매우 짧다. 긍정적 타임아웃은 감정과 행동은 같은 것이 아니며, 모든 감정은 수용될 수 있지만 모든 행동이 수용될 수는 없다는 것을 학생들에게 가르쳐준다. 긍정적 타임아웃에서는 사람들이 기분이 좋을 때 더 바람직하게 행동한다고 믿으므로 학생들의 기분이 나아질 때까지 진정할 수 있도록 도와준다.

단기적인 통제보다 장기적인 효과에 관심 있는 PDC 교사들은 긍정적 타임아웃이 지니는 격려의 가치를 안다. 교사가 어떤 태도로 학생들에게 설명하는가가 바로 핵심 열쇠이다. 우리가 앞서 말한 대부분의 방법처럼 이 또한 학생들의 참여가 중요하다. 다음 활동은 긍정적 타임아웃을 실천하는 데 도움이 될 것이다.

긍정적 타임아웃

■ 목표
타임아웃이 징벌로만 사용되는 것이 아니라 긍정적 관점에서 격려하고 자율성을 키우는 방법으로 사용될 수 있다는 것을 배운다.

■ 준비물
두꺼운 종이, 펜

■ Tip 1
더 나은 행동을 하게 하려면 먼저 학생들의 기분을 상하게 해야 한다
는 생각을 갖게 된 이유는 무엇일까? 학생들은 물론이고 교사들도 기분
이 좋을 때 바람직한 행동을 할 수 있으며 기분이 나쁠 때는 올바른 행동
을 하기가 쉽지 않다.

■ 방법
1. 학생들에게 스포츠 경기에서 타임아웃을 하는 이유가 무엇인지 묻는
   다. 아마도 숨을 고르거나 팀을 재정비하거나 새로운 작전을 세우기 위
   한 것이라고 말할 것이다.
2. 사람은 누구나 때로 그릇된 행동을 하거나 실수를 하기 때문에 타임아
   웃이 필요하다고 이야기한다. 감정을 정리하고 마음을 가라앉히며 무엇
   을 할지 정할 장소가 있다면 도움이 된다고 설명한다. 이는 벌을 받는
   것이 아니며 기분이 나아지도록 마음을 진정시키는 것이다. 스스로 기
   분이 나아졌다고 생각되면 언제든지 다시 어울려 활동할 수 있다.
3. 학생들 스스로 타임아웃 공간을 꾸민다. 대부분의 사람은 타임아웃을
   긍정적으로 생각하지 않으므로 그 공간에 적절한 이름을 붙이는 것이
   좋다. 어떤 학생들은 타임아웃 공간을 '진정시키는 곳'이나 '기분 좋아지
   는 곳', '평화의 섬'이라고 불렀다.

4. 6명을 한 모둠으로 각 모둠에 두꺼운 종이와 펜을 나눠준다. 타임아웃 공간에 대해 5분 동안 브레인스토밍을 한 후 부드러운 쿠션과 책, 인형들이 있고 편안한 음악이 흐르게 하는 등 기분 전환에 적합한 공간으로 꾸미기 위한 계획을 세운다.

5. 종이 뒷면에는 타임아웃 장소에서 지켜야 할 일에 대하여 함께 생각해서 기록한다. 학생들에게 "음악을 들으려고 일부러 잘못을 저지른다면 어떻게 할까?", "장난감을 가지고 놀거나 의자에서 잠을 자느라 타임아웃 시간 내내 그 안에 있으면 어떻게 하지?"와 같은 질문을 던진다. 학생들이 만든 지침에 이런 걱정에 대한 대책을 포함시킨다.

6. 5분 동안 브레인스토밍을 한 후 모둠 별로 발표한다. 모두가 존중받을 수 있고 필요한 사람에게 도움이 되도록 계획을 세웠는지 학생들과 함께 분석한다.

7. 징벌적 타임아웃과 긍정적 타임아웃 중에 어떤 것이 행동을 개선하는 데 도움이 되는지 학생들과 함께 토의한다. 왜 그렇게 생각하며 징벌적 타임아웃을 받을 때 어떤 생각과 느낌과 결심을 하게 되었는지, 긍정적 타임아웃에서는 어떠했는지 이야기를 나눈다.

■ Tip 2

교사들은 학생들이 긍정적인 타임아웃 공간에서 낮잠을 자거나 책을 읽거나 창밖만 쳐다보고 있지 않을까 불안할 수 있다. 학생들이 이렇게 행동한다면 힘겨루기나 폭력서클, 무기력함 등의 또 다른 문제와 맞부딪치게 될 것이다. 이런 경우에는 1부에서 언급한 어긋난 목표 차트에서 제안하는 '무엇을', '왜', '어떻게' 같은 질문을 사용하거나 학급회의에서 문제해결방법을 찾아야 한다.

긍정적 타임아웃을 가르친 후에는 문제 상황에서 해결방법 중 하나로 긍정적 타임아웃을 제시한다. 학생들이 다른 사람을 존중하지 않는 등의 부적절한 행동을 할 때 타임아웃을 할지 아니면 다른 것을 할지 학생에게 물어보고 선택하게 한다.

"긍정적 타임아웃과 선택 돌림판, 학급회의 의제로 올리기 중에 어떤 것이 너에게 가장 도움이 될 것 같니?"

학생들이 긍정적 타임아웃에 대한 선택권을 가지면 책임감을 느끼게 된다.

친구와 함께 긍정적 타임아웃 하기

타임아웃을 할 때 자신의 이야기를 들어줄 친구를 고르게 하는 교사도 있다. 학생들이 앞에서 언급한 경청기술을 배웠다면 '친구와 함께 긍정적 타임아웃 하기'를 타임아웃 계획에 포함할 수 있다. 타임아웃을 함께할 친구를 선택할 수 있으며, 선택된 친구는 문제 상황에 대한 이야기를 들어주거나 조용히 앉아서 흥분한 친구가 진정하도록 도와주기만 하면 된다. 누군가 자신의 말을 들어주고 마음을 나누는 것 자체가 큰 위안이 된다.

중·고등학생에게 긍정적 타임아웃 적용하기

많은 교사가 고학년 아이들은 긍정적 타임아웃을 악용할 것이며 그곳에서 나오려 하지 않을 것이라고 우려한다. 하지만 학생들이 긍정적 타임아웃 공간을 꾸미고 이용지침을 만드는 과정에 자발적으로 참여한다면 그런 일은 일어나지 않는다. 어느 고등학교에서는 타임아웃 공간을 하와이처럼 꾸몄다. 반 아이들이 함께 바다와 해변, 야자수를 벽에 그렸고 비치 체어 두 개와 돌고래, 조개 인형을 가져다 놓았다.

어떤 교사들은 타이머를 주고 학생들이 기분전환에 필요한 시간만큼 타이머를 맞추도록 했다. 대부분의 학생은 10분 정도면 충분하다고 했다. 교사들은 학생들이 이 특권을 악용하지 않을 거라는 믿음을 가지고 학생들이 원하는 만큼 머무르게 했다. 만약 악용하는 경우가 생기면 학급회의를 통하여 문제를 해결하도록 했다.

사람들은 기분이 좋아야 더 잘해낼 수 있다. 징벌적인 타임아웃으로 학생들의 기분을 상하게 해서는 행동을 바람직한 방향으로 이끌 수 없다. "타임아웃을 해야겠다. 그동안 네가 한 일에 대해서 생각해보렴"이라고 말하는 것은 학생들에게 도움이 되지 않는다. 대신 "네가 타임아웃을 하는 동안 기분이 풀리도록 해보렴. 기분이 좋아지면 더 잘할 수 있을 테니까"라고 말하는 것이 도움이 된다. 그리고 필요하다면 교사도 타임아웃을 가질 수 있다.

실천 사례

너무 화났어요. '안식처'로 갈래요

저는 1학년 아이들에게 긍정적 타임아웃을 가르치고 타임아웃 공간을 만들었어요. 아이들은 그곳을 '안식처'라고 불렀어요. 스스로 화를 조절하는 데 어려움을 겪는 아이가 하나 있었는데 여기에는 여러 가지 이유가 있었습니다. 가정적으로 힘든 데다 ADHD 진단까지 받았거든요. 새 학기 첫 주부터 다른 아이를 밀치고 "칼로 네 얼굴을 찔러 버릴 거야"라고 소리치는 일도 있었습니다.

금요일 우리 반 마인드업(인지신경과학, 증거 기반의 학급 교육학, 긍정심리학, 모범사례 교육, 사회·정서학습을 기본 원칙으로 하는 프로그램) 수업에 전담 선생님이 들어 오셨어요. 수업 내내 그 아이는 발표를 하려고 손을 들었고 선생님께서는 여러 번 아이의 이름을 불러 발표하게 했습니다. 그런데 수업이 끝났을 때 그 아이가 손을 들고 있었는데도 선생님께서 나가버린 거예요.

선생님이 나가시고 제가 아이를 부르자 그 아이는 저에게 마구 고함을 치기 시작했어요. 저는 "선생님은 너랑 얘기를 하고 싶어. 네가 하고 싶었던 말이 뭔지 듣고 싶단다. 하지만 네가 공손해질 때까지 기다려야겠구나"라고 했습니다. 제가 무언가를 이야기하려고 할 때(다행스럽게 이야기하지 않았어요), 그 아이가 일어서더니 쿵쾅거리며 교실 뒤로 가서는 주먹을 마구 휘두르며 소리쳤어요. "난 선생님한테 화 났어요." 아이가 교실에서 소란을 일으키지 않을까 걱정이 되었습니다. 그런데 그 아이가 '안식처'로 가더라고요! 거기서 5분 동안 머물며 스스로 다독이더니 자리로 돌아와 앉아서 손을 들었습니다. 여전히 화를 내며 씩씩대고는 있었지만, 제가 이름을 부르자 그 선생님이 자기 이름을 불러주지 않아서 화가 났다고 공손하게 이야기하더군요. 저는 화가 날만한 상황이었다고 말하고는 자신의 생각을 다른 아이들에게도 이야기해주라고 했습니다. 긍정적 타임아웃은 성공적이었어요.

헤더 래드

학급회의

학급회의가 구성되면 문제 해결이 더욱 쉬워진다. 교사는 학생에게 문제를 학급의제로 올리도록 제안하기만 하면 된다(11, 12장에서 학급의제 사용법을 배울 것이다). 아니면 다음과 같이 말할 수도 있다.

"지금 이 문제를 해결하기 위해서 문제 해결 4단계나 문제 해결 카드상자, 선택 돌림판, 화해 테이블, 학급회의 의제로 올리기 중 어떤 것이 가장 도움이 되겠니?"

실제로는 두 가지 정도만 제시해도 충분하다. 가장 적절하다고 생각되는 두 가지를 정한 후에 제안한다.

청소년들은 무한한 잠재력을 가진 존재다. 그들이 문제 해결기술을 배운다면, 풍부한 지혜와 더불어 문제를 해결하는 능력을 가지게 될 것이며 이를 발휘한다면 큰 성과를 얻을 것이다. 학생들이 문제 해결 과정에 참여하면 문제 해결능력을 사용할 수 있게 되고 더욱 탁월해질 뿐만 아니라, 주인의식을 갖게 되어 합의한 결과를 더욱 열심히 지키게 된다. 학생들의 이야기를 진심으로 깊이 있게 들어주고 문제 해결에 학생들이 기여한 바를 정당하게 평가한다면 학생들의 자신감과 소속감은 성장한다. 학생들은 교실공동체의 일원이 되었다고 느끼기 때문에 일탈행동에 대한 욕구는 줄어들고 문제 해결에는 더욱 적극적인 모습을 보인다.

조금씩 조금씩 성장하고 있어요

우리는 3년 전에 YMCA 방과 후 프로그램으로 PDC를 도입했습니다. 이전의 상벌제로는 우리가 원하는 교실을 만들 수 없었기 때문입니다. 그러나 PDC를 도입한 이후로 학생들과 교사들 모두 즉각적인 변화를 보였습니다. 먼저 교사들은 몸짓과 목소리 억양, 눈 맞춤과 같은 기본적인 원리를 배우기 시작했고 학급규칙, PDC 학급회의, 긍정적 타임아웃 등으로 범위를 확장해 나아갔습니다. 학생들이 프로그램을 받아들이는 데 시간이 걸리고 일관성을 유지해야 하는 어려움도 있었지만, 일단 아이들이 받아들이기 시작하자 놀라운 변화가 일어났습니다.

3년이 지난 지금 PDC는 2살부터 18살 아이들의 보육 프로그램과 여름 캠프 프로그램의 필수적인 부분이 되었습니다. 부장교사는 『PDC』를 읽어야 하며 모든 교사는 사전연수로 PDC를 배워야 합니다. 모든 학급에서는 매일 학급회의를 하며 학급규칙을 만들고 시행착오를 거치며 해결방법을 찾아냅니다. 학생들에게 규칙이란 무엇이며 벌이란 어떠해야 하는지에 대해 이야기하도록 합니다. 지금은 학생들 스스로 만든 규칙에 주인의식을 가지고 실천하는 데 자긍심을 갖고 있습니다. 학생들은 스스로 문제를 해결할 수 있으며 존중받고 있다고 느낍니다. 우리가 이 책에서 얻은 가장 중요한 것은 우리가 완벽해지는 것이 아니라 좀 더 나은 방향으로 나가고 있다는 것입니다.

로라 코엘머와 제프 말리스카, 윌턴 YMCA

단호한
문제해결기술

우리는 주변 사람들을 격려하기도 기를 꺾기도 하면서 살아간다. 이로 인해 자신의 역할을 제대로 수행할 수 있는 능력을 키우는 데 도움을 주기도 하지만 상처주고 좌절하게도 한다.

루돌프 드라이커스

학생들은 상호 존중이 바탕이 된 교실에서 학습능력과 사회적 기술, 정서적 기술 모두를 잘 배울 수 있다. 그럼에도 문제는 생길 수 있다. 7장에서는 좀 더 친절하고 부드럽게 문제를 해결하는 기술을 소개했다면 이번 장에서는 존중하면서도 보다 단호하게 문제를 해결하는 기술을 다룰 것이다.

어떤 기술이나 도구 하나로 모든 일을 해결할 수는 없다. 어느 직업이든 전문가는 자신의 영역에서 활용할 수 있는 다양한 기술과 도구를 가지고 있으며 상황에 따라 적절하게 활용하며 역할을 수행한다. 그런 것처럼 교사도 다양한 도구를 적절하게 활용하는 것이 필요하다. 교사로서 만나게 되는 여러 상황에서 존중하면서도 단호하게 사용할 수 있는 다양한 기술이 담겨 있는 민주적이고 효과적인 문제 해결 도구상자를 소개한다.

한 교장은 교사들이 학생에 대해 불만을 토로하면 문제 해결 도구상자 부분을 펼치고 8가지 목록을 훑어보면서 교사에게 무엇을 시도해 봤는지 묻는다. 이 과정에서 교사는 자신이 할 수 있는 것이 생각보다 많다는 것을 깨닫게 된다.

1. 제한적 선택

2. 말 대신 행동하기

3. What&How 호기심 질문법

4. 행동변화 질문법

5. 자연적 결과 경험하기

6. 스스로 할 일 정하기

7. 존중하는 태도로 거절하기

8. 모두 한배에 태우기

제한적 선택

문제가 생겼을 때 여러 해결책을 제시하고 그중에서 선택하게 하면 보다 쉽게 문제를 해결할 수 있다. 교사는 수용 가능한 해결책을 적어도 두 가지 정도를 제시하고 그중에서 적절한 것을 선택하게 한다. 여기서 가장 중요한 것은 적절성과 수용 가능성이다.

선택할 게 하나밖에 없다면 적절하지 않다. 예를 들어 읽는 법을 배울 것인지, 학교에 갈 것인지, 다른 사람을 다치게 할 것인지 또는 지붕에 올라가는 것처럼 위험한 행동을 할 것인지 등 무언가를 할 때 선택할 것이 하나 밖에 없는 경우가 그렇다. 이보다는 선택할 만한 제안을 몇 가지로 한정해서 제시하는 것이 낫다. 한정된 선택의 예를 몇 가지 소개한다.

"너는 이 책을 읽거나, 저 책을 읽을 수도 있어."

"너는 숙제를 쉬는 시간에 하거나, 집에 가서 할 수도 있어."

"문제 해결 4단계와 선택 돌림판 중에서 어떤 것이 네게 도움이 되겠니?"

이런 식으로 선택지를 적어도 두 가지 정도로 한정해서 제시하고 그중에서 하나를 선택하게 하는 것이 더 도움이 된다.

저학년 학생들에게 "어디에 앉고 싶니?" 또는 "무엇을 배우고 싶니?"와 같이 너무 광범위한 질문을 하고 선택하게 하는 것은 그다지 적절하지 않다. 저학년 학생들은 "이 자리에 앉을래 아니면 저 자리에 앉을래?"나 "미술 숙제를 먼저 할래 아니면 수학 숙제를 먼저 할래? 어떤 게 좋아?"처럼 선택지를 좀 더 한정할 필요가 있다.

고학년 학생들에게는 조금 더 광범위하게 선택권을 줄 수도 있다. 왜냐하면, 고학년 학생들은 결정을 하고 대처하는 기술이 좀 더 향상되어 있기 때문이다. 저학년에게는 "나비를 조사해볼래 아니면 거북이를 조사해볼래?"라고 묻는다면 고학년에게는 "보고서를 쓰는 데 1주일이면 되겠니? 아니면 2주일이면 되겠니? 그리고 보고서 주제는 네가 정하렴"과 같은 방법으로 선택하게 할 수 있다.

학생들이 어떤 것을 선택하더라도 교사가 수용할 수 있는 의지가 있어야만 적절한 선택이 가능하다. 교사가 받아들일 수 없는 것을 선택지로 제안하면 안 된다. 교사가 학생에게 선택을 하게 했을 때, 학생이 전혀 엉뚱한 것을 고른다면 다음과 같이 말해야 한다.

"그것은 선택 목록에 들어있지 않은 것 같은데? 다시 생각해보렴."

말 대신 행동하기

문제 행동에 대해 말하지 않고 행동으로 직접 보여줄 수 있다. 하루 동안 자신이 하는 말에 귀 기울여보라. 쓸모없는 말이 꽤 많다는 것에 깜짝 놀랄 것이다. 말을 줄이고 행동으로 보여주기로 결심하고 실천한다면 학생들은 그 변화를 금세 알아차릴 것이다. 학생들에게 조용히 하라고 거듭 말하는 대신에 학생들이 교사에게 집중하도록 잠시 기다린다. 너무 시끄러워지면 불을 켜거나 끈다.

한 교사는 학생들이 교실에 들어올 때마다, 칠판 앞에 서서 소란스럽게 하지 말라고 끊임없이 잔소리를 해야 했다. 어느 날 이 교사는 말하는 대신 입을 다물고 학생들에게 걸어가서 분필을 정중하게 돌려받은 다음, 학생들의 몸을 부드럽게 돌려세워 학생 책상 쪽으로 향하도록 해보았다. 학생들은 깜짝 놀라며 즉시 자리에 가서 앉아 책을 펴고는 공부를 시작했다. 교사도 학생들만큼이나 깜짝 놀랐으며 별 의미가 없는 말은 하지 않아야 한다는 교훈을 얻었다. 의도하는 것이 있으면 말 대신 행동으로 보여줌으로써 의도한 바를 이룰 수 있게 되었다. 이런 덕분에 시작부터 마칠 때까지 수업에만 집중할 수 있었으며 사소한 것에 방해받지 않고 중요한 사안을 처리할 수 있었다.

유치원에서 여덟 살까지의 아이들에게는 '관철하기follow-through'가 간단하면서 효과적이다. 무언가를 말할 때에는 진심으로 말해야 하며 친절함과 단호함도 끝까지 유지해야 한다.

유치원 교사인 발데스는 매번 제니퍼에게 "블록 놀이는 그만하고 책 읽을 시간이야"라고 말해야만 했다. 발데스는 PDC를 배우고서 관철하기를 사용하기로 했다. 다음날 책 읽기 시간에 제니퍼에게 가서 손을 잡고 친절하면서도 단호하게 책 읽는 장소로 데려갔다. 활동이 끝나고 "쉬는 시간이 되기 전에 무엇을 해야 하지?"라고 물었지만, 제니퍼는 ""모르겠어요"라고 대답할 뿐이었다. 발데스가 아무 말 없이 블록을 가리키자 제니퍼는 블록 놀이 쪽으로 가서 블록을 만지작거리고만 있었다. 쉬는 시간을 알리는 종이 울렸을 때도 제니퍼는 블록의 반 정도만 치웠을 뿐이었다. 치우다 말고 나가려는 제니퍼를 문 앞에 불러 세우고 블록 쪽으로 데리고 가서 블록을 가리켰다. 제니퍼가 이번에는 쉬는 시간을 조금이라도 놓치지 않으려고 최대한 빨리 블록을 정리했다. 더 이상 꾸물대는 것이 효과가 없다는 사실을 알게 된 것이다. 발데스는 말을 최대한 아끼면서 관철하기를 실천하는 것이 훈계나 협박, 처벌을 하는 것보다 훨씬 더 쉽고 효과적이라는 것을 알게 되었다.

학생들이 제니퍼처럼 협조적이지 않다고 낙담할 필요는 없다. '관철하기 4단계'를 실천하고 '4가지 함정'을 피한다면 마음이 움직이지 않더라도 학생들은 협조적인 태도를 보일 것이다. 학생들은 해야 할 일이 합리적이면서 책임에 대해 정중하게 요구받았다고 느낄 것이다.

학생들이 성장함에 따라 관철하기를 효과적으로 활용하기 위해서는 해결방법에 대한 동의가 필요하다. 관철하기 4단계는 학생들에게 동의를 구하는 효과적인 과정에 대한 것이다.

관철하기 4단계

1. 학급회의 시간이나 다른 학생들과 이야기를 할 때 문제에 대한 자신의 감정과 생각을 편안하게 표현할 수 있도록 친절한 태도로 토론한다.
2. 실천 가능한 해결방법에 대하여 브레인스토밍하고 교사와 학생 모두 동의하는 방법을 선택한다.
3. 마치는 시간은 분 단위까지 구체적으로 정한다.
4. 학생들이 정해진 시각 안에 끝내지 못할 수도 있다는 것을 알고 있어야 한다. 발데스가 제니퍼에게 한 것처럼 학생들과 함께 합의한 일에 대해서는 책임감을 가지고 끝까지 해내게 한다.

효과적인 관철하기를 방해하는 4가지 함정

1. 어른들이 중요하게 생각하는 것을 학생들도 똑같이 중요하게 여긴

다는 생각

2. 문제에 집중하기보다 판단하고 비난하는 것

3. 사전에 동의 과정을 거치지 않고 구체적인 마감 시간이나 행동을 교사가 정하는 것

4. 행동 대신 말로만 하는 것

고등학교 무용교사인 로크너는 첫 수업에서 앞으로 수업시간에 춤을 출 때는 무용 신발을 신거나 신발이 없으면 맨발로 해야 한다고 이야기했다. 이에 대해 열띤 토론이 벌어졌다. 여학생들은 스타킹이나 테니스화를 신고서는 왜 춤을 출 수 없는지 물었고 로크너는 안전을 위해서는 그렇게 해야만 한다고 설명했다. 맨발로는 무용을 하고 싶지 않다는 것과 무용 신발이 너무 비싸다는 것을 이해하지만, 수업에 맞는 차림새를 하지 않는다면 수업을 할 수 없다고 말했다.

당연히 수업 첫 주에 몇몇 학생이 무용 신발을 가져오지 않았다. 그 학생들은 맨발로 수업해야 하는 것을 불평했다. 하지만 로크너는 친절하게 미소 지으며 "우리가 합의한 것이 뭐지?"라는 물음으로 '관철하기'를 실천했다. 여학생들은 테니스화를 신고 수업할 수 있게 해달라고 떼를 쓰고 간청했지만, 로크너는 말없이 그저 미소만 지었다. 교사가 반응을 보이지 않자 학생들은 어쩔 수 없이 불평을 멈추고 신발과 양말을 벗고 맨발로 수업에 참여했다.

관철하기는 자신들의 더 큰 편의와 서로 존중하

기 위해 해야 할 일이 무엇인지 학생들에게 알려주는 부드러운 방법이다. 학생들을 이끌고 가르치는 것은 쉽지 않다. 하지만 관철하기를 한다면 더 쉽게 해낼 수 있을 뿐 아니라 가치 있는 일을 하게 된다.

물론 관철하기를 반대하는 교사들도 있다.

"우리는 합의한 내용을 지키기 위해 계속해서 학생들을 관리 감독하고 싶지 않습니다. 교사가 개입하지 않고도 학생들이 책임감을 갖게 되기를 바랍니다."

이 교사들에게 다음 4가지 질문을 할 수 있다.

1. 위엄 있고 존중하는 태도로 합의한 것을 실천하는 데 시간을 할애하지 않는다면, 합의한 것을 지키지 않았다고 꾸짖거나 훈계하고 벌주는 데 시간을 쓰고 있지는 않은가?
2. 학생들이 스스로 합의한 것을 지키기 위해 얼마나 책임을 다하고 있는지 주의 깊게 살펴본 적이 있는가?
3. 하고 싶지 않은 일을 하는 것보다 해야 할 우선순위에 있는 일을 하는 것이 더 낫지 않은가?
4. 하고 싶지 않은 일을 하게 하는 것은 다른 사람으로부터 존경받을 일인가? 그렇지 않은가?(제니퍼에게 블록을 정리하는 일은 우선순위가 아니었지만, 블록을 정리해야만 했다.)

관철하기는 꾸짖고 훈계하고 벌을 주는 것보다 힘은 적게 쓰면서, 편안한 마음으로 훈육할 수 있도록 도와준다. 또한, 수동적이고 배려하지 않는 교사가 아니라 적극적이고 사려 깊은 교사가 되게 해준다. 학급공동체와 관련하여 중요한 것을 가르칠 때 교사는 학생을 존중함으로써 학생 스스로 해결하는 능력을 키워줘야 한다. 이는 독단적인 방법이나 자유방임적 방법 모두에 훌륭한 대안이 된다. 관철하기를 통해 어떤 상황과 관련된 모든 사람이 위엄과 존중을 잃지 않고 그 상황이 요구하는 바를 적절하게 해낼 수 있다. 관철하기는 학생들이 사회 구성원으로서 기여하는 법을 배우면서 스스로 만족하는 인생 기술을 배우도록 도와준다.

What&How 호기심 질문법

많은 교사가 무슨 일이 일어났는지, 무엇 때문에 그런 일이 일어났는지, 그것에 대해서 학생들은 어떻게 느껴야 하고 어떻게 해야 하는지에 대해서 이야기한다. 하지만 교사는 학생들에게 다음과 같이 질문해야 한다.

- 무슨 일이니?
- 그 일에 대해서 어떤 느낌이 드니?
- 그 일이 일어난 이유가 뭐라고 생각하니?
- 다른 것들과 어떤 관계가 있니?
- 이 문제를 해결하려면 어떻게 해야 할까?

이런 질문들은 사용 가능한 예시일 뿐이며, 진심이 담기지 않은 대본 읽기식으로 질문해서는 안 된다. What&How 호기심 질문법은 다양한 상황에서 자신만의 독특하고 다양한 방식으로 사용할 수 있다.

어떤 교사가 교실정리를 위해 학생들에게 할 일을 이야기하다가 이일이 학생들 스스로 문제 해결방법을 찾아볼 아주 좋은 기회라는 생각을 하게 되었다.

"모든 사람이 서로 볼 수 있게 앉으려면 어떻게 하는 것이 좋을까요?"

대여섯 명의 학생이 의견을 냈고 학급 전체가 그 의견에 대해 투표를 했다. 교사는 무엇을 해야 할지 학생들에게 직접 말하는 대신 질문을 할 수 있다는 것을 깨달았다. 평소보다 교실을 정리하는 데 더 많은 시간이 걸렸지만, 학생들은 생각하는 법과 적극적으로 참여하는 법을 실천할 수 있었다. 지시하는 습관을 버리는 것이 질문하는 것보다 더 어려운 일이었지만, 이 일을 계속하는 것이 그만큼 가치 있고 해볼 만한 일이라고 생각하게 되었다. 학생들은 평소보다 열심히 참여했고 몇몇에게만 미루지 않고 모든 학생이 적극적으로 교실을 정리했다.

교사가 질문 대신 지시를 하면 학생들은 판단력과 결론 도출 능력은 물론이고 책임감을 향상시킬 기회마저 잃게 된다. 실수가 멋진 배움의 기회임에도 불구하고 학생들은 그 기회를 얻지 못한다. 교사가 질문하는 대신에 지시를 하면 학생들은 '어떻게 생각할지' 대신 '무엇을 해야 하는지' 배우게 되는데 이는 왕따나 패거리 문화가 만연한 사회에서는 매우 위험한 일이다. 지시하고 싶은 유혹이 생길 때마다 자제하라. 그 대신 질문하라.

존중하는 태도로 질문하면 상대방은 협력하기 마련이다. 대부분의 어른은 질문보다 지시에 익숙하기 때문에 다음 활동을 해보면 변화에 도움이 될 것이다. 교사는 동료와 이 활동을 해볼 수 있다.

What&How 호기심 질문법

■ 목표
학생들은 설명을 하거나 벌을 주는 것보다 스스로 경험을 통해 배우는 것이 더욱 효과적이라는 것을 이해한다.

■ Tip
'Education'이라는 말은 '바깥으로 끌어내다'는 뜻의 라틴어 'Educare'에서 유래되었다. 그럼에도 불구하고 어른들은 잔소리로 아이들에게 무언가를 주입하려고 한다. 그러면서 아이들이 배움에서 멀어지는 것에 대해 이해하기 어려워한다.

■ 방법
1. 두 명씩 짝을 지어 서로 마주 보고 앉는다.
2. 학생과 교사 역할을 1~2분 정도 번갈아 맡는다.
3. 교사 역할을 맡은 사람은 '과제를 제대로 해내지 못한 것'처럼 명확한 사실부터 이야기를 시작한다. 그리고 설교하고 싶은 유혹을 억누르

고, 대신 '무엇을'이나 '어떻게'와 같은 질문을 한다. 학생 역할을 하는
사람의 대답을 경청한다.

- 숙제를 내지 않았더구나. 무슨 일이 있었니?
- 무엇 때문에 그런 일이 일어났다고 생각하니?
- 이 일에 대해서 어떤 느낌이 들었니?
- 이 일이 다른 것에도 영향을 끼쳤다면 어떤 것이 있을까?
- 이 일로 무엇을 알게 되었니?
- 이 일을 어떻게 해결하고 싶니? 앞으로 이런 일이 일어나지 않게 하려면 어떻게 해야 할까?
- 내가 무엇을 도와줄까?

학생들의 말에 관심을 가지고 주의 깊게 듣는 것은 매우 중요하다. 교사는 학생의 말에 끼어들거나 조언을 하려는 경향이 강하다. 이런 모습 때문에 학생들은 배움을 거부하고 교사와의 사이에 벽을 만들며 교사의 말에 귀를 틀어막게 되는 것이다.

일반적으로 학생들은 "몰라요"라는 말로 자신이 무죄임을 주장하려 한다. 이런 경우 "네가 해결방법을 찾을 수 있으리라 믿어. 10분 후에 (혹은 내일 아침에) 다시 이야기해보자"라고 말하는 것이 도움된다. 이때 교사가 이야기를 언제 다시 시작할 것인지 명확한 시각을 말해주고 그 약속을 지키는 것이 중요하다.

어떤 교장은 What&how 호기심 질문법에 나오는 말을 종이에 써 놓고 학생들이 교장실로 왔을 때 이 질문을 사용해 물어보고 깊이 생

각해서 답해보라고 한다. 그리고 교장과 학생들은 문제 해결에 대하여 이야기할 때 그 답들을 기본 자료로 활용한다.●

학생들이 사고방법과 문제 해결법을 배우는 데 진심으로 도움을 주고 싶은 게 아니라면 학생들의 생각에 관해 절대로 질문하지 말아야 한다. 그리고 답에도 훈계를 덧붙이지 않는다. 차례가 오지 않는다고 학생들이 화를 낼 때, 인내심을 발휘해 기다려보라고 하는 것은 적절하지 않다. 관심을 가지고 들어주거나 질문을 계속함으로써 학생들이 스스로 결론에 도달할 수 있도록 도와야 한다.

행동변화 질문법

행동을 변화시킬 수 있는 가장 좋은 방법 중 하나는 바꾸고 싶은 행동과 관련된 질문을 하는 것이다. 교실이 매우 소란스럽다면 다음과 같은 질문을 할 수 있다.

"지금 교실이 집중하기에 매우 소란스럽다고 생각하는 사람은 손 들어 볼래요? 괜찮다고 생각하는 사람은?"

여기서 중요한 것은 정직하게 대답할 수 있도록 두 가지 질문을 다 하는 것이다. 이런 질문에 학생들이 답할 때 엄지를 올리거나 내리고,

---

● 미국은 한국과 달리 학생의 생활지도에서 교장의 역할이 매우 크기 때문에 학급 내에서 심각한 문제나 반복적으로 발생하는 문제의 경우 교장이 직접 상담한다.- 옮긴이

"몰라요"는 손을 교차하는 등의 수신호를 만들어 사용하는 PDC 교사들도 있다.

일반적으로 질문을 던지는 것만으로도 학생들은 자신의 행동과 해야 할 것들에 대해 충분히 생각한다. 상호 존중의 분위기가 형성되면 학생들은 협력적인 태도를 보이는 경향이 있다. 학생들은 교사의 질문을 통해 지금 무엇이 필요한지 금방 알아차린다.

학생들은 활동하는 중에 교사에게 질문하기도 한다. 토론까지 하지 않아도 충분하다. 이처럼 행동변화를 위한 질문만으로도 상황이 개선되는 것은 매우 흥미로운 일이다. 어떤 교사는 수업 중에 잠시 활동을 멈추고 행동변화 질문법을 창의적으로 변형해서 다음과 같이 질문을 했다.

"호세가 구구단 표를 완성하도록 도와줄 사람이 얼마나 되는지 알고 싶은데? 호세야 손 든 친구들을 좀 봐. 이 중에서 네가 7단 연습을 하는 데 도움받고 싶은 친구를 골라보렴."

자연적 결과 경험하기

놀랍게도 상호 존중하는 분위기의 학급을 만드는 가장 효과적인 방법 중 하나는 아무것도 하지 않고 무슨 일이 일어나는지 지켜보는 것이다. 한 수학교사의 예를 들어보자. 이 교사는 교실에서 일어나는 모든 사소한 일에 반응을 했다. 질문에 답하는 것뿐만 아니라 모든 문제 상황에 간섭했다. 따라서 수업시간 내내 화를 억누르는 것 외에는 아무 것도 할 수 없었다. 그냥 자연스럽게 흘러가도록 내버려두는 것을 한 번도 생각해본 적이 없었기 때문에 PDC 워크숍에서 '아무것도 하지 않기Doing Nothing'에 대해 배웠을 때도 이 방법의 효과를 믿기 어려웠 다. 그래도 다른 방법을 몰랐기 때문에 한 번 시도해보기로 했다.

놀랍게도 학생들은 스스로 방해되는 행동을 하지 않게 되었고 친구 들에게도 그만두라고 말할 수 있게 되었다. 부적절한 질문에 답하는 일을 그만두자 그 많던 질문이 사라졌다. 심지어 학생들이 이렇게 말 하는 것도 들을 수 있었다.

"선생님께 질문 좀 그만해. 선생님 기분이 별로인 거 같아. 내가 대 신 대답해줄까?"

"너희가 내 도움 없이 이렇게 많은 일을 할 수 있다니, 정말 기쁘구 나. 난 지금 화가 나 있거나 기분 나쁜 게 아니야. 이젠 예전처럼 예민 하게 하나하나 반응하지 않을 수 있게 되었어. 덕분에 더 많은 시간을 가르치고 배우는 데 쓸 수 있게 되었구나. 선생님을 도와줄 사람?"

교사의 질문에 대부분의 학생이 손을 번쩍 들었다.

스스로 할 일 정하기

대부분의 PDC 도구는 협력하는 법을 배우고 사회성을 향상시키기 위 해 학생들이 참여하도록 한다. 하지만 경우에 따라서는 교사가 학생을 대신하여 무엇을 할지 결정하고 훈계나 처벌 없이 부드러우면서도 단호한 태도로 밀어붙일 수도 있다.

나 자신의 행동을 조절하는 법만을 배울 것인가? 학생들이 공손하게 행동하게 할 수는 있지만, 존경심을 갖게 하기는 어렵다. 학생들에게 존경받을 수 있는 가장 좋은 방법은 자신의 행동을 조절하고 자신과 타인을 존중하는 사람이 되는 것이다.

존중과 격려에서 가장 중요한 점은 각 개인에게는 자신의 행동을 통제할 권리가 있다는 것을 인정하는 것이다. 교사가 학생의 행동을 규제하려고 하면 학생들로부터 존경받기가 어려워진다. 어른들은 아이들을 존중하지 않으면서 아이들은 어른을 공경해야 한다고 주장한다. 이것이 말이 되는 소리인가?

학생들을 통제하지 않으면서 무언가를 한다는 것이 어떤 교사들에게는 새롭게 느껴질 것이다. 다음 이야기를 통해 새로운 방법으로 접근해보자.

한 교사는 같은 말을 반복하는 데 지쳐버렸다. 학생들에게 이제 한 번만 이야기할 것이고 필요하다면 칠판에 그 내용을 적을 것이라고 말했다. 학생들이 이해하지 못했거나 듣지 못했더라도 친구에게 물어보면 되므로 별문제가 되지 않았다. 다시는 되풀이하여 말하지 않을 생각이었다. 학생들이 나와 질문을 할 때에도 가볍게 웃어주며 어깨를 으쓱해 보일 뿐이었다. 그러자 학생들은 다시 활동을 시작하거나 친구들에게 도움을 요청했다.

다음은 관철하기와 스스로 할 일 정하기를 결합한 사례이다.

애덤스 선생님은 걸핏하면 앞으로 뛰쳐나와 질문하는 저스틴 때문에 골치가 아팠다. 저스틴이 묻는 말에 답해주려 노력했지만, 저스틴은 지속적으로 관심받기를 원했다. 치솟는 화를 가라앉히고 어긋난 목표 차트(4장)를 사용하여 저스틴의 행동 목표가 지나친 관심 끌기라는 것을 확인했다. 그리고 저스틴을 도와줄 방법을 찾을 수 있었다.

"저스틴, 너는 질문을 참 많이 하는구나. 하지만 나는 하루에 세 번만 대답할 거야. 네 질문에 답할 때마다 손가락을 하나씩 접을 거고 손가락을 모두 접으면 내일까지 질문할 수 없어. 아마 질문하기 전에 너 스스로 답을 찾을 수 있는 것인지 아닌지 생각해보는 것이 좋을 거야."

이 방법은 저스틴이 관심에 집착하는 데서 벗어나 둘 만의 신호로 특별한 관심을 지속적으로 받을 수 있게 했다. 저스틴은 월요일에도 여전히 이전처럼 행동했지만, 애덤스 선생님은 세 번 답한 후에는 친절하면서도 단호하게 침묵으로 일관했다. 화요일이 되자 저스틴은 평소보다 배 이상으로 애덤스의 책상에 찾아왔다. 일반적으로 변화를 위한 새로운 행동방법이 정착되기 전에는 여태껏 해왔던 행동을 더 자주 하는 경향을 보이기도 한다.

애덤스 선생님은 자신이 제대로 하고 있는지 의심스러웠지만, 일주일은 계속 하기로 했다. 더 이상 대답해주지 않는다고 저스틴이 징징거리며 떼를 쓸 때도 미소 지으며 손가락 세 개를 접어 보였다. 넷째 날이 되었을 때 저스틴은 두 번 정도 책상에 왔으며 금요일에는 "전 오늘 세 번만 질문하면 될 것 같아요. 다음 주에도 그 정도면 충분해요"라고 말했다. 애덤스 선생님은 안도의 한숨을 내쉬었다.

"저스틴, 네가 질문을 적당하게 하니까 나도 더 잘 대답해주게 되는 것 같아. 스스로 네 질문에 대한 답을 찾아내기 시작했구나. 정말 잘하고 있어."

저스틴은 애덤스 선생님의 말이 무슨 의미인지 이해했고 선생님이 지금까지 단호하고 친절한 태도로 자신을 대했다는 것을 알게 되었다. 또한, 저스틴은 선생님의 이런 행동이 문제와 관련이 있고Related 존중받았으며Respectful 합리적 결과로Reasonable 인한 것이자 도움이 Helpful 되었다는 것을 알게 되었다3R 1H. 저스틴은 스무 번 질문하여 세 번 답을 듣는 것과 세 번 질문해서 전보다 더 정성이 담긴 세 개의 답을 듣는 것 중 하나를 선택했다. 이 과정을 통해 저스틴은 책임감을 배웠으며 스스로 자신에게 질문하고 답할 수 있는 능력이 생겼다. 무엇보다 가장 큰 선물은 교사가 자신을 대하는 것을 보고 느끼면서 자신과 다른 사람을 존중하는 방법을 배웠다는 것이다.

존중하는 태도로 거절하기

늘 '아니오'라고 한다면 문제가 되겠지만, 거절을 하는 것도 괜찮은 방법이다. 하지만 어떤 교사들은 자세한 설명이 없이는 거절할 수 없다고 생각한다.

유난히 소란스러운 6학년 교실에서 있었던 일이다.

"선생님, 잠깐 쉬면서 놀면 안돼요?"

"안 돼."

"왜 안돼요? 불공평해요. 옆 반은 그렇게 한단 말이에요."

"내가 말했잖아, 안 된다고."

"와, 너무 빡빡하신 거 아니에요? 제발요. 아~ 좀~"

"'안 돼'라는 말을 이해하는 게 그렇게 어렵니?"

"아이~ 알았어요. 선생님은 너무 재미없어요. 공부나 계속해요."

교사는 그저 웃을 뿐이었다.

왜 그렇게 하는지에 대한 이유를 충분히 설명하지 않았기 때문에 교사의 행동이 학생들을 무시하는 것처럼 보일 수도 있다. 하지만 정말로 무시하는 행동은 학생들이 이미 다 알고 있는 것을 설명하는 일이다. 학생들은 해야 할 일을 알고 있으면서도 하지 않을 방법을 찾고 있었다. 교사는 친절하고 단호한 태도로 이러한 함정에 빠지지 않으면서 교사와 학생 모두에게 도움이 되는 태도를 유지했다.

모두 한배에 태우기

교사들은 어떤 문제에 대해서는 한 학생만 문제 삼기도 한다. 사실 그 일에 관련된 모든 학생을 알아내기란 쉬운 일이 아니다. 현실적으로 교사는 판사나 배심원, 검사의 역할을 모두 해낼 수 없다. 그런 척하거나 그렇게 믿고 있을 뿐이다. 이럴 때는 차라리 모든 학생을 한배에 태우는 것이 더 낫다.

수업시간에 한두 명의 아이가 속닥거리고
있다면 "여러분, 너무 시끄럽네요"라고 말
한다. 학생들이 고자질할 때에도 "너희 둘이
해결할 수 있겠는데"라고 말한다. 한 학생이
다른 학생의 책을 낚아채서 종이가 교실 여
기저기 날릴 때도 "종이를 주운 후에 제자리로 돌아가서 수업에 참여
하세요"라고 말한다. 교사가 학생 각자의 이름을 부르지 않은 것에 주
목하자. 교사는 모두에게 말함으로써 모든 학생을 한배에 태웠다.

"이건 공평하지 않아요. 전 잘못한 게 없다고요."

"선생님, 그건 톰이 한 일이지 제가 한 게 아니에요."

이런 식으로 반응하는 학생들도 있을 것이다. 그러면 교사는 다음과
같이 간단하게 대답한다.

"나는 잘못을 들춰내거나 누구를 지적하는 일에는 관심이 없단다.
지금 우리가 겪고 있는 문제를 해결하고 싶을 뿐이야."

많은 교사가 자신이 모든 것을 해결해야 하며 교사만이 해결할 수
있다고 생각한다. 하지만 모두를 한배에 태우는 다양한 방법으로, 문
제에 관련된 학생들에게 무엇을 해야 하는지 이야기하게 하고 문제 해
결에 창의성을 발휘하도록 지켜볼 수 있다.

쉬는 시간에 공을 누가 사용할 것인지를 두고 싸움이 났다. 교사는
다음과 같이 말했다.

"싸우지 않고 공을 나눠 쓰는 방법을 찾아낼 때까지 공은 내가 가지
고 있겠어요. 해결방법을 찾으면 알려주세요. 그때 다시 이야기해요."

학생들은 처음에는 투덜거렸지만 얼마 후 남학생 3명이 찾아왔다.

"선생님, 해결방법을 찾았어요. 성이 A에서 M인 아이들은 월요일과 화요일에 공을 사용하고, N부터 Z까지의 아이들은 수요일과 목요일에 사용하는 거예요. 금요일은 마음대로 사용하고요. 친구들이 다 동의했어요."

이후 공 사용과 관련해서 다시 말다툼을 벌인다면, 교사는 이렇게 말하기만 하면 된다.

"다시 가서 해결책을 찾아보세요. 공을 나눠 쓰는 게 잘 안 되나 봐요. 사이좋게 놀 준비가 되면 그때 다시 내게 말해주세요. 그러면 공을 사용하게 해줄게요."

TIP 한 걸음씩 나아가라

성공적인 학급운영을 위해서는 한 번에 한 걸음씩 가야 한다. 목표를 너무 거창하게 잡았을 때는 아예 시작조차 하지 못하거나 하룻밤 사이에 아무것도 변하지 않았다고 좌절할지도 모른다. 지금까지 다룬 문제 해결기술을 참고하기 쉽게 책상 위에 붙이자. 그리고 거기에 학생들에게 용기를 북돋우고 중요한 삶의 기술을 키워줄 수 있는 교사 자신만의 긍정적인 방법을 더해보자.

학급운영 도구를 활용하는 데 있어 가장 중요한 것은, 학생들이 실수를 배움의 기회로 생각하고 어른들의 도움 없이도 스스로 헤쳐나갈 수 있도록 인생기술을 배워 소속감과 안정감을 느끼게 하는 것이다. 이렇게 되면 학생들은 더 이상 문제 행동을 일으키지 않는다.

학교폭력
문제해결기술

사기를 끌어올리고 소속감을 고취시키며 다름을 이해하는 것은 비난하는
것보다 훨씬 더 효과적이다.

루돌프 드라이커스

우리는 거의 매일 대중매체를 통해 학교폭력에 대한 소식을 접한다.
학교폭력은 사실 아주 오래전부터 있었다. 하지만 최근 미디어에서 이
를 전면에 부각함으로써 더욱더 경각심과 우려를 갖게 되었다.

학교폭력으로 인한 문제가 심각해지면서 사회적으로 학교폭력 관
련 교육에 대한 요구가 더욱 커지고 있다. 많은 학교가 자체적으로 학
교폭력 예방 프로그램을 운영하고 있다. 대체로 일반 학교에서는 문제
해결을 위하여 징벌적 프로그램을 사용한다. 반면에 PDC 학교에서는
자립심과 자존감을 세우는 방법을 가르친다.

학교폭력이란 무엇인가

학교폭력 전문가인 댄 올베우스Dan Olweus는 학교폭력이란 자신을 방어할 능력이 부족한 사람에게 고의적이고 반복적으로 상처를 입히는 것이라 정의한다. 학교폭력은 힘의 차이가 큰 학생들 사이에서 집단적이며 고의적으로 몸과 마음에 상처를 입히는 행위이다. 따라서 학교폭력 문제를 해결할 때 괴롭히는 학생(가해자)에게 문제가 있으며 당하는 학생(피해자)은 문제가 없다고 말하는 경향이 있다. 올베우스의 프로그램에서는 학급회의가 학교폭력 문제를 예방하기 위한 효과적인 방법이라고 인정하면서도 학급회의를 진행하는 방법에 대한 언급은 하지 않는다.

학교폭력은 사실 열등감에서부터 비롯되는 문제를 잘못된 방법으로 해결하려는 것이다. 자존감이 높은 사람은 다른 사람을 괴롭히려 하지 않는다. 반면 자존감이 낮은 사람은 괴롭힘으로 문제를 해결하려는 경향이 있다. 루돌프 드라이커스는 이런 행동을 "자신을 부풀리기 위해서 다른 사람을 깎아내리는 것"이라고 했다.

학교폭력은 주로 놀리고 욕하고 빼앗고 때리고 따돌리는 행동으로 나타난다. 하지만 이런 행동을 한 학생들은 단지 장난이었을 뿐이라고 말하는 경우가 있다. 다른 사람이 느끼는 고통에 전혀 공감하지 못하고 자신의 재미를 위해 다른 사람에게 상처를 준다. 학생들에게 학교폭력과 장난을 명확하게 구분하도록 가르쳐야 한다. 모두가 즐겁다면 장난일 수 있지만 누군가가 고통스럽다면 장난이 아니라 폭력이 될 수 있다는 것과 즉시 사과해야 한다는 것을 가르쳐야 한다.

학교폭력과 관련된 학생들의 속마음을 이해하는 데 어긋난 목표 차트가 큰 도움이 된다. 어긋난 목표 차트에는 괴롭히는 행동의 목적이 자세히 기록되어 있다. 주의를 끌고 관심을 받기 위해 괴롭히는 경우가 있다. 이 행동에는 '나 좀 보라고! 나를 무시하지 마라니까! 내가 최고야'라는 의미가 있다. 이를 '지나친 관심 끌기Undue Attention'라고 한다.

또 어떤 아이들은 힘을 얻기 위해 괴롭히기도 한다. 그 아이들은 '내가 얼마나 강한지 봐. 내가 대장이고 넌 내가 하라는 대로 해야 해. 난 내가 원하는 것이면 무엇이든 할 거고, 네가 나를 멈추게 할 수는 없어'라고 행동으로 말한다. 이를 '힘의 오용Misguided Power'이라고 한다.

앙갚음을 하거나 자신이 받은 상처를 되돌려주려고 괴롭히는 아이들도 있다. 이를 '보복Revenge'이라고 부른다. 이 아이들에게는 '난 상처 받았어. 너도 그만큼 대가를 치러야 해. 내가 받은 만큼 너도 당해봐야 해. 그래야 공평하지'라는 마음이 숨어 있다. 콜럼바인 고등학교 총기난사 사건의 범인 중 한명인 에릭 해리스는 자신의 일기에 다음과 같이 적었다.

"만약 사람들이 나를 좀 더 칭찬해줬더라면, 그런 일은 일어나지 않았을 것이다."

마지막으로 다른 사람과 떨어져 지내기 위한 방법으로 폭력을 사용할 수도 있다. 학교폭력을 행사한 덕분에 혼자 있을 수 있기 때문이다. 이상하게 들리겠지만 괴롭히는 아이들은 "무엇을 하든 더 나아지는 것이 없는데, 왜 귀찮게 노력해야 하는 거죠?"라며, 자신이 더 나아지기를 바라는 사람이 없는 곳에 혼자 있기를 원한다. 사실은 문제 행동을 하는 아이가 바로 상처 입고 좌절하고 무력한 아이인 것이다.

폭력도 학습된다

부모는 아이에게 첫 번째 역할모델이며 권위자이고 그다음이 교사이다. 따라서 부모와 교사가 아이의 행동에 큰 영향을 미친다. 그렇다 하더라도 '내가 어떤 사람인가' 하는 것은 나와 내 주변에 일어나는 일 자체가 아니라 그것에 대한 나의 선택에 달렸다. 집이나 학교에서 공격적인 행동방식을 겪으면 아이들은 그것을 지켜본 후 자신 또한 그렇게 행동하기로 결심한다. 아니면 정반대로 다른 사람에게 상처를 입히거나 난폭하게 굴지 않으리라 생각할 수도 있다.

어떤 아이들은 미디어나 또래집단을 통해 학교폭력을 배우게 되며, 폭력서클의 구성원이 되어 여러 사람 속에서 안도감과 만족감을 느끼면서 괴롭힘을 배우기도 한다. 어떻게 시작하게 되었건 괴롭히는 것이 자신에게 도움이 된다고 생각하면 주기적으로 이 행동을 반복하며 점점 더 정도가 심해진다.

그러므로 어른들은 아이들에게 문제를 해결하는 다른 방법을 가르쳐야 하며, 아이들은 존중하는 방식으로 인정과 권력, 정의와 다양한 기술을 배워야 한다.

모두가 학교폭력 상황에 놓여 있다

다른 문제 행동처럼 학교폭력도 아무 이유 없이 일어나지는 않는다. 학교폭력에는 괴롭히는 아이(가해자)와 괴롭힘당하는 아이(피해자) 그리고 방관하는 아이(방관자)가 있기 마련이다. 이들은 각자 다르지만, 서로 영향을 주며 여러 면에서 관련되어 있다.

이 장을 읽으면서 과거 괴롭힘과 관련된 때를 생각했을 것이다. 만약 생각해보지 않았다면 지금 잠깐 생각해보라. 과거의 그때 당신은 가해자였는가, 피해자였는가? 아니면 방관자였는가? 당신은 무엇을 생각하고 느끼고 결심했는가? 그리고 무엇을 했고 무엇을 바랐는가? 어느 누구도 이런 상황을 그냥 피해갈 수는 없을 것이며, 각기 다른 방면으로 깊숙이 관련되어 있다.

당신이 가해자였다면, 물리적인 힘을 사용했는가? 다른 사람을 위협하고 겁에 떨게 하며 복종하게 했는가? 다른 사람을 무시하거나 모욕을 주었는가? 다른 사람을 조정하거나 다른 친구들 사이를 멀어지게 했는가? 음식이나 돈, 인기 등을 빼앗았는가? 다른 사람의 뒤에서 험담을 했는가? 누군가에 대한 소문을 퍼뜨렸는가? 누군가를 고립시키고 배척했는가?

당신이 피해자였다면, 가해자보다 몸집이 작고 왜소했는가? 인기도 없고 소극적이지 않았는가? 신체적, 종교적, 문화적으로 다른 점이 있었는가? 외톨이였는가? 피해자가 된 이유는 무엇이었는가? 저항해보았는가? 아니라면, 왜 하지 않았는가? 다른 사람에게 말은 해보았는가? 아니라면, 왜 말조차 해보지 않았는가?

당신이 방관자였다면, 자신이 표적이 되지 않은 것을 다행이라 생각하지 않았는가? 피해자를 도와주고 가해자에게 맞서 보았는가? 그만두라고 말했는가? 웃으면서 가해자의 편을 들어 주지는 않았는가? 소문에 솔깃해 가해자와 함께 흉을 보지는 않았는가? 누군가를 괴롭히는 일에 가담하지는 않았는가?

상담가이자 이 책의 공저자인 린은 수년간 상담을 하면서 피해자만이 아니라 가해자와 방관자 모두 지속적으로 학교폭력과 관련된 상황에 놓여있다는 이야기를 들었다. 어른들이 이런 문제를 해결할 때처럼 관련된 모든 사람이 함께 문제를 해결하는 것이 중요하다. 이에 대해서는 나중에 언급하기로 한다.

문제 상황은 반드시 바로잡아야 한다

가정과 학교에서는 학교폭력이 생겼을 때 별 뜻 없이 '가해자-피해자'로 나누어 문제를 해결하려 한다. 어른들은 판사나 배심원, 집행자의 역할을 하면서 누가 문제를 일으켰고 누가 처벌을 받아야 하는지 판단한다. 그리고 아이들에게 '문제아'나 '가해 학생'이라는 낙인을 찍기도 한다. 어른들은 아이들의 역동적 관계를 파악하거나 이해하지 못하므로 종종 키가 가장 크거나, 나이가 많거나, 남자아이를 일으켜 세워 가해자로 낙인찍고, 자신들이 불쌍한 피해자라고 믿는 아이들 편에 선다. 어른들은 방관자에 대해서는 전혀 관심을 두지 않는다. 불공평하다 생각한 아이들은 자신이 부당한 대우를 받은 것에 대해 흥분과 분노를 쌓아두었다가 폭발적으로 표현한다. 이 아이들은 어른들이 자초지종을 들어보지도 않고, 조금이라도 이해하려 노력하지도 않으면서 자신들을 그렇게 낙인찍고 혼냈다고 느낀다.

PDC에서는 문제와 관련된 사람 모두가 함께 문제를 해결해야 한다고 가르친다. 이를 실천할 수 있는 가장 좋은 방법은 학급회의지만, 굳이 학급회의를 하지 않더라도 중립적 입장의 어른이 문제와 관련된 모든 아이와 함께 이야기하는 방법도 있다.

세상은 다른 사람을 협박하거나 상처를 입히는 등의 방법으로 자기 뜻을 관철한 사람들의 이야기로 가득하다. 하지만 PDC는 존중에 초점을 맞추고 서로 이해하며 합의를 이끌어내고 해결책을 찾아내고, 문제와 관련된 모든 사람이 해결방법을 찾도록 가르쳐왔다. 이를 통해서 한 번에 한 가족, 한 학급, 한 학교씩 협박과 상처로 얼룩진 이야기가 아니라 존중과 협력이 가득한 이야기를 쓸 수 있게 세상을 변화시키고 있다.

학교폭력이 사라질 때까지 학급회의를 통해서 그 학생이 소속감과 자존감을 키우는 방법을 찾아내는 것을 많이 보았다. 방관자였던 학생들도 자신들이 아무 말도 하지 않고 있는 것이 내키지는 않았으며 학교폭력이 지속적으로 일어나는 데 어느 정도 동조한 것 같다고 고백했다. 괴롭히지 말라고 말해야 하고 이를 도와주어야 한다는 의견에 동의했다. 역할극을 통해 가해 학생의 입장이 되어봄으로써 그 학생을 진심으로 이해하고 지지받을 수 있는 해결책을 찾도록 도와주었다.

2012년 나이 많은 학교 버스 기사가 집단폭행을 당한 사건이 있은 후, 제인 넬슨은 신문기자에게 다음과 같이 말했다.

"인습적인 처벌, 즉 소리를 지르거나 수치심을 유발하고 때리거나 외출을 금지하는 것은 오히려 역효과를 가져옵니다. 부모는 4단계를 거쳐야 합니다. 화 나는 마음은 일단 내려놓고, 잘못을 한 아이와 정서적으로 공감을 한 뒤, 그릇된 결정을 하게 된 이유를 찾고, 실수로부터 배우고 성장할 수 있도록 돕는 일이 바로 그것입니다. 여기에는 피해에 대한 보상도 포함됩니다."

버스 기사를 폭행한 아이들은 비디오로 자신들이 한 일을 보고는 당황스러웠다. 잘못에 대하여 보상을 해보고자 노력했지만, 어른들은 가해자도 그 이상으로 괴롭힘을 당해봐야 하며 그 아이들이 한 것 이상의 큰 처벌을 받아야 한다고 생각했다.

제인이 차에 오렌지를 던지는 아이들 속에서 딸을 발견했다. 이때 그녀는 학교폭력 문제 해결에 사용하는 적절한 방법을 적용했다.

"이런 일이 일어나서 정말 안타깝구나. 이 일에 대해 엄마에게 말해줄 수 있겠니?"

"그때 어떤 마음을 느꼈는지 말해주겠니?"

"그 사람들이 어떻게 느꼈을지 생각해볼까?"

"네가 새로 산 차에 누군가 오렌지를 던졌다면, 너는 어떤 기분이 들 것 같니?"

이 질문들은 가장 중요한 다음 질문으로 나아간다.

"이 상황을 해결하기 위해서 우리가 할 수 있는 것은 무엇인지 생각해볼까?"

제인의 딸은 온전히 혼자의 힘으로 결론에 도달했다. 그 이웃에게 개인적으로 사과하고 편지를 쓰고 하루 종일 자신이 직접 그 차를 세차하겠다고 했다. 이런 문제 해결방법은 아이들이 같은 문제 행동을 반복하지 않게 하는 것 외에도 상대를 존중하는 것이 매우 중요하다는 사실을 깨닫게 한다.

PDC에서는 어른들이 반드시 아이들에게 잘못된 행동에 대한 책임감을 심어주고, 잘못된 행동을 한 아이들에게 자신의 잘못을 바로잡고 그 행동으로 생긴 결과에 책임을 지도록 지도해야 한다고 가르친다.

반면 지나친 자유분방함이나 버릇없는 행동은 허용하지 않으며 아이들이 당연한 권리를 가진 듯이 생각하는 것도 반대한다. 그러나 애초에 그런 행동을 유발한 원인이 무엇인지 살펴보지 않고 이해하려는 노력 없이 가해 학생을 처벌한다면 이런 부정적 행동은 더욱 강화될 것이다.

실천 사례

5살 꼬마가 찾은 기막힌 해결법

저는 PDC를 최근에 알게 되었으며 학교에서 이제 막 실천하기 시작했습니다. 쉬는 시간 아이들 사이에서 다툼이 일어나면 "무슨 문제가 있니?"라고 관심을 가지고 묻습니다.

하루는 다섯 살짜리 아이가 다른 아이의 모래성을 무너뜨렸습니다. 아이들은 내게로 와서 그 일에 관해 이야기했고 나는 문제를 해결하려면 어떻게 해야 할지 물었습니다. 모래성을 무너뜨린 아이가 친구를 도와서 모래성을 새로 만들면 될 거라고 했고, 둘은 기분 좋게 모래성을 다시 쌓기 시작했지요.

저는 선택 돌림판을 만들어 사용하고 있습니다. 우리 반에서는 문제나 다툼이 발생했을 때 어떻게 해결해야 하는지 아이들과 브레인스토밍으로 방법을 찾습니다. 아이들은 입맞춤이나 껴안기, 함께 춤추기나 선생님과 이야기하기 등을 해결방법으로 정했습니다. 그중 최고는 '간지럽히기'였어요. 아이들은 다툼이 생겼을 때 항상 '간지럽히기'를 선택했고 문제 해결에도 상당히 효과가 있었습니다. 저라면 그런 생각을 할 수 있었을까요? 아이들은 매우 창조적이며 많은 해결방법을 가지고 있습니다. 정말 감동적이지 않나요?

하루에 40번 정도 싸우는 아이가 있었습니다. 아이들에게 해결방법을 찾게 했더니 아이들은 자기들이 그 친구에게 좋아한다고 말하겠다고 했습니다. 그날 이후에 한 아이가 내게 와서는 "선생님, 그 애에게 좋아한다고 말하는 것은 좋은 방법이 아니에요. 다른 방법이 필요한 것 같아요"라고 했습니다. 아이들이 해결방법을 찾으려 노력하는 것이 기특했지요. 우리는 그 아이를 도울 수 있는 더 나은 방법을 찾기 위해 또 한 번 브레인스토밍 시간을 가졌습니다. 아이들은 근사한 장난감 차를 빌려주자고 했고 이 방법은 성공적이었습니다.

나딘 가우딘, 노틀담 학교 교사

어른들이 해야 할 일

어른들이 가장 먼저 해야 할 행동은 학교폭력 상황을 심각하게 받아들이고 아이들에게 이런 일이 일어날 수 있으며 지금 도움이 필요할 거라고 믿는 것이다. 학교폭력은 어른들이 알아차리지 못하는 곳에서 일어나는 경우가 많다.

먼저 어른들은 누군가 학교폭력을 당하고 있지 않은지 주의 깊게 관심을 기울여야 한다. 아이가 학교폭력을 당하고 있다는 신호를 보이는지도 유심히 살펴야 한다. 예를 들면, 아이가 학교에 가고 싶지 않다고 한다거나, 집에 갈 때까지 화장실에 가지 않으려고 하거나, 돈을 달라고 하거나 훔치는 경우, 육체적 증상이나 상처를 보이는 경우, 학교에 총기를 몰래 숨겨 들어오는 경우 등이 있다.

다음으로 어른들이 개입하는 것이 중요하다. 가해자나 피해자, 방관자인 학생들을 따로 떼어 놓는 것이 아니라 한배에 태워야 한다. 학급회의나 회복적 정의 모임을 열고, 가해자와 피해자, 방관자 모두가 부모들과 함께 만나는 자리를 만든다. 모든 참가자는 하고 싶은 말을 할 수 있으며 모든 사람이 들어야 한다. 이는 학교가 허용하고 아량을 베푸는 데 머무는 것이 아니라 해결책을 만들어내야 한다는 것을 강조하고 있다. 학생들에게 학교에서는 안전하게 지낼 권리가 있음을 명확하게 알려준다. 관련된 학생들의 말 하나하나에 귀를 기울이고 학생들이 자기 얘기를 할 수 있도록 자리를 마련해준다. 가장 좋은 해결방법은 언제나 학생들이 만들어낸다. 어른들보다 더 쉽고 빨리 문제를 해결해내는 학생들의 독창성과 문제 해결력을 과소평가해서는 안 된다.

놀랍게도 간단한 해결방법이 가장 훌륭한 것일 때가 있다. 친구들과 함께 다니도록 하거나, 학부모들이 자발적으로 강당이나 화장실, 운동장 등을 돌아보는 것이 좋은 예이다. 때로는 어른이 함께 있는 것만으로도 괴롭힘이 줄어든다. 누군가가 위협하거나 겁을 줄 때 재치 있는 말로 되돌려주는 법을 가르쳐줄 수도 있다. 이상하게 들릴지도 모르지만, 학생들이 "네가 하는 말이 네 인격을 나타내는 거야"라고 말하는 것만으로도 상대방의 협박을 멈출 수 있다. 가해 학생과 공놀이를 하거나 샌드위치를 나눠먹고 친구가 되어주는 것 또한 놀라운 결과를 가져올 수 있다.

학교폭력과 관련된 사건을 학급회의 안건으로 올리도록 학생들을 격려한다. 학생들이 구체적으로 거론하는 것을 원하지 않으면 '운동장에서 벌어진 일'이나 '점심밥을 도둑맞은 일'처럼 안건을 대략적으로 올릴 수 있다. 이름을 거론하지 않고도 쉽게 문제를 해결할 수 있다. 문제 상황으로부터 객관적이며, 가해 학생의 행동을 감정적으로 받아들이지 않는 것이 효과적인 경우도 있다. 학급회의에서 문제 해결에 초점을 맞추는 것은 가해 학생에게 큰 도움이 된다. 가해 학생은 "다른 사람들이 상처를 받고 있는 줄 몰랐다"거나 "그냥 농담한 거였다"는 말로 체면이 구겨지는 것을 막고 싶을 것이다. 그럼에도 불구하고 가해 학생은 괴롭힘에 관해 함께 생각을 나눈 것에 압박감을 느끼며 변해야겠다는 의지를 키우게 된다. 특히 해결방법을 선택할 기회를 갖게 되면 더욱 그렇다.

학생들이 더욱더 소속감을 느끼도록 확신을 심어주는 것도 큰 도움이 된다. 운동이나 댄스, 태권도나 취미활동, 영화 관람 등을 통해 다양한 교우관계를 맺으면 친구들과 문제가 생겼을 때도 기댈 수 있는 또 다른 친구들이 있다는 걸 알게 됨으로써 훨씬 위안을 받을 것이다.

학교폭력 문제에 개입할 때 주의할 점

어른들은 가끔 문제를 '멈추게 하는' 데 지나치게 열중한 나머지 그 나이의 아이들이라면 할 수 있는 행동조차 학교폭력으로 규정짓기도 한다. 유치원 아이들이 "넌 내 생일에 오지 마"라고 놀리듯 말하는 것은 매우 흔한 일이다. 그런데도 여섯 살 아이가 '성추행'이나 '싸움놀이'를 했다는 이유로 정학을 받기도 한다. 이런 일들은 괴롭힘이나 성추행이라고 볼 수 없다. 아이들은 TV나 어른들로부터 보고 들은 일을 그것이 무엇인지 정확히 알지도 모르는 채 시험 삼아 해보기도 한다.

이런 사건들은 자신의 행동이 다른 사람들에게 어떤 영향을 주었으며 상처 주는 방법을 대체할 존중의 방식을 가르치는 기회가 되기도 한다. 이런 행동들을 학급회의 안건으로 놓고 이것이 다른 사람에게 얼마나 상처를 주었는지 이야기하도록 한 후 브레인스토밍으로 문제해결방법을 찾는다. 아이들에게 필요한 것은 기술과 방법이지 낙인이 아니다.

우리는 유치원부터 고등학교에 이르는 모든 학교의 교사에게 '상처

받은 영대' 활동을 권한다. 이 활동은 학교 심리학자이며 PDC 트레이너이기도 한 수잔 스미사Suzanne Smitha가 고안한 것으로 매우 간단하고 빠르며 적용하기 쉽다. 직접 해보면 다른 문제가 일어나더라도 이것을 기준으로 문제를 해결할 수 있을 것이다.

ACTIVITY

상처받은 '영대'

■ 목표

학생들에게 가혹한 말과 행동이 어떤 결과를 가져오는지 알게 하고, 상처는 완화될 수 있어도 완전히 치유될 수는 없다는 것을 깨닫게 한다.

■ 방법

1. 종이에 한 사람을 그리게 하고 '영대'라는 이름을 붙인다.
2. 학생들은 자신이 상처받았던 말과 행동에 대하여 이야기한다. 자신의 경험을 이야기할 때마다 종이를 조금씩 구겨서 그 종이가 공이 될 때까지 이 활동을 계속 한다.
3. 학생들에게 '영대'가 어떤 기분이 들지 물어본다. "학교로 돌아오고 싶을까?", "여러분 중에 이런 기분을 느꼈던 사람이 있나요?"
4. '영대'를 돕기 위해서 우리가 할 수 있는 말과 행동에 대해서 물어본다. 학생들이 격려하는 방법에 대해 말할 때마다 종이가 다 펴질 때까지 조금씩 펴나간다.
5. 아무리 격려해도 흔적이 남아 있다는 것에 대해서 이야기를 나눈다. 말

은 주워담기가 힘들고 오랫동안 '흔적'이 남기 때문에 말하기 전에 충분히 생각해야 한다는 것에 대해서 이야기한다.

6. '영대'를 교실에 걸어두고 아이들이 서로 존중하는 마음을 잊어버리고 행동할 때마다 '영대'의 구겨진 모습을 보고 각오를 상기할 수 있도록 하자. 학생들이 거친 행동을 하면 "혹시 오늘 '영대'를 만나고 싶니? 네가 기분도 좀 풀리고 더 바르게 행동할 수 있게 도와주고 싶은데 어떻게 하면 될까?"라고 물어본다.

PDC는 학교폭력처럼 감정을 행동으로 드러내는 문제에 대하여 징벌적인 방법을 사용하지 않으면서 존중하면서도 효과를 볼 수 있는 기술을 제공하는 데 앞장서 왔다. 학교폭력에 대해 학급회의를 하는 동안 학생들은 처벌이 아니라 해결방법에 초점을 둔다. PDC 학급회의에서는 어떤 일이 무슨 이유로 일어났으며, 다음에 같은 일이 일어나지 않으려면 어떻게 해야 하며, 어떤 점을 고쳐야 하는지에 대해서 이야기한다.

실천 사례

신뢰 형성이 출발점입니다

저를 힘들게 했던 아이들과 관계가 개선되자 학급에 좋은 일이 많아졌습니다. 아이들의 어긋난 행동에는 자존감을 높이고 싶거나 관심 받고 싶은 마음, 자기 정체성 찾기와 같은 동기가 있다는 것을 알게 되었지요. 똑똑하지 않다고 생각하거나 사랑받지 못한다고 느끼는 아이들은 다른 방법으로 자신을 표현합니다. 자신만의 방법으로 문제를 일으켜서 선생님과 친구들의 주목을 받고 싶어 합니다. 문제 행동을 하면 정체성을 확인받고 학교에서 존재감을 드러낼 수 있다고 생각하는 거죠.

문제 행동에는 두 가지 중요한 요인이 있습니다. 바로 교사에 대한 학생들의 신뢰와 학생에 대한 교사의 신뢰입니다. 학생들에게 다가가 신뢰를 보여주자 그런 문제는 점차 사라졌습니다. 이렇게 신뢰가 생기자 아이들은 제가 사용하는 방법을 잘 받아들이게 되었습니다. 또한, 문제 행동을 하는 아이들과 좋은 관계를 형성한 것은 학생들의 자율성을 기르는 데도 효과가 있었습니다. 학생들은 권위에 대해서 긍정적으로 생각하기 시작했고, 나는 보상과 처벌에 기초한 교수 방법을 버림으로써 서로 신뢰하고 견고한 관계를 만들게 되었습니다. 앞으로는 일에 대한 스트레스는 줄이고 아이들과 즐겁게 지내며 저에 대한 자긍심을 높여갈 것입니다.

로리베스 크나우스, 슈마커 초등학교 교사

숙제
문제해결기술

10장

학생이 문제 행동을 하면 교사와 학생 사이에 힘겨루기가 시작된다. 교사는 이에 대해 부모를 탓할 수도 있다. 교사는 부모에게 자녀의 학습과 생활태도에 관심을 가지고 좀 더 적극적인 노력을 요구한다. 특히 부모가 숙제를 도와주어야 할 책임이 있다고 말하곤 한다. 그런데 이 때문에 가족 사이에 불화가 생기고 학생들은 배우는 것에 대해 부정적인 생각을 갖게 되기도 한다.

루돌프 드라이커스

숙제는 누구의 책임인가

학교와 관련하여 부모가 자녀들과 가장 힘들어 하는 것은 무엇일까? 바로 숙제다. 숙제로 인한 문제는 숙제를 받는 순간부터 시작해서 학교에 다니는 내내 계속된다. 그뿐만 아니라 집과 학교에서 엄한 처벌을 받기도 하고 개인 과외를 받아야 하거나 심지어 심리치료까지 받아야 할 정도로 심각해진다. 극단적인 경우에는 부부가 이 문제로 다투다가 이혼하기도 한다. 숙제는 왜 이렇게 어려운 문제일까? 설마 교사가 부모에게 편지를 보낼 때 이런 문제를 일으키려고 했겠는가?

"아이들이 자기 주도적이고 발전적 학습태도를 갖게 되면 학업성취

도도 높아집니다. 이를 위해서 집에서 숙제를 잘할 수 있도록 도와주시기 바랍니다."

이 말에 누가 이의를 제기할 수 있겠는가?

사실 이런 방침이 학생들의 자기 주도적 학습능력을 키우기 위해서라고 하지만, 많은 부모가 자녀 숙제의 아주 작은 부분까지도 관여한다. 부모로서 자녀에게 옳은 일을 하고 싶어 하며 교사와 문제가 생기는 걸 원치 않는다. 자녀를 성공하게 만드는 것이 부모의 책임이라고 믿고 있으며, 교사로부터 자녀의 숙제를 잘 봐주지 않는다는 이야기를 듣게 되면 이런 믿음은 더욱더 확고해진다.

학생들은 숙제를 함으로써 자기 주도적 능력이 향상되는 것이 아니라 부모와 교사가 학생 자신보다 숙제나 성적을 더욱 중요하게 여긴다고 생각하게 된다. 이 때문에 학생들은 큰 상처를 받게 되고 부모와 교사에게 그 상처를 되돌려 주려고 한다. 그 과정에서 자신이 더 상처를 받게 되더라도 숙제에 관심을 갖지 않거나 거부하는 방식으로 되돌려 주는 것이다. 부모는 자녀가 숙제를 하고도 제출하지 않았다는 것을 알고 경악할 때가 있다. 아이들은 "당신들 마음대로 하게 내버려두지 않을 거예요!"라고 분명히 말하고 있는 것이다.

숙제가 더 힘든 이유는 이미 셀 수 없이 많은 방과 후 활동을 하느라 매우 바쁘기 때문이다. 부모는 종일 근무나 시간제 근무를 하며, 특히 한부모 가정은 마치 저글링을 하는 것처럼 숨 돌릴 틈도 없이 바쁘다. 지금 이들에게는 부모와 자녀가 함께 숙제할 시간이 필요하다. 학교에 다니는 자녀가 한 명 이상이라면 상황은 더욱 좋지 않다. 교사가 숙제를 조절해주지 않는다면 어떤 학생은 여섯 명의 선생님으로부터 받은 숙제를 하는 데 여섯 시간이 걸릴 수도 있다. 그뿐만 아니라 부모의 도움 없이는 해낼 수 없을 정도로 어려운 숙제도 있다.

교사는 숙제에 대한 문제를 학생들과 함께 해결해보려 하지 않는다. 수업을 이수하려면 숙제를 해야 하며 그것이 최선의 방법이라고 생각한다. 어떤 학생은 숙제를 하지 않고도 시험을 쉽게 통과할 수 있지만, 숙제를 하지 않았기 때문에 수업에 낙제하고 진급에 실패할 수도 있다.

숙제라는 딜레마를 해결하기 위해 학생들과 이야기를 나누는 것은 시간이 오래 걸리는 방법일 수 있다. 숙제는 교사와 학생이 함께 해결해야 한다. 이 모든 것에 대하여 이야기를 나누는 것이 학급회의의 훌륭한 의제가 될 수 있다.

대부분 숙제는 배움에 깊이를 더하고 연습을 반복하여 익히고 실력이 향상되도록 도와준다. 따라서 어느 누구도 모든 숙제가 필요 없다고 말할 수는 없다. 그러나 교사는 교실 밖에서 논의되는 이런 이야기에 귀를 기울일 필요가 있다. 어떤 아이들은 꾸지람을 듣거나 낮은 점수를 받을까 봐 숙제를 하는 것에 매우 심각한 스트레스를 받고 있으며, 가족과 함께 보내는 시간이 턱없이 부족해진다. 많은 가정에서 숙제하는 시간에 힘겨루기나 눈물, 협박, 숙제거부가 일어나며 심지어 아이들은 서슴지 않고 "오늘은 숙제 없어요"라고 거짓말까지 한다. 숙제라는 힘겨운 싸움에 초점이 맞춰짐으로써 도리어 배우는 즐거움은 사라져버리고 만다.

2012년 프랑스에서는 교사와 부모들이 2주 동안 숙제거부운동을 벌였다. 숙제는 유용하지 않고 힘들 뿐 아니라 학생들 사이에 불평등을 강화한다는 것이 그 이유였다. 더 나아가 지금은 숙제 해결에 대한 책임이 학생들이 아닌 부모에게 있기 때문에 부모와 자녀 사이에 끝없는 싸움이 일어난다고 주장했다. 그러므로 학생들이 공부와 연습이 더 필요하다면 집이 아니라 학교에서 해야 한다고 주장했다.

고등학생 자녀를 둔 한 가정에서는 학기 초 학교로부터 자녀의 숙제에 부모가 간섭하지 말아 달라는 글을 받았다. 한 걸음 물러나서 자녀가 스스로 숙제를 해결하는 방법을 알아내도록 기다려달라고 했다. 그리고 가정에서 끝내지 못한 숙제는 학생들의 책임감 향상을 위해서 교사들이 학생들과 함께 해결할 것이라고 약속했다. 부모들은 처음에는 힘들어했지만 학교는 지속적으로 부모들을 격려했다. 그리고 이것이 자녀를 위한 더 나은 방법이며 자기주도 학습력과 책임감이 커지고 있다고 말했다. 부모와 자녀 모두에게 깊이 배어있는 오래된 습관 때문에 새로운 방법이 제대로 정착되기까지 여섯 달이 걸렸다. 하지만 결국 숙제와 관련된 가족의 스트레스는 사라졌고 학생 스스로 숙제에 책임지는 법을 배웠다.

이중처벌하지 않기

이중처벌Piggybacking ●은 숙제 문제에서도 자주 발생한다. 어떤 학생이 숙제를 해오지 않아서 꾸지람을 들었다고 하자. 교사는 부모에게 숙제를 해오지 않은 것에 대해 자녀를 꾸중하거나 벌을 주라고 요청하기도 한다. 학교에서 그 문제로 이미 벌을 받았는데도 부모로 하여금 또다시 벌을 주도록 하는 것이 과연 옳은 일일까?

이것이 바로 이중처벌이다. 자녀가 집에서 청소를 하지 않거나 집안일을 돕지 않고 잔디를 깎지 않는다며 부모가 교사에게 꾸중하거나 벌을 주라고 요구한다면 어떻겠는가?

이중처벌은 서로 주고받는 것이다. 부모가 자녀의 학교생활을 알고 싶어 하기 때문에 교사는 아이가 어떻게 지내는지 부모에게 알려준다. 부모는 통지표가 날아왔을 때 놀라고 싶지 않다. 이런 이유로 부모가 매일 자녀의 학교생활을 확인할 수 있게 하는 웹사이트가 점차 발달하고 있으며 하루에 세 번씩 확인하는 부모도 있다. 엄밀히 말해서 자녀의 이름으로 부모가 교육받고 있는 것이다.

이중처벌의 전제는 아이들이 처벌을 더 많이 받을수록 더 잘하려는 마음이 생기고 행동도 더욱 나아진다는 것이다. 처벌에 대한 모든 연구 결과는 '처벌은 효과가 없다'라고 말한다. 하지만 현실에서는 처벌이 줄지 않는다. 아이들은 학교에서 이미 처벌받고 수치심을 느꼈는데

● 이 책에서 이중처벌로 번역한 Piggybacking은 원래 'Pick a pack' 즉, 짐을 싸서 든다는 의미의 문장에서 Pick을 Piggy로 pack을 back으로 바꾸어 재미있게 표현한 것으로 돼지등, 목말, 어부바의 의미가 있다. '타인이 하는 무언가에 업혀서 간다'의 의미로 '편승전략'으로 사용되기도 한다. 이 책에서는 부모에게 자녀의 문제를 이야기함으로써 부모도 함께 혼내도록 유도하는 편승전략의 의미로 사용되었다. 우리는 좀 더 이해하기 쉽게 이로 인한 결과로 나타나는 이중처벌이라 번역했다. 더 정확하게 이해하려면 부모도 함께 혼내도록 유도하려는 의도가 있는 '편승전략'으로 인한 결과 '이중처벌'을 하는 것이라 할 수 있겠다. - 옮긴이

집에서도 또 그런 일을 겪는다. 부모는 자신이 비난받는다고 느끼며, 혼을 내야만 아이들이 해야 할 일을 더 잘하게 될 거라 생각한다. 그러나 아이가 아니라 부모가 숙제에 대한 책임을 갖게 되면서 부모와 아이의 관계도 악화된다.

이제 숙제 문제에 대한 새로운 접근법을 제안한다. 교사는 문제에 대해서 부모에게 단순하게 알리고, 그 대신 문제를 해결하기 위해 교사와 학생이 함께 노력하고 있다는 것을 강조한다. 부모가 교사와 같은 방침으로 접근하고 지나치게 간섭하지 않는다면 문제 해결과정에 참여하는 것도 괜찮다. 어떤 교사는 숙제 문제를 학급회의 의제로 올리기도 한다. 학생들은 조언하거나 선택할 수 있을 때 더 잘해낸다. 교사가 일방적으로 숙제를 하라고 하는 것보다 회의를 통해서 학생들이 스스로 결정하게 하는 것이 훨씬 더 낫다.

아이들이 더 잘하도록 돕는 방법 중 하나는 What&How 호기심 질문법을 사용하는 것이다. 교사나 부모가 다음과 같이 질문할 수 있다.

"네가 해야 하는 게 뭐지? 그걸 하려면 어떤 도움이 필요하니? 숙제를 다 마치려면 계획을 어떻게 세워야 할까?"

거듭 말하지만, 아이들은 어른들이 존중으로 대해주며, 뭔가를 했을 때 이익이 생긴다면 더욱 협조적으로 변한다.

어떤 선생님은 학생들에게 딱 맞는 숙제를 내준다. 어떤 학생은 연습을 더 많이 해야 하고, 또 어떤 학생은 심화 과제가 필요하지만 어떤 학생은 쪽지시험 성적이 좋아서 숙제를 면제받을 수도 있다.

숙제를 다해오지 않았을 때 어떻게 해야 하는지 원칙을 세워야 한다. 예를 들면 '숙제 먼저, 자유 시간은 그다음에'처럼 먼저 숙제를 하게 하고 그다음에 자유 시간을 갖게 한다. 교실에 '숙제클럽'이라는 장소를 만들어서 아이들이 서로 도움을 주고받으면서 숙제를 마무리하게 할 수도 있으며 상급생과 숙제 친구를 맺어줄 수도 있다.

어떤 교사는 한 학생에게 다른 친구와 함께 숙제를 하도록 했다. 학생들이 함께 숙제하는 것을 불편해할까 봐 지금까지는 그렇게 해보라고 하지 않았다. 그런데 그 학생들은 함께 숙제하면서 서로 도움을 주었고, 둘 다 이전보다 더 좋은 점수를 받았다. 그 학생들은 자신이 알고 있는 것과 알지 못하는 것을 서로 알려주고 배우면서 함께 공부한 것이다.

학생과 교사, 부모는 학업 성취에 대해 고민하지 않아도 된다. 소속감과 자존감이 높아지는 것이 학업 성취보다 더 중요하며 모두에게 더욱 이롭다. 학생과 교사, 부모 모두가 상호 존중을 연습하고 함께 문제를 해결할 때 학생들은 더 좋아진다. 숙제에 대한 책임이 정확히 학생에게 있을 때, 진정한 배움이 일어난다. 부모에게 숙제에 대한 책임감을 가지기를 기대하기보다 학생들이 책임감을 갖도록 가르쳐야 한다. 이는 교사나 부모가 아이의 숙제에 아무런 도움도 주지 말라는 뜻이 아니다. 아이 스스로 자신을 돕도록 한다면 모두가 원하는 바를 달성하게 된다.

긍정훈육을 학교와 가정에서 함께 활용하기

우리 학교의 학부모교육 프로그램에서는 PDC를 매우 중요하게 여깁니다.
교사와 학생만이 아니라 학부모회나 임원회, 학부모 일일교사처럼 교실에
오는 학부모도 PDC를 공통 언어로 사용하고 있습니다. 우리에게 PDC라는
공통 언어가 없었을 때는 학부모가 함께하면서 도리어 엉망이 될 때가 더
많았습니다. 그래서 우리 학교는 교사나 학생만이 아니라 학부모에게도
PDC를 가르칩니다.

우리 학교의 PDC 프로그램에는 주요 원칙 두 가지가 있는데, 그것은 다음
과 같습니다.

첫 번째는 학교를 PDC 환경으로 만드는 것입니다. PDC를 통해 학생들은
소속감과 자존감을 키우며 학교는 민주적인 공동체로 발전하게 됩니다.

두 번째는 지속적인 학부모교육을 통해 PDC 교실만이 아니라 PD 가정
을 만드는 것입니다. 학부모는 매달 교육을 통해 자녀 양육과 교육을 위해
무엇을 해야 하는지 배우고 연습합니다. 이를 통해 학교에서만 활용되던
PDC를 가정에서도 활용하게 되며 PDC 교실에서 자녀가 어떻게 지내는지
알 수 있습니다. 또한, 학부모교육에 계속 참여하면서 자신이 도움을 줄 수
있고 무언가 기여할 수 있다는 확신을 갖게 됩니다. 따라서 학부모 스스로
모든 학생을 위해 긍정적인 학교환경과 가정환경을 만들 필요가 있다고
느끼게 됩니다.

학부모가 이렇게 참여하면서 일반적으로 많은 학교가 겪는 재정과 인력
의 부족 같은 문제도 해결방법을 찾아낼 수 있었습니다. '부모의 힘'은 창조
적이고 열정적이며 변함없는 것이지요. 예상한 대로 긍정훈육의 에너지는

가정에까지 전달되었습니다. 이 때문에 학생들의 삶에서 가장 중요한 가정과 학교가 더 나은 환경이 되었으며 학교문화 또한 긍정적으로 변했습니다.

캐시 카와카미, PDC 트레이너

11장

PDC 학급회의를 위한
8가지 기술

사람들이 모두의 이익을 위해서 자신이 알고 있는 것을 사용한다면 세상
은 천국이 될 것이다.

의제가 된 문제를 함께 생각하고 대안을 탐색하는 과정에서 책임을 공유
하는 것이 가장 중요하다. "이 상황에서 우리가 할 수 있는 것은 무엇인가?"
라는 질문을 통해 책임을 공유하는 것이 바로 최고의 문제 해결법이다.

루돌프 드라이커스

교사들 사이에서는 학급회의에 대한 논쟁이 끊임없이 계속되고 있다.
한쪽은 학급회의를 먼저 시작하고 PDC의 개념과 기술을 단계적으로
소개하는 것이 효과적이라고 주장한다. 다른 한편에서는 개념과 기술
을 먼저 가르치고 사용하여 기반을 다진 후, 학급회의를 도입하는 것
이 효과적이라고 말한다.

학급회의가 너무 복잡하고 시간도 많이 소요되는 불필요한 절차라
고 생각하는 쪽과 시간 절약은 물론이고 학생들의 성공에 필요한 학문
기술과 인생기술을 배우는 데 최고의 방법이라고 생각하는 쪽으로 나
뉘는 것이다.

물론 PDC에서는 학급회의를 특별하게 생각한다. 왜냐하면, 학생들

이 학급회의에서 배운 기술을 일상에서 매일 반복하여 활용한다면, 굉장한 자신감과 탁월한 문제 해결력을 갖게 된다는 것을 알기 때문이다. 하지만 만약 우리가 여러 교사로부터 학급회의를 진행하면서 얻게 된 소중한 경험을 전해 듣지 못했다면, 이런 생각을 하는 것은 불가능했을 것이다.

다음 사례를 통해 학급회의가 가진 힘을 확인해보자. 프랭크는 매우 폭력적인 학교에서 초등교사로 근무했다. 이 학교는 기물파손이 잦고 경찰도 거의 매주 방문해야 했으며 건물 관리인이 주기적으로 핏자국을 지워야 했다. 이 때문에 프랭크는 월요일에 출근해야 한다는 두려움으로 일요일 오후부터 복통에 시달렸다. 그가 학급회의를 도입한 것은 무언가 바뀔 수 있으리라는 희망보다는 자포자기의 심정에 의한 것이었다. 학급회의를 시작할 때는 문제아들이 과연 학급회의에서 협동과 문제 해결 기술을 배울 수 있을까에 대해 의심하기도 했지만, 얼마 지나지 않아 자신의 생각이 잘못되었음을 알게 되었다.

우리는 프랭크의 사례를 통해 학급회의의 구조와 질서를 만들어 학생들이 상호 존중하며 참여할 자유를 갖도록 하는 것이 얼마나 중요한가를 배울 수 있다. 프랭크는 친절함과 단호함의 균형을 훌륭하게 유지해냈다. 학급회의를 시작할 때는 전체가 원으로 둘러앉았으며, 충돌을 일으킬만한 학생끼리는 서로 떨어져 앉도록 했다. 그런 다음 학급회의 기술을 가르쳤다.

프랭크가 학급회의를 시작한 그해, 학교에서는 싸움으로 61건의 정학이 있었다. 하지만 프랭크의 반에서는 단 한 건의 정학도 없었으며 오히려 학생들은 규칙적으로 등교하고 학습능력 또한 향상되었다. 이 결과에 대해 학교장은 의아하게 여겼고 궁금증을 해결하기 위해 프랭크 반의 학급회의를 직접 참관했다. 교장은 학급회의야말로 학교폭력을 예방하는 탁월한 방법이라고 믿게 되었으며 프랭크에게 동료 교사에게도 학급회의를 운영하는 법을 알려 달라고 부탁하기에 이르렀다.

다음 해 1학년에서 6학년까지 모든 교사는 한 주에 적어도 네 번씩 학급회의를 열었다. 그 결과, 앤 플랫의 석사논문에 따르면 정학은 61건에서 4건으로, 기물파손은 24건에서 2건으로 줄었다고 한다.

다른 예를 하나 더 들어보자. 낙서 문제로 골치를 앓는 학교가 있었다. 매번 벽을 깨끗하게 칠해야 했고, 그러고 나면 학생들은 그 위에 또 낙서를 했다. 그러던 중 한 교사가 학생회에서 이 문제의 해결법을 찾도록 하는 것이 어떻겠냐고 제안했다. 학생회는 문제를 논의했고, 벽에 낙서하다 걸리면 다른 학생들이 보는 앞에서 벽에 페인트칠을 하도록 결정했다. 놀랍게도 낙서는 다시 발생하지 않았다.

이 이야기들은 학급회의의 수많은 성공 사례 가운데 극히 일부에 지나지 않는다. 교사가 학급회의에서 다양한 기술을 가르친다면, 교사로서 보다 수월하고 즐거운 시간을 보내게 될 것이다. 학생들이 소속감과 자존감을 갖도록 도와주는 것은 교사에게 가장 중요한 일이다. 학급회의는 학생들의 관심과 참여가 가치 있는 일이며 학생들이 스스로 변화를 이끌어낼 능력을 갖추고 있음을 깨닫게 하고, 참여를 통해 주인의식을 갖게 하는 가장 강력하고 효율적인 방법이다.

학급회의를 시작하는 것은 도전일 수도 있겠지만 일단 시도해보자.

연습은 성공으로 향하는 최선의 길이다. 학생들이 이번에 다루는 학급회의 기술에 익숙해지면 학급회의에 참여하려는 의지가 더욱 커질 것이다. 우리는 이미 학생들에게 문제 해결, 사회적 관심, 상호 존중, 격려, 협력과 같은 것을 가르쳐 왔으며 학급회의를 통해 이런 기술을 연습하고 더욱 향상시킬 수 있다.

학급회의를 진행하면서 PDC 학급회의의 8가지 기술을 소개하는 데만 두 달 정도 걸릴 수 있다. 또한 사회적, 정서적 기술을 배우는 데만도 몇 주가 걸리기도 한다. 공부를 매일 하는 것처럼 사회적 기술과 정서적 기술을 배우는 데도 꾸준한 연습이 필요하다. 학생들에게 이 기술을 하나하나 단계적으로 소개한다면 기술을 익히는 것이 지루하지는 않을 것이다. 이때 학생들이 어떤 기술을 배우게 되는지 먼저 알려주고 시작하자.

PDC 학급회의의 8가지 기술

1. 원으로 둘러앉기

2. 감사하고 칭찬하기

3. 다름을 존중하기

4. 존중하는 의사소통기술 사용하기

5. 해결방법에 집중하기

6. 롤플레잉과 브레인스토밍

7. 의제와 학급회의 형식 사용하기

8. 어긋난 목표 4가지 이해하고 사용하기

원으로 둘러앉기

어떤 교사는 학생들을 원으로 둘러앉게 하는 것이 번거로우며, 학생들이 책상에 앉기 때문에 원으로 둘러앉기가 어렵다고 생각한다. 하지만 학생들이 책상을 벽 쪽으로 밀고 의자를 원으로 배치하는 데는 60초도 걸리지 않는다. 다시 원상태로 돌아오는 것도 마찬가지다. 이 단순한 활동을 통해 학생들은 원으로 둘러앉는 방법과 협력을 배울 수 있다. 하지만 원으로 둘러앉기의 가장 중요한 의미는 모든 학생이 서로 바라보고, 말하기 막대Talking Bar를 넘기면서 모두가 말할 기회를 얻게 되어 상호 존중의 분위기를 만들 수 있다는 것이다. 어떤 학생은 한두 번 만에 원으로 만드는 기술을 익히지만 어떤 학생은 시간이 더 걸리기도 한다.

따로 연습하지 않아도 원으로 둘러앉기가 쉽게 진행될 수 있다. 하지만 그렇지 않다면 다음 활동이 도움될 것이다.

 ACTIVITY

원으로 둘러앉기

■ 목표
모두가 말하고 들을 수 있는 권리를 동등하게 가짐으로써 상호 존중의 민주적 분위기를 만든다.

존중의 분위기를 만드는 가장 좋은 방법은 학생들 앞에 책상을 두지 않고 의자만으로 원을 만드는 것이다. 이렇게 하면 모두가 서로 볼 수 있으며 학급회의는 학교생활 중에서도 뭔가 다르고 특별한 것이라고 여긴다.

■ 방법 1

1. 목표를 안내하고 직접 읽게 한다.

2. 학생들이 바닥과 의자 중 어느 곳에 앉을 것인지 결정한다. 이는 교사도 학생들과 눈높이를 같게 해야 하기 때문에 중요하다. 원을 어디에 만들지 알려준 다음, 칠판에 다음과 같이 행동수칙을 크게 쓴다.

'빠르고 조용하며 안전하게'

3. 어떻게 하면 더 빠르고 조용하며 안전하게 원으로 둘러앉을 수 있는지 묻고 학생들의 아이디어를 행동수칙 아래에 쓴다. 만약 가구를 치워야 한다면 이에 대해서도 논의하고 아래에 쓴다.

4. 브레인스토밍을 한 후에 칠판에 쓴 것 중에서 현실적으로 불가능하거나 존중과는 거리가 있어 지워야 할 아이디어가 있는지 물어보고 학생들의 의견에 따라 지운다. 그리고 남아 있는 방법을 그대로 따르면 되는지 묻는다.

5. 이 방법들을 따르면 원으로 둘러앉는 데에 얼마나 걸릴지 예상해보라고 하고 칠판에 쓴다. 얼마나 걸리는지 시간을 잴 지원자를 선정한다.

6. 함께 논의한 방법으로 원으로 둘러앉기를 하고 시간이 얼마나 걸렸는지 확인한다.

7. 원으로 둘러앉은 후 "어떻게 하면 다음번에 더 빠르고 조용하며 안전하게 원으로 둘러앉을 수 있을까요?"라고 묻는다. 이에 대해 학생들이 나

누는 이야기를 격려한다. 알지 못하는 사이에 앞으로의 학급회의를 위한 방침이 결정되는 것이다. 학생들은 설명을 듣는 것이 아니라 직접 참여해서 실행할 때 배울 수 있다.

8. 아까 했던 방식으로 책상과 의자 배치를 원래대로 할 것인지 물어보고 제시간에 할 수 있는지 지켜본다. 자리에 앉아서 이번 실습을 통해서 얼마나 배울 수 있었는지 토의하고 다시 시도해본다. 60초 이내에 원으로 둘러앉을 수 있을 때까지 반복해서 연습할 수 있다.

■ 방법 2

3~6단계를 생략하고 아무런 지시 없이 학생들 스스로 자리를 배치하게 한다. 이렇게 하면 매우 다양한 방법이 나온다. 책상과 의자를 함께 사각으로 배치하고 학생들은 책상 위에 앉거나, 책상을 교실 구석에 쌓아두고 의자로 원을 만들어 둘러앉거나, 책상과 의자를 교실 뒤로 밀어놓고 바닥에 원으로 둘러앉는 방법도 있다.

■ 방법 3

시작하는 단계에 좀 더 자세한 설명이 필요한 학생들도 있다. 따라서 교사가 필요하다고 생각하면 원으로 둘러앉는 좌석 배치도를 그려 설명할 수도 있다.

■ Tip

어떤 방법을 선택하든 학생들이 창의적으로 참여하도록 격려하자. 첫 번째 시도에서 제대로 되지 않았다면 그 이유에 대해서 토의하고 새로운 방법을 찾는다. 이런 활동을 통해 실수는 누구나 할 수 있으며, 실수가 오히려 새로운 정보를 얻어 다시 시도하는 좋은 기회가 된다는 것을 알게 된다.

또한, 학급회의 전에 학생들과 학급 도우미, 교사를 포함한 구성원 모두

가 원으로 둘러앉는 것이 중요하다. 만약 바닥에 원으로 둘러앉기로 했다

면 교사도 학생들과 눈높이를 맞춰 바닥에 앉아야 한다.

감사하고 칭찬하기

긍정적인 분위기로 학급회의를 시작함으로써 소속감과 자존감을 고
취할 수 있다. 학생과 교사 모두 감사와 칭찬의 말을 다른 사람에게서
듣고 싶어 한다. 그러나 대부분의 학생은 감사를 주고받는 것에 익숙
하지 않다. 이는 교사도 마찬가지일 것이다. 그러므로 이 기술을 가르
치고 PDC 학급회의를 시작할 때 활용해보자. 감사하기를 가르치는
방법 중 하나는 누군가가 자신을 기분 좋게 해주었던 때를 떠올리고
학급 전체 또는 모둠별로 그 경험을 돌아가면서 이야기 하는 것이다.

또 다른 방법은 다른 누군가에게 감사하고 싶은 것을 생각하도록 하
는 것이다. 연필을 빌려주었거나 숙제를 도와주었던 친구, 함께 놀고
산책했거나 점심을 먹었던 친구들을 예로 들 수 있다. 학생들이 감사
할 것을 찾는 데 많은 예를 들지 않아도 된다. 중학생의 경우에는 칭찬
이라는 말보다 감사라는 말을 덜 부담스러워한다.

다음은 '감사하고 칭찬하기'를 가르칠 수 있는 활동이다.

감사하고 칭찬하기

■ 목표

중요한 인생기술인 감사를 주고받는 방법을 배우고 PDC 학급회의를 긍정적으로 시작한다.

■ Tip

처음에는 감사를 주고받는 것이 어색하거나 우스워 보일 수 있다. 하지만 교사가 이 활동에 대한 믿음을 가지고 계속 연습하도록 한다면, 학생들의 인생기술은 향상되고 학급에 대해서도 긍정적인 마음을 갖게 될 것이다.

■ 방법

1. 칭찬을 주고받는 것이 익숙해질 때까지는 어색할 수 있다는 것을 이야기한다. "자전거를 처음 배울 때 익숙하지 않다고 포기하면 과연 몇 명이나 자전거를 배울 수 있을까요?"

2. 칭찬처럼 보이지만 모욕적으로 느껴지거나 마음을 상하게 하는 말의 예를 들어주는 것도 도움이 된다. "원래 너는 좀 이기적인 애잖아? 그런데 사탕을 나눠주다니, 정말 고마워"라고 말한 후 "이 칭찬은 무엇이 잘못되었을까요?"라고 묻는다.

3. 칭찬받았을 때 어떻게 해야 하는지에 대해 이야기를 나눈다. 간단하지만 '고마워'라고 답함으로써 칭찬의 말을 들었다는 것을 표현하게 한다. "누군가가 여러분을 위해 뭔가를 했을 때 어떻게 말하는 것이 예의 바른 태도일까요?" 학생들은 이미 그 답을 알고 있을 것이다.

4. 자신이 한 일 중에서 칭찬받고 싶은 것에 대해서 1~2분 정도 시간을 주고 생각해보게 한다. "칭찬받고 싶은 것이 생각 난 사람은 손을 들어 보세요." 아무것도 생각하지 못한 사람이 있다면 다음과 같이 이야기하여 모든 학생이 마음속에 칭찬과 관련된 것을 떠올리게 한다. "다른 사람을 위해서 뭔가를 했던 경험이나, 무언가 노력해서 이뤄낸 일처럼 칭찬받을 만한 것을 떠올려 보세요."

5. 원으로 둘러앉아서 말하기 막대를 돌린다. 말하기 막대가 자신에게 왔을 때 칭찬받고 싶은 것을 말하고, 자신을 칭찬해줄 왼쪽 친구에게 막대를 건넨다. 휘트니는 차례가 될 때까지 말하지 않고 참아낸 것을 칭찬받고 싶다고 말한다. 먼저 휘트니가 자신이 칭찬받고 싶은 것에 대해 말하면, 왼쪽에 앉아 있는 잭이 칭찬한다. "나는 휘트니가 자신의 차례가 될 때까지 말하지 않고 참아낸 것을 칭찬하고 싶어요." 그러면 휘트니는 "고마워"라고 대답한다. 그다음 잭은 자신이 칭찬받고 싶은 것을 말하고 그것을 칭찬해줄 왼쪽 사람에게 말하기 막대를 건넨다.

6. 이렇게 하다 보면 도움을 받지 않고서도 서로 칭찬할 것을 찾아낼 수 있다고 설명한다. 그러면 더욱더 진심이 담긴 칭찬을 할 수 있게 될 것이다. 이 활동은 학생들이 칭찬을 주고받는 것에 익숙해지도록 도와준다.

■ 심화 활동 : 주기, 받기, 넘기기

1. 학생들이 칭찬을 주고받는 것이 익숙해지면, 다음에는 주기와 받기, 넘기기를 한다. "말하기 막대가 자신에게 왔을 때 건네준 사람을 칭찬하고, 칭찬받고 싶은 것을 말했을 때, 먼저 손을 든 친구에게 막대를 넘길 수도 있어요."

2. 원으로 둘러앉아서 말하기 막대를 주기, 받기 또는 넘기기 활동을 할

때, 막대를 그냥 넘기는 학생들이 너무 많으면 주기와 받기로만 활동을 제한한다.

- Tip
어느 학급에서 '주기, 받기, 넘기기'를 하는 것을 본 적이 있다. 학생들이 칭찬받고 싶은 것을 편안하게 이야기하는 것이 매우 인상적이었다. 학급 회의를 하기 전에는 주목받지 못했던 학생조차도, 칭찬을 요청하면 많은 학생이 적극적으로 손을 들어 칭찬해주려는 모습이 감동적이었다.

효과적인 칭찬을 위한 조언

어떤 학생은 친구들의 주의를 끌기 위해 칭찬할 친구를 고르는 데 많은 시간을 쓰기도 한다. 이런 일이 생기면, 이것을 의제로 학생들과 토의를 한다. '친구를 고르는 데는 3초 정도만 쓸 수 있다'와 같은 좋은 아이디어가 나올 것이다. 교사가 규칙을 정해줄 수도 있지만, 학생들 스스로 정하는 것이 더 효과적이다.

초기에는 친구들의 옷차림이나 외모에 대해 칭찬을 하는데, 칭찬이 익숙해질 때까지 한동안은 내버려 둘 수도 있다. 다음 단계로 옮겨 갈 준비가 되면 옷차림이나 외모보다는 친구들이 한 일이나 성취한 것에 대해 구체적으로 칭찬하는 것이 중요하다고 가르친다. 예를 들면 "존, 나는 네가 내 친구인 것을 칭찬하고 싶어"라고 이야기했다면 "존이 칭찬받을 친구라는 걸 느끼게 했던 행동이 무엇인가요?"라고 묻는다. 그 학생이 어찌해야 할지 몰라 당황해하면 구체적인 사례를 알려준다. "'나와 함께 학교에 와 줘서 칭찬하고 싶어'라고 얘기해보면 어떨까요?"

어떤 학생이 "너는 멋있어"라고 말한다면 "'너는 멋있어. 왜냐하면, 모든 운동을 잘하잖아'로 표현해 볼까요?" 또는 "그 친구가 했던 멋진 일이 무엇이었나요?"라고 물어본다. 이렇게 좀 더 구체적으로 칭찬하는 법을 알려줄 수 있다.

학생들이 칭찬하는 것을 여전히 어려워한다면, 칭찬 대신 비판하거나 깎아내리는 것은 얼마나 쉽게 할 수 있는지 생각해보게 한다. "부정적이긴 쉬운데 반해 긍정적이긴 너무나 어렵다는 것을 어떻게 생각해야 할까요? 우리가 살아가면서 긍정적인 것을 더 많이 가질 수 있다면 더 좋지 않을까요? 우리가 더 긍정적인 것에 익숙해질 때까지 계속 연습해봅시다."

누군가가 칭찬을 가장한 비난을 한다면, 다시 해보라고 요청하거나 비난을 칭찬으로 바꾸도록 도와줄 수 있다. 그 학생이 칭찬을 가장한 비난을 제대로 된 칭찬으로 바꾸지 못한다면 학급 친구들에게 도움을 청할 수도 있다. 이것은 상처 입히는 것 대신 칭찬하는 것에 대해 배울 수 있는 좋은 사례가 된다.

여기서 학생들은 다른 사람의 마음에 상처 주지 않도록 주의를 기울이면서 칭찬하는 법을 배웠다. 학생들은 이런 개념을 바탕으로 누군가에게 마음의 상처를 받을 때의 느낌을 어렵지 않게 나눌 수 있다.

초기에는 학생들의 칭찬이 조금 불편하고 어리숙해 보일 수도 있다.

그러나 칭찬 관련 활동을 지속적으로 연습한다면 실력이 날로 좋아져서 학급에서 좀 더 좋은 감정을 느낄 수 있게 될 것이다. 학급회의를 규칙적으로 실시하면 회의 주제가 없어서 회의를 간단하게 끝내려 할 때 "그럼, 칭찬하기라도 해요"라고 학생들이 불평하기도 한다.

어떤 교사는 이렇게 칭찬을 연습하는 것이 진심이 들어 있지 않는다며 문제를 제기하기도 한다. 우리가 제안하는 활동은 단지 연습일 뿐이다. 학생들이 칭찬을 주고받는 연습을 하면서 어색함은 사라지고 진실함이 생겨날 것이다.

항상 칭찬과 함께 학급회의를 시작하지만, 이런 방식이 좀 지루하다면 각자의 취미나 학교에서 가장 좋아하는 것, 간절히 바라는 것, 좋아하는 음식이나 동물 등에 대해 이야기를 나누면서 시작할 수도 있다.

다름을 존중하기

다름을 존중하는 것에 대해 공부하는 것은 PDC 학급회의 8가지 기술 중에서 가장 중요하며, 특히 의사소통기술과 직접적인 연관이 있다. 학생들이 다름을 이해하고 존중하게 될 때 타인과 더 의미 있게 연결되어 의사소통할 수 있다.

개인의 독특한 사고방식을 이해하지 않는다면 인간의 본성과 행동을 이해할 수 없다. 두 사람이 같은 사물이나 상황을 보고 다른 결론을 내리는 것은 놀라운 일이 아니다. 가족과 지난 일에 관해 이야기를 나누다가 같은 상황을 서로 다르게 기억하고 있다는 것을 알고 놀란 적이 있는가? 개인의 사고방식은 이처럼 어떤 상황을 경험하고 의미를 부여하며 결정하는 자기 자신만의 고유한 방식이다.

많은 교사가 사람은 모두 서로 다른 존재이며 다르게 생각하고 다른 인식, 다른 목표를 가지고 있다고 말한다. 그러나 학생들에게는 같은 방식으로 듣고, 이해하고, 목표를 받아들이고, 말하고, 행동하는 순종적인 태도를 원한다.

이번에는 학생들이 서로 다름을 이해하고 존중하도록 격려해주는 재미있는 활동을 소개하려고 한다. 이 활동을 동료 교사와 함께해보자. 재미있을 뿐 아니라 서로 많은 것을 이해하게 될 것이다.

ACTIVITY

사자, 독수리, 거북이, 카멜레온

■ 목표
모든 사람은 다른 존재이며 다르게 생각한다는 것을 학생들이 이해할 수 있도록 도와준다.
친구들 각자의 서로 다른 장점을 칭찬하며 팀을 만드는 것이 중요함을 가르친다.

■ 준비물
사자, 독수리, 거북이, 카멜레온 그림 1장씩(또는 동물 모형이나 이름을

쓴 커다란 종이), 플립차트 4장(네 동물 중 하나는 맨 위에 있고 나머지 셋
은 아래쪽에 있는 차트), 마킹 펜

■ 방법
1. 교실의 네 귀퉁이에 플립차트를 한 장씩 걸어두고 마킹 펜을 근처에 놓
   아둔다.
2. 학생들에게 사람은 서로 다르며 다른 방식으로 생각한다는 것을 이해
   할 수 있는 재미있는 게임을 할 것이라고 말한다. 이 활동을 통해 사물
   을 볼 때 적어도 4가지 다른 방식이 있음을 알게 될 것이다.
3. 다음의 질문을 한다. "언제나 맞는 답과 틀린 답이 있다고 생각하는 사
   람? 어떤 것을 볼 때 오직 한 가지 방식만 있다고 생각하는 사람? 다른
   사람은 다 알고 있는데 나만 답을 몰라서 손을 든 일이 있는 사람? 우
   리는 이것과 관련된 답을 찾을 수 있는 활동을 할 것입니다."
4. 네 동물의 그림을 보여주고 "이 동물 중 하나가 된다면 어떤 동물이 되
   고 싶나요?"라고 묻는다. 학생들은 동물 하나를 선택하고 4개 모둠으로
   나눈다. 아무도 선택하지 않은 동물이 있다면, 진행을 위해서 그 동물을
   선택해줄 3명 정도를 모집한다. 나중에 사람들이 초점을 어디에 두느냐
   에 따라 어떤 동물의 장점 또는 단점을 발견하는 방법을 보여줄 수 있
   을 것이다.
5. 자신이 선택한 동물의 플립차트 근처에 가서 서게 한다.
6. 모둠마다 기록자 한 명을 정해서 그 동물을 선택한 이유를 플립차트 상
   단 중앙에 쓴다. 그리고 나서 선택하지 않은 동물들의 이유를 플립차트
   하단 중앙에 쓴다.
7. 플립차트들을 한데 모아서 붙인다. 먼저 한 모둠에서 그 동물이 되고 싶

다고 선택한 이유를 발표한다. 나머지 세 모둠에서는 그 동물을 선택하지 않은 이유를 읽는다. 각 모둠은 선택한 이유에 대해 발표를 하고, 발표가 끝나면 자기 생각과 느낌을 이야기할 거라고 미리 알려준다.

8. 모든 모둠이 발표한 이후, 이 활동을 통해 배운 것을 토의한다. 아마도 "사람들은 사물을 다르게 바라본다", "어떤 사람이 좋게 보는 것을 다른 사람은 나쁘게 볼 수도 있다", "모든 사람은 각각의 강점과 약점을 가지고 있다"와 같은 이야기가 나올 것이다. 어떤 특징이든 긍정적일 수도 있고 부정적일 수도 있으며, 정답이 한 가지만 있는 것이 아님을 알아차릴 때까지 계속 토의한다.

9. 각 동물의 장점에 대해 토의한다. 이번 장에서 학생들이 의사소통기술과 개인의 사고방식을 존중하는 것에 대해 배웠다면, 어떻게 존중의 분위기를 만들어 학급회의를 효과적으로 진행할 수 있는지 알게 되었을 것이다. 4장에서 다룬 4가지 어긋난 목표 행동은 학생들과 교사에게 개인의 사고방식을 더욱더 깊이 이해할 수 있도록 할 것이다.

존중하는 의사소통기술 사용하기

이번 장에서는 다양한 존중의 의사소통기술과 활동을 살펴보았다. 아직 해보지 않았다면 여기에 소개된 의사소통기술을 가르치는 활동을 해보자. 아니면 PDC 학급회의 중에 경청자 되기, 차례 지키기, 자신을 명확하게 표현하기와 같은 의사소통기술을 가르칠 수도 있다.

경청자 되기

■ 방법

1. '가장 즐거웠던 방학'과 같은 재미있는 주제에 대해 발표할 학생을 뽑는다. 발표하는 동안 앉아 있는 학생들은 할 이야기가 있는 것처럼 손을 들어 흔든다.

2. 발표자와 앉아 있는 학생들에게 모든 활동을 멈추게 하고 조금 전 어떤 것을 느꼈는지 이야기하게 한다. 발표자에게는 손을 흔드는 것이 어느 정도 방해가 되었는지 물어본다.

3. 발표자가 다시 발표한다. 이번에는 모든 학생이 경청 기술을 사용하여 듣는다.

4. 발표자는 활동 후 어떻게 느꼈는지 이전과 비교해서 이야기한다. 다른 학생들도 이번 활동에서 무엇을 느끼고 무엇을 배웠는지 이야기한다.

이후 PDC 학급회의를 하는 동안 경청하지 않는 학생들이 있다면 이렇게 물어본다. "우리가 경청 기술을 연습했다는 것을 알고 있는 사람은 손들어 보세요. 혹시 연습하지 않은 사람이 있나요?" 학생들이 손을 들어서 대답할 것이다. 일반적으로 이 문제를 교정하기 위해 더 이상 이야기할 필요는 없다. 왜냐하면, 앞에서 살펴본 'What&How 질문'을 통해서 스스로 어떻게 하고 있는지 알아차리기 때문이다.

차례 지키기

■ 목표

토의나 학급회의 중 경청하지 않음으로써 발생하는 문제를 예방한다.

■ 방법

1. 학생들이 옆으로 건네고 받을 수 있는 콩 주머니나 장난감 마이크 또는 말하기 막대와 같은 물건을 하나 고른다.

2. 물건을 받은 학생은 이야기를 하거나 제안하거나 '통과'라고 말할 수 있다.

3. 물건을 전달하며 물건이 두 바퀴를 돌 때까지 이야기한다. 물건이 도는 동안 내성적인 학생들은 친구들의 이야기를 들으면서 말하고 싶은 것을 생각할 기회를 갖는다. 이미 한 번 발표한 학생들도 다른 친구들이 하는 이야기를 들으면서 또 다른 아이디어를 생각할 수 있으므로 브레인스토밍의 효과도 커진다. 교사가 걱정하는 것처럼 그리 오랜 시간이 걸리지 않는다.

■ Tip

의지와 기회를 상징하는 말하기 막대와 같은 물건을 직접 손에 쥔다는 것은 권한을 갖게 되었다는 것을 의미한다. 어떤 학생들은 말하기 소품을 가졌을 때만 자기 생각과 아이디어를 말하기도 한다.

처음 시작할 때 다른 학생들보다 더 자세한 설명이 필요한 학생들도 있다. 설명할 때는 What&How 질문법을 이용할 수 있다.

"다른 사람이 이야기할 때 존중하며 자신의 차례를 기다리는 것이 중요하다고 생각하는 사람은 손들어 보세요."

"문제가 있을 때 서로 도와주는 친구가 많은 교실을 좋아하는 사람은 손들어 보세요."

"문제가 생겼을 때 처벌을 받거나 굴욕감을 느끼게 하는 대신 해결방법을 찾아내는 것이 좋은 방법이라고 생각하는 사람은 손들어 보세요."

직접 말하는 것보다 질문을 받고 같은 생각임을 손을 들어 표현하는 방법은 학생들이 소속감과 주인의식을 느끼게 한다.

실천 사례

진정한 공동체는 이런 거예요!

PDC 2일 워크숍에 참가한 이후 지난해 초부터 학급회의를 실천하고 있어요. 학생들이 교실에서 스스로 결정하고 리더십을 키우는 것을 보면 놀라지 않을 수 없습니다. PDC를 실천하면서 교실은 학급 구성원 모두를 위한 공간이며, 성적이 우수하지 않더라도 누구든지 친구들로부터 도움을 받을 수 있다고 생각하게 되었습니다. PDC를 통해 우리 학급은 진정한 공동체가 되었으며 우리 학급만의 특성을 발휘하는 데 큰 도움이 되었습니다.

줄리 길버트, 스페인어 교사

연습하고 연습하고 연습하라

의사소통기술이 학습 기술만큼 중요하다고 믿는 교사는 많지만, 학생들이 그것을 연마하도록 매일 연습할 기회를 주는 교사는 많지 않다. PDC 학급회의는 효과적인 의사소통기술을 정기적으로 연습할 기회를 제공한다. 이를 실천한 교사들은 학생들이 학교에서 생활하면서 의사소통기술을 자연스럽게 사용하는 것을 보고 들으면서 큰 기쁨을 느끼곤 한다.

이어지는 학급회의 기술 4가지는 문제 해결을 위한 처벌을 하지 않는 것에 초점을 둔다. 이 기술들을 가르치는 데 학급회의를 몇 차례 진행해야겠지만 학생들의 문제 해결 능력이 향상되는 것을 지켜볼 좋은 시간이 될 것이다.

해결방법에 집중하기

처벌 대신 해결방법에 집중하는 것이 훨씬 효과가 있다는 사실이 명확한데도 이 말에 동의하지 않는 사람이 적지 않다. 처벌이 단기적인 효과는 있지만 장기적으로는 부정적인 영향을 미친다는 것은 이미 수많은 연구 결과에서 증명하고 있다. 또한, 자신의 경험을 통해 처벌의 부정적 영향에 대해서 알고 있다. 그럼에도 불구하고 해결방법에 집중하는 것을 받아들이지 못한다.

교사와 학생들이 다음 활동을 하고 나면 해결방법에 집중한다는 개념을 명확하게 이해하게 될 것이다.

논리적 결과 VS 해결방법

■ 목표

교사와 학생들이 논리적 결과 대신 해결방법에 집중하는 것이 더 가치 있다는 것을 안다.

■ Tip

논리적 결과는 잘못 사용되는 경우가 많다. 너무 많은 교사와 학생이 처벌을 논리적 결과로 바꾸어 부르곤 한다. 이런 문제를 해결하는 가장 좋은 방법은 논리적 결과 대신 해결방법에 집중하는 것이다.

■ 방법

1. 커다란 플립차트의 좌측 상단에 '논리적 결과'라고 크게 쓴다.
2. 2명의 학생에게 자주 지각하는 역할을 부탁하고 이 안건으로 가상 학급회의를 진행한다(초등학교에서는 쉬는 시간 후 늦게 들어오는 것이나 고등학교에서는 아침에 지각하는 것 등을 다룰 수도 있다). 학생들에게 이 문제를 해결하기 위한 논리적 결과를 브레인스토밍하게 한다. 그들의 아이디어를 '논리적 결과' 아래에 기록한다.
3. 플립차트 우측 상단에 '해결방법'이라고 크게 쓴다. 학생들에게 조금 전의 논리적 결과는 잊고 지각하는 학생들이 교실로 제시간에 들어오도

록 도와줄 수 있는 방법에 대한 아이디어를 브레인스토밍한다. 그 아이디어들을 '해결방법' 아래에 기록한다.

4. 두 목록에 대해 토론한다. 어떤 차이가 있는가? 두 목록 중 하나는 처벌처럼 느껴지지 않는가? 두 목록 중 하나는 미래를 위해 도와주는 것보다 과거에 더 집중하고 있지 않은가? 논리적 결과를 브레인스토밍할 때보다 해결방법을 브레인스토밍할 때 학생들에게서 뭔가 다른 에너지가 느껴지지 않았는가?

5. 지각을 자주 하는 역할을 한 2명의 학생에게 다음부터 수업 시작 시간을 지키는 데 도움이 되는 제안을 고르게 한다. 그들은 어떤 제안을 고르는가?

6. 학생들에게 이 활동을 통해 무엇을 배웠는지 물어본다.

한 학급의 활동 결과를 살펴보자. 첫 번째 목록은 지각하는 학생을 위해 논리적 결과를 브레인스토밍한 것이다. 두 번째 목록은 같은 학생들이 논리적 결과에 대한 생각을 멈추고 지각하는 학생이 다음부터 교실에 제시간에 오는 것을 도와주는 해결방법에 집중해서 브레인스토밍한 것이다.

논리적 결과

• 칠판에 지각하는 사람의 이름을 적는다.

• 방과 후 일정 시간 동안 남는다.

• 내일 휴식 시간 중 일부를 빼앗는다.

- 내일은 휴식 시간을 주지 않는다.

- 선생님이 야단친다.

해결방법

- 종이 울리면 친구들이 어깨를 두드려준다.

- 모두가 "종 쳤어"라고 외친다.

- 두 학생이 종소리를 들을 수 있는 곳에서 논다.

- 들어올 시간이 되었다는 것을 알려줄 친구를 고른다.

- 다른 학생들이 들어갈 때 그것을 지켜보게 한다.

- 종소리를 더욱 크게 한다.

해결방법에 집중하게 하는 또 다른 방법은 '3R 1H'를 기억하게 하는 것이다.(더 자세히 알고 싶다면 2장과 7장을 참고하라.)

연관성Related : 문제와 해결책이 관련이 있는가?

존중Respectful : 해결책이 존중하는 방식인가?

합리성Reasonable : 해결책이 합리적인가?

도움Helpful : 문제 해결에 도움이 되는가?

학생들이 이 과정에서 무언가 배우고 있으며 실수 또한 할 수 있다고 생각하는 것은 매우 중요하다. 학생들은 완벽하지 않고 성장하는 과정에 있다. 예를 들면, 어떤 학급에서는 의자를 뒤로 기울이는 학생에게 뒤로 나가서 서 있게 했다. 모든 학생이 이것이 도움이 되는 해결방법이라고 동의한 것이다. 그러나 그 문제는 학급회의 의제로 곧바로 다시 올라왔다. 나가 서 있는 것이 앉아 있는 다른 학생들에게 방해된다며 몇몇 학생이 문제를 제기했기 때문이다. 또한, 문제를 해결하기 위해 충분히 토의했는지도 다시 확인했다. 이미 학생들은 의자를 뒤로 기울이는 행동을 멈추었기 때문에 토의를 하는 것만으로도 충분히 의미 있었다.

과정을 신뢰하라

처벌 대신 친절하고 단호한 해결방법을 경험하면서 학생들은 자신과 타인을 존중하는 법을 배우고 서로 연결되는 것을 느끼며 자신의 행동을 바꿔야겠다고 다짐하게 된다. 학생들은 용기와 신뢰 그리고 우리 사회에서 성공적으로 사는 것을 도와주는 인생기술을 배운다.

실천 사례

어린아이들이 찾아낸 방법

제 이야기는 일곱 살 반을 가르치는 동료 교사 베네딕트에 대한 것입니다. 이전의 베네딕트 교실은 너무 시끄러워서 조용히 시키려면 많은 노력이 필요했어요. 베네딕트는 저와 함께 PDC 워크숍에 참여한 이후 PDC와 PDC 학급회의를 사용하기 시작했습니다. 여덟 살 반에서 처음으로 PDC 학급회의를 했던 날은 교사생활에서 최고의 날이었다고 하더군요.

그 날 회의 의제는 '교실에서 조용히 하기'였습니다. 베네딕트가 아이들에게 조용히 하라고 할 때 어떻게 느끼는지 묻자 한 학생이 선생님이 너무 간 간하게 느껴졌다고 말했어요. 베네딕트는 아이들이 그렇게 느끼는 것을 이해한다고 말했습니다. 그리고 PDC 학급회의에서는 비판받지 않고 이야기할 자유가 있다는 말도 덧붙였습니다. 회의 결과 학생들은 큰 종이에 입과 X자를 표시한 그림을 그려서 사용하자고 했습니다. 만약 너무 시끄러우면 교사가 다른 이야기를 할 것 없이 그 그림을 아이들에게 보여주기로 결정한 것입니다. 베네딕트는 아이들의 아이디어에 깊이 감동했고, 이렇게 그림을 그리는 방법은 한 번도 생각해본 적이 없다는 이야기도 덧붙였습니다. 그것은 매우 효과적이었습니다. 그 후론 그림을 보여주면 곧바로 조용해졌기 때문입니다.

나딘 가우딘, 프랑스 PDC협회

롤플레잉과 브레인스토밍

학생들이 앞에서 설명한 학급회의 기술 5가지를 배웠다면, 이제 롤플레잉과 브레인스토밍을 할 준비가 되었다. 활동을 하기 전에 이 기술을 연습하는 데 필요한 적당한 문제를 하나 고른다. 그리고 이번 회의에서는 문제를 실제로 해결하는 것보다 롤플레잉과 브레인스토밍 기술을 배우는 것이 더 중요하다고 이야기한 후 활동을 시작한다.

롤플레잉

롤플레잉에는 3가지 중요한 장점이 있다.

1. 재미있다. 대부분의 학생이 롤플레잉을 좋아하고 또 하고 싶어 한
   다. 특히 선생님의 역할을 맡을 때는 더욱 그렇다.
2. 문제를 더 잘 알게 하고 깊이 있게 이해하도록 도와준다.
3. 감정을 가라앉힐 수 있다. 학생들이 롤플레잉에 즐겁게 참여하기
   시작하면 분노 등의 격한 감정이 조금씩 누그러진다.

ACTIVITY

롤플레잉

■ 목표

효과적인 문제 해결기술인 롤플레잉을 배운다.

■ Tip

롤플레잉은 학생들이 다른 사람의 입장을 더욱 깊이 이해할 수 있도록 도
와준다. 롤플레잉에 즐겁게 참여하는 것은 브레인스토밍할 때 더욱 긍정
적으로 참여하는 데도 효과적이다.

■ 방법

1. 롤플레잉으로 해결할 문제를 하나 고른다(예: 지각, 욕하기, 끼어들기).

2. 활동하기 전에 롤플레잉을 해본 경험이 있는지 물어본다. 없다고 하면 롤플레잉은 어떤 문제 상황에서 다른 사람의 역할을 해보는 놀이 같은 것이라고 알려준다.

3. 롤플레잉을 위한 비법 두 가지를 맞추는 게임을 해보는 것도 재미있다. "내 마음속에 롤플레잉 비법 두 가지가 있어요. 그것이 뭔지 알아맞혀 볼 사람?"하고 질문한다. 학생들은 "잘 들어요", "차례를 기다려요", "선생님이 하라는 대로 해요", "부드럽게 말해요"와 같은 다양한 대답을 할 것이다. 대답해준 것에 대해 고마움을 표현하고 다음과 같이 말한다. "아주 좋은 아이디어를 많이 이야기해주었네요. 물론 그것 모두 다 비법이라고 할 수 있고 실제 롤플레잉에서도 그렇게 할 거예요. 하지만 선생님의 마음에 있는 비법 두 가지는 바로 '과장해서 연기하라'와 '즐겨라'입니다." 대부분의 학생은 즐겨야 한다는 규칙을 생각해내지 못한다. 하지만 추측하고 말하는 과정을 통해 학생들은 이미 문제 해결 과정으로 빠져든다. 그리고 교사도 학생들이 이야기한 것들에서 더 많은 것을 배운다. 어린 학생들과 함께할 경우 과장해서 연기하는 것의 의미를 좀 더 자세하게 설명해줄 필요가 있다.

■ Tip 1

무엇이든지 완벽하게 해내야 한다고 생각하는 학생들도 있다. 이 학생들에게는 롤플레잉을 완벽하게 하지 못하는 것에 대해 걱정하지 말라고 이야기할 필요가 있다. 실제 삶의 경험을 짧은 시간에 생생하게 보여주기 위해서 역할 연기자들이 과장해서 연기하는 것은 친구들이 배우는 데 도움이 된다고 설명한다. 롤플레잉은 연기를 얼마나 완벽하게 하는가를 평가하는 것이 아니라 서로 도우면서 배울 기회를 얻는 것이라고 다시 한 번 더 알려준다.

4. 학생들에게 함께 롤플레잉 상황을 만든다. 모든 학생이 다양한 역할을 연기할 수 있을 정도로 자세하게 상황을 상상하고 묘사한다. 상황을 좀 더 자세하게 만들기 위해서는 다음의 질문이 효과적이다.

- 무슨 일이 일어났나요?
- 다음엔 무슨 일이 있었나요?
- 문제가 있는 사람이 어떤 행동을 했나요?
- 다른 사람들은 어떤 행동을 했나요?
- 서로 무슨 이야기를 했나요?
- 다른 사람들은 어떤 행동을 하고 무슨 이야기를 했나요?

5. 문제를 자세하게 묘사했다면 학생들에게 영화감독이 되라고 이야기한다. 이 상황을 롤플레잉하기 위해서 연기자가 몇 명이나 필요한지 정한다. 칠판에 필요한 모든 것을 기록한다.

6. 기록한 것을 바탕으로 각 연기자가 연기해야 할 말과 행동을 흐름에 따라 살펴본다. 역할마다 연기할 사람을 지원받는다. 실제로 문제가 있는 학생이 참여하여 다른 역할을 연기해보는 것이 좋다. 예를 들면, 욕을 하는 학생이 욕을 먹는 학생의 역할을 해보거나 실제 문제가 있는 학생이 청중이 되어 다른 학생들의 연기를 관찰할 수도 있다.

7. 청중은 원으로 둘러앉고 연기자들은 무대 중앙에서 연기를 한다. 연기자들에게 옳고 그른 것에 대해 걱정하지 말고 자기 역할을 연기하면 된다고 이야기한다. 욕하는 학생이 욕먹는 학생 역할을 연기하는 것처럼 문제 학생이 그 문제로 인해 힘든 학생의 역할을 해보게 한다. 이런 과정을 통해 그 학생은 다른 사람의 마음을 이해할 기회를 갖는다.

■ Tip 2

롤플레잉을 오래 해야 하는 것은 아니다. 어떤 상황은 1~2분으로도 충분하다. 롤플레잉 연기자들이 신속하게 역할을 파악하고 필요한 정보를 도출하고 감정을 느끼도록 한다. 한 번 실시한 후에 좀 더 자세하게 해야 할 부분이 있다면 보충해서 다시 한다. 학생들은 대부분 롤플레잉을 좋아하며 같은 장면을 몇 번이라도 반복하고 싶어 하는 경우도 있다. 특히 학생들은 교사 역할을 해보거나 교사가 학생 역할을 하는 것을 매우 좋아한다.

8. 롤플레잉을 한 후에 연기자들에게 역할극을 하면서 무슨 생각이 들었고 어떤 감정을 느꼈으며 무엇을 배웠는지 물어본다.

■ Tip 3

롤플레잉을 한 후 자신의 생각을 이야기하는 것은 사건에 대해 더욱 깊이 이해하게 해주므로 매우 중요하다. 예를 들면, 롤플레잉에서 교사가 욕한 아이에게 벌을 주고 이로 인해 욕하는 것을 멈추면 문제가 해결된 것처럼 보일 수 있다. 그러나 벌 받은 역할 연기자는 '나는 나쁜 아이야' 또는 '다음에 더 심하게 복수할 거야'라고 생각할 수 있다. 학생들에게 롤플레잉에서 무엇을 배웠는지 물어보면, 문제를 이해하고 해결하는 것 대신 잘못한 것을 찾아서 비난하는 것을 배웠다고 이야기할 수도 있다. 이렇게 롤플레잉을 하고 난 후 이야기를 나누는 것은 학생들이 건전하고 지속적인 결과를 낼 수 있는 문제 해결방법을 찾도록 도와준다.

어느 날 중학교 3학년 여학생 두 명이 식당에서 크게 다투었다. 한 여학생이 줄을 서서 기다리는 중에 다른 여학생에게 찔렸다고 했고 그 여학생은 그러지 않았다고 부인했다. 점심 식사 후 교실로 돌아와서도 두 학생은 몹시 화가 나 있었다. 심지어 찔렸다는 여학생이 다른 여학생에게 방과 후에 이 문제에 대해서 마지막으로 한 번 더 이야기하자고 위협적으로 말하기에 이르렀다.

교사는 이 문제를 어떻게 다뤄야 할지 난감했다. 문제에 관해 토론하기 전에 냉각기를 갖는 것이 좋겠다는 생각도 들었지만, 학생들을 믿어보기로 결심하고 비정기 학급회의를 열었다. 이번에는 칭찬하기를 생략하고 바로 식당에서 일어난 일로 롤플레잉을 시작했다. 먼저 그 상황을 목격한 학생이 자세하게 상황을 설명했다. 그런 다음 롤플레잉에 참여할 학생들을 신청받았다.

상황 설명을 들은 다른 학생들은 두 사람이 가장 친한 친구이며 찔렸다는 여학생이 찌른 여학생에게 문제를 제기하고 있다는 것을 알게 되었다.

서로 입장을 바꿔 문제를 제기한 학생은 '찌른 사람'의 역할을, 문제 제기된 학생은 '찔린 사람'의 역할을 맡았다. 이 말만으로도 교실은 곧바로 웃음바다가 되었으며, 굳이 브레인스토밍을 하지 않아도 되겠다는 결정을 내리게 되었다.

롤플레잉은 새로운 관점에서 문제를 볼 수 있게 해준다. 때로는 위의 경우처럼 웃음을 주기도 하고, 어떤 경우에는 우스워 보이는 상황 속에 숨어 있는 중요한 부분을 만나게 하기도 한다. 그리고 모든 사람이 전체 그림을 볼 수 있는 정보를 주기도 한다.

다른 예로 식당에서 한 남학생이 던진 음식 때문에 화가 난 여학생이 있었다. 여학생은 이 사건을 학급회의 의제로 신청했다. 이 장면을 롤플레잉하고 나서 학생들에게 무엇을 생각하고 느끼며 결심했는지 물어보았다. 음식을 던진 역할을 한 남학생은 재미있었으며 다른 사람들이 자신에게 주목하는 것이 좋았다고 말했다. 음식을 맞은 학생 역할을 한 여학생은 기분 나쁘고 당황스러우며 다시는 식당에 가고 싶지 않다고 말했다. 식당에 있던 다른 학생 역할을 한 학생들은 재미있기도 하고 무섭기도 했다고 말했다. 어떤 학생은 자신이 그런 곤경에 빠지게 될까 봐 두려웠고 어른이 나서서 뭔가를 해주기를 원한다고 말했다. 음식을 던졌던 학생은 자신이 재미로 했던 행동이 다른 사람들을 기분 나쁘고 두렵게 만들었다는 것을 알고 깜짝 놀랐다.

브레인스토밍

롤플레잉을 한 후 바로 이어서 브레인스토밍을 하면 더 효과적이다. 이때 짧은 시간에 최대한 많은 해결방법을 내놓는 것이 좋다.

다음은 브레인스토밍을 가르치는 데 유용한 활동이다. 이 활동을 통해 학생들은 어떻게 해결방법을 찾는지 배우게 될 것이다. 친구들의 감정과 결심을 이해하는 것이 브레인스토밍할 때 유용한 정보가 된다.

브레인스토밍

■ 목표

서로 아이디어에 대해 비판하거나 분석하지 않고 문제 해결 아이디어를 모은다.

■ Tip

학생들은 자신이 낸 아이디어가 평가받지 않을 때 더 자유롭게 해결방법을 발표한다. 비난에 대한 긴장과 두려움이 사라짐으로써 활동에 안전하게 참여할 것이다.

■ 방법

1. 롤플레잉 했던 문제 상황(끼어들기, 욕하기 또는 지각 등)을 이용한다.

2. 학생들에게 브레인스토밍이란 짧은 시간 내에 가장 많은 아이디어나 해결방법을 생각하고 표현하는 과정이라고 설명한다. 처음에는 우스꽝스럽거나 별난 아이디어를 낼 수도 있지만, 점차 자연스럽게 창의적인 아이디어가 나올 것이라고 설명한다. 실제로 우스꽝스러운 아이디어가 실용적인 아이디어를 이끌어내기도 한다.

3. 학생들이 발표한 아이디어를 칠판이나 플립차트에 쓴다. 이때 분석, 토론 또는 비난하지 않는다. 단지 쓰기만 한다. 설령 아이디어가 실제로는 의미가 없을지라도 그것은 제안일 뿐이다. 모든 아이디어는 중요하므로 다 받아쓰도록 한다.

4. 브레인스토밍이 끝나면 가능한 해결방법 목록이 생긴다. 이 목록을 어떻게 활용할지는 다음에 설명하는 '해결방법 선택하기'를 참고한다.

브레인스토밍을 할 때 우스꽝스러운 의견이나 활동을 방해하는 것으로 지나치게 관심을 끌려는 학생이 있을 수 있다. 그런 학생의 아이디어도 어떤 비난이나 감정 없이 그냥 받아 적는다. 오히려 이렇게 하는 것이 지나친 관심 끌기를 진정시키는 데 도움이 된다.

이와 관련된 사례를 소개한다. 브레인스토밍을 하던 중, 한 학생이 해결방법으로 '그 학생에게 소리 지르기'라는 아이디어를 냈다. 교사는 그 제안을 무시하고 적지 않았다. 그러자 그 학생은 다시 같은 아이디어를 제안했다. 하지만 역시나 교사에 의해 거부되었다. 자신의 제안이 계속 거부되자 이 학생은 더 큰 소리로 의견을 말하며 학급회의를 방해했다. 만약 교사가 그 제안을 바로 적었다면, 아마도 그렇게 하지 않았을 것이다.

다른 브레인스토밍 상황에서 한 학생이 '책상에 묶어두기'라는 제안을 했다. 교사는 어떤 말도 하지 않고 그냥 아이디어를 받아 적고 다음으로 넘어갔다. 그 학생은 자신의 제안으로 평소에 받던 부정적인 주의를 끌지 못하는 것에 좀 상심하는 듯했다.

학생들은 문제 행동을 하고 상대에게 기대했던 반응을 얻지 못하면 행동을 멈추는 경향이 있다. 그런 행동은 우선 내버려두자. 어차피 그 제안은 존중을 바탕으로 하지 않기 때문에 마지막에는 목록에서 제외될 수밖에 없다.

브레인스토밍이 끝나고 학생들에게 해결방법 목록에서 존중을 바탕으로 하지 않는 것이 있는지 물어볼 수 있다. 아니면 모든 제안을 그대로 남겨두면 어떤 일이 생길지 함께 생각해볼 수도 있다. 학생들이 이

전에 존중을 바탕으로 하지 않은 제안을 선택해본 경험이 있다면, 그런 제안은 남겨두지 않을 것이다. 이미 학생들은 가장 도움이 되는 제안을 선택하는 데 탁월하기 때문이다.

실천 사례

1학년 학생들의 학급회의

우리 반은 1, 2학년 학생들이 함께 공부합니다. 요즘 학생들은 학급회의에 관한 호기심이 계속 커지고 있어요. 학생들은 보통 자신들이 제시한 안건이 해결되길 바라는 경향이 있는데 어제는 문제를 해결하지 않고 그냥 이야기만 하자고 하더군요. 의제로 다룬 문제는 2학년 학생들이 1학년 학생들의 장난감 삽을 가져가는 것이었습니다. 말하기 도구 인형을 돌리며 차례로 이야기하는 동안 '교사의 간섭 없이 이야기하는 것'의 효과를 느낄 수 있었습니다.

안건을 제안한 학생들은 나머지 학생이 자신들의 편을 들어 2학년 학생들을 공격하기를 바랐습니다. 하지만 다른 학생들은 2학년 학생들의 입장을 설명하며 그 학생들도 아지트를 만들기 위해 장난감 삽이 필요하다고 했습니다. 또 다른 학생들은 2학년 학생들이 다양한 놀이도구(가짜 잔디, 지점토, 막대기 등)를 독점하는 것은 불공평하다고 이야기했습니다. 이후 아이들은 다양한 해결방법을 내놓았습니다. 2학년들 손에 닿지 않는 나무 높은 곳에 서로 목마를 해서 올려놓자는 의견도 있었고 어른들에게 말하자는 의견도 있었습니다. 또 복수를 하는 것은 더 큰 문제를 일으킬 수 있다는 의견도 있었습니다.

그냥 옆에서 아이들이 말하는 것을 경청하는 것은 아이들을 더 잘 이해할 수 있는 기회였습니다. 사실 학생들이 문제에 대해 이렇게 깊이 있게 의논할 수 있다는 것에 많이 놀랐습니다. 아이들은 제가 말하려고 했던 다양한 내용을 스스로 말하더군요. 제가 굳이 '설교'하지 않아도 아이들이 주도하여 토의하며 제가 하고 싶었던 이야기들을 스스로 찾아내고 받아들이는 것을 보면서 참으로 흐뭇했습니다. 이 경험으로 학생들이 가진 능력과 함께 이야기하는 것의 힘을 더욱 신뢰하게 되었습니다.

아드리안 가르시아, PDC 트레이너

해결방법 선택하기

다음은 앞에 나온 음식을 던진 문제를 해결하기 위해 롤플레잉을 한 후 브레인스토밍을 한 목록이다.

- 음식을 던진 남학생이 사과한다.
- 여학생이 음식을 도로 던진다.
- 교사가 그들에게 멈추라고 말한다.
- 남학생을 교장실로 보낸다.
- 여학생을 다른 자리에 앉게 한다.
- 여학생이 식당 직원에게 말한다.
- 여학생이 "나에게 음식 던지지 마!"라고 말한다.
- 여학생이 남학생이 음식을 던진 행동을 무시한다.
- 여학생이 포수미트를 착용한다.

한 학생에게 칠판에 적힌 모든 제안을 큰 소리로 읽어달라고 부탁했다. 그런 다음 문제를 제기한 여학생에게 가장 적당한 것 하나를 선택하게 했다. 그 여학생은 '남학생을 교장실로 보낸다'는 제안을 선택했다. 교사는 여학생에게 그것이 도움이 될지 물었다. "그 남학생이 어려움을 겪고 나면 네 기분이 좀 좋아질까?" 여학생은 이에 대해 다시 생각했다. 교사는 혹시 마음이 바뀌었는지 한 번 더 물어보았다. 그 여학생은 '남학생이 사과하는' 첫 번째 제안을 골랐다. 교사는 그 남학생에게 지금 학급회의에서 사과할 것인지 아니면 나중에 개인적으로 사과할 것인지 물었다. 남학생은 지금 사과하는 것에 동의하고 바로 실천했다. 남학생에게 어떤 제안이 자신에게 가장 도움이 되겠느냐고 물었을 때도 그 여학생에게 사과하는 게 가장 좋겠다고 대답했다. 남학생도 더 이상 그 여학생을 화나게 하고 싶진 않았기 때문이다.

이 사례는 브레인스토밍을 통해 얻은 아이디어 목록에서 해결방법을 고르는 과정을 잘 보여준다.

아이디어 목록에서 해결방법 고르기

1. 칠판에 기록한 제안들을 함께 읽거나 학생 한 명에게 읽게 한다.

2. 자신의 문제를 학급회의 의제로 제기한 학생이 가장 도움이 될 만한 제안을 고르도록 한다. 만약 다른 학생이 그 문제와 관련되어 있다면 그 학생도 가장 도움이 될 것 같은 제안을 고르게 한다.

3. 모든 학생이 관련되어 있다면 다음과 같이 묻는다. "그 제안이 여러분이나 다른 사람들 또는 우리 학급에 어떤 도움이 될 것 같나요?"

4. 교사는 학생에게 선택한 제안을 언제 실행할지 선택하게 한다.

학생들이 선택한 제안은 어떤 것이든 적어도 일주일 동안은 실천해 보려 노력해야 한다. 만약 제대로 해결되지 않았다면 누구든 그 문제를 학급회의 의제로 다시 제기할 수 있다.

어떤 교사들은 이런 방법이 잘못된 행동을 하고도 책임을 모면하게 하는 게 아니냐는 우려 섞인 이야기를 한다. 하지만 PDC에서는 그 과정을 믿고 좀 더 용기 내어 실천해보라고 격려한다. 이 과정을 거치면 대체로 그 문제들은 더 이상 일어나지 않았다. 그것이 과거의 잘못된 행동에 대한 대가를 치르게 하는 것보다 더 중요하지 않은가? 문제 행동을 멈추게 되는 몇 가지 이유를 소개한다.

문제 행동을 멈추게 하는 방법

1. 상호 존중이 바탕이 되는 토의는 자기 행동이 타인에게 미치는 영향력을 알아차리게 한다.

2. 그 학생들은 지나친 관심 끌기, 힘의 오용, 보복과 같은 이득을 얻지 못한다. 믿기 어려울 수도 있겠지만, 학생들은 처벌에 대한 대가를 치르는 것쯤은 그렇게 해서 얻는 이득에 비하면 아무것도 아니라고 여기기도 한다.

3. 교사와 친구들이 잘못된 행동을 한 학생을 존중하는 태도로 대하면 그 학생은 소속감을 느끼고 자존감이 커진다. 이것만으로도 이전에 그 행동을 하게 한 신념을 변화시키기에 충분하다.

4. 서로 존중하는 분위기를 만들면 다른 학생들의 문제 행동에도 긍정적인 영향을 미친다.

해결방법 투표하기

투표는 축제나 쉬는 시간 사용법, 줄 서기, 식당 문제와 같이 학급 전체와 관련된 문제의 해결방법을 찾고자 할 때 적절한 방법이다. 협동심을 높이고 모두 만족할 수 있도록 해결방법에 대해 학급 전체가 합의하는 것이 좋다. 투표하지 않고 모두가 합의하는 방법을 고를 때까지 계속 토의해야 하는 경우도 있다.

학생들 스스로 가장 도움이 될 만한 제안을 선택하도록 하는 것은 학생들의 책임감을 키워준다. "그 제안이 자신과 학급 또는 다른 사람들에게 어떤 도움이 될까요?"라고 묻는 것은 학생들이 장기적인 결과에 대해 생각할 기회를 준다. 롤플레잉과 브레인스토밍으로 해결방법을 찾는 것은 학교생활뿐만 아니라 미래의 사회생활에도 매우 큰 도움이 되는 사회적 기술이자 인생기술이다.

때로는 토의만으로도 충분하다

롤플레잉이나 브레인스토밍이 필요하지 않을 때도 있다. 간단한 토의라고 해서 그 효과를 과소평가하지 말아야 한다. 어떤 문제에 대해 토의하는 것은 학생들이 자신의 목소리를 내고 감정을 공유하고 제안할 수 있는 기회가 된다. 서로 존중하는 토의에 적극적으로 참여한 학생은 교사의 훈계를 듣거나 비난받을 때보다 서로의 이야기에 훨씬 더 귀를 기울이는 경향이 있다.

교사 입장에서는 이렇게 토의하는 것이 재미있을 수도 있지만, 짜증이 날 수도 있다. 왜냐하면, 학생들이 열심히 토의하고 내린 결론이 이전에 학생들이 한 귀로 듣고 다른 한 귀로 흘려보낸 교사의 이야기와 크게 다르지 않기 때문이다. 교사는 이 결과를 보고 좌절감을 느끼거나 무시당한다고 생각할 수도 있다. 반면에 학생들이 토의를 통해 결국 교사가 했던 이야기로 결론 내리는 것에 감사할 수도 있다.

의제와 학급회의 형식 활용하기

의제 활용하기

학생들에게 PDC 학급회의에서 다룰 의제를 공책이나 칠판, 의제 상자에 모을 것이라고 이야기한다. 여기에 모인 문제나 사안을 학급회의에서 토의한다. 회의에서는 서로 도움이 되는 해결방법을 찾기 위해 학급 전체가 함께 참여하며 그 결과 가장 도움이 되는 방법을 선택하게 된다. 한 학생이 다른 학생에 대한 불만을 이야기하려고 교사에게 왔다면 이렇게 말해보자.

"도움이 될 만한 해결방법을 스스로 찾아내지 못하겠다면 학급회의에서 이야기해보자꾸나. 그 문제를 회의에서 다루고 싶다면 의제로 신청해주길 바란다."

이런 접근은 두 가지 기능을 한다. 첫 번째는 시간을 절약해준다(교사가 모든 문제를 다루지 않아도 된다). 두 번째는 학생들이 회의에서 자신들의 생활과 관련된 문제를 해결할 기회를 가진다.

학급회의에서는 사전에 의제로 올린 것만 다룬다. 이렇게 하면, 그 의제가 다루어질 때까지 냉각기를 가질 수 있고 의제로 상정된 것만으로도 어느 정도 만족감을 느껴 회의 때까지 기다릴 수 있다.

학급회의를 처음 소개할 때 의제를 모으기 위해 상자를 사용하기도 한다. 이때 의제에 이름을 쓰지 않으면 누가 올린 것인지 알 수 없기 때문에 보복의 문제를 줄일 수 있다. 어떤 교사는 의제를 쓸 때 월요일은 녹색 종이, 화요일은 파란 종이, 수요일은 노란 종이를 쓰게 하여 문제를 순차적으로 다루기도 한다.

시간이 흐를수록 학생들은 학급회의의 목적이 상처를 주거나 곤란에 빠뜨리려는 것이 아니라 도와주기 위한 것임을 완전히 이해하게 된다. 의제에 누군가의 이름이 쓰여 있어도 그에게 문제가 있다고 생각하지 않는다. 도리어 의제에 자신의 이름이 있는 것이 좋은 경험이 될 수 있다는 것을 점차 이해한다. 이런 과정을 거치면 학생들은 공개되는 의제 기록부에 자신의 이름이 쓰이는 것조차도 꺼리지 않게 된다.

어떤 교사는 이름을 쓰지 않고 의제를 써내게 한 후 일반적인 해결 방법으로 문제를 해결한다. 초기에는 이런 방식도 좋다. 하지만 학급 회의를 계속 진행하면 회의에서 자신의 이름이 거론되는 것에 상처받지 않게 되며, 모든 문제는 서로 도움을 주고 배우는 기회임을 알게 된다. 이로 인해 학생들의 책임감은 더 커진다.

학생과 교사는 하루 중 어느 때라도 의제를 쓸 수 있다. 의제 상자 근처에 한꺼번에 학생들이 몰려 혼란스러워진다면 의제 상자를 이용할 때의 혼란스러움이 바로 의제가 될 수 있다. 학급회의를 통해 쉬는 시간이나 점심시간에 교실을 나가면서 의제를 넣기로 결정할 수도 있다.

특수학급에서의 학급회의는 어떨까? 한 교사는 특수학급 학생들이 문제를 해결하는 과정을 기다리지 못한다고 어려움을 토로했다. 쉬는 시간을 마치고 학생들이 잔뜩 흥분한 채로 교실로 들어오기 때문에 교사는 늘 수업 전에 학생들을 진정시켜야만 했다. 교사는 쉬는 시간을 마치고 돌아올 때 흥분되어 들어오는 것을 의제로 다뤄 보기로 했다. 교사가 의제 공책 쪽으로 힘차게 걸어가서 문제를 거칠게 갈겨 쓴 후 의기양양한 표정으로 돌아가 편안하게 자리에 앉는 모습을 학생들은 흥미롭게 바라보았다. 의제로 삼으면 얼마 후에 그것과 관련해서 토의한다는 것을 알기 때문에 교사도 곧바로 만족할 수 있었던 것이다. 특수학급의 경우도 크게 다르지 않다.

제인이 초등학교 상담사로 근무하던 시절, 어떤 교사들은 제인을 '고장 난 레코드'라고 불렀다. 왜냐하면, 문제를 어떻게 해결해야겠느냐고 물어보면 "의제로 삼아요. 그리고 학생들이 해결방법을 찾을 수 있도록 해요"라고 반복해서 말하곤 했기 때문이다. 그러면 교사들은 제인의 제안대로 늘 하곤 했다.

의제로 삼는 것만으로도 회의 전에 문제가 해결되는 경우가 있다. PDC 학급회의를 시작하려고 하면 학생들이 이렇게 말할지도 모른다. "그건 이미 해결되었어요." 만약, 그 문제가 적절하게 해결되었다면 어떻게 해결했는지 이야기를 나누자고 한다.

PDC 학급회의 형식 활용하기

학생들에게 의제에 대해 알려준 후 그동안 배운 모든 기술을 활용할 수 있도록 구조화된 PDC 학급회의 형식을 가르쳐준다. 학급회의 형식을 큰 포스터에 복사하여 교실에 눈에 띄도록 걸어둔다.

1. 칭찬하고 감사하기
2. 이전 해결방법 확인하기
3. 의제 확인하기
   ① 다른 사람의 이야기를 들으며 공감하기
   ② 비난하지 않고 문제에 대해 토의하기
   ③ 문제 해결을 위한 도움 요청하기
4. 활동 계획 세우기(체험학습, 학급잔치, 프로젝트 등)

칭찬하고 감사하기

학생들은 앞에서 이미 이 기술을 배웠다. '원으로 둘러앉기'에서 설명한 대로 원으로 둘러앉아 말하기 막대를 이용하여 감사와 칭찬의 말을 나눈다.

이전 해결방법 확인하기

잠깐 시간을 내서 이전의 해결책이 제대로 적용되었는지 이야기를 나눈다. 아마 잘 해결되지 않았다고 이야기하는 학생도 있을 것이다. 그러나 지금은 그 문제를 다시 다루어야 할 때는 아니다. 학생들에게 이것을 다시 의제로 삼을 것인지 아니면 선택 돌림판이나 화해 테이블 또는 문제 해결 4단계와 같은 다른 해결방법을 사용해볼 것인지 물어본다.

의제 확인하기

어떤 일이 의제로 올라오면 학생들에게 다음 3가지 중 하나를 선택하게 한다.

- 다른 사람의 이야기를 들으며 공감하기
- 비판하지 않고 문제에 대해 토의하기
- 문제 해결을 위한 도움을 요청하기

학생들은 보통 '문제 해결을 위한 도움을 요청하기'를 선택하는 경향이 있다. 하지만 타인에게 공감하거나 간단한 토의로 의제에 대해 좀 더 자세하게 이해하는 것만으로도 문제가 해결될 수 있다는 것을 알려주는 것이 좋다.

이와 관련된 사례가 있다. 어떤 중학교 교사는 매일 45분 수업이 있을 뿐이다. 하지만 PDC 학급회의를 매우 중요하게 생각해서 매 수업의 마지막 10분을 회의하는 데 사용했다. 칭찬하기와 문제 해결하기를 다하기에는 시간이 충분하지 않아서 하루는 칭찬하기를, 다음 날은 문제 해결하기를 번갈아가면서 했다.

그러던 중 학생들이 이쑤시개를 씹는 행동이 문제가 되었다. 교사는 학생들의 행동이 마음에 들지 않아 설교도 하고 꾸짖기도 하고 애원하기도 했지만, 학생들의 행동은 계속되었다. 결국, 교사는 이 문제를 회의 의제로 올렸다. 교사의 차례가 되었을 때 문제 해결을 위한 도움을 요청했다. "여러분에게는 이 행동이 별문제가 되지 않고 그만두고 싶지 않는다는 것을 잘 알고 있어요. 하지만 저에게는 문제가 됩니다. 여러분이 도와준다면 정말 고맙겠어요." 그 날은 해결방법에 관해 이야기하지 않았다. 그다음 날도 칭찬하는 날이라 역시 해결방법에 관해 이야기를 나누지 않았다.

세 번째 PDC 학급회의 시간이 되자 한 학생이 말했다. "선생님, 최근에 우리가 이쑤시개를 쓰는 걸 본 적 있으세요?" 교사는 잠시 생각하고 대답했다. "아니오, 한 번도 본 적 없는 것 같아요." 그 학생은 환하게 웃으면서 말했다. "그렇다면 그 문제는 해결되었다고 볼 수 있겠네요." 그 교사가 할 수 있는 말은 "여러분 모두 고마워요. 여러분의 도움에 진심으로 감사해요"가 전부였다.

이 사례는 교사가 문제 해결을 위해 도움을 요청하는 것만으로도 충분하다는 것을 보여준다. 교사는 '학생들의 문제' 때문에 혼내는 것 대신에 '자신의 문제'로 도움을 요청하여 학생들에게 상처를 주지 않았던 것이다.

활동 계획 세우기

학생들은 체험학습이나 학급잔치, 프로젝트 등과 같은 미래의 활동 계획을 세우는 일에 더 많이 참여할수록 활동에도 더 적극적으로 참여한다. 학생들이 원으로 둘러앉아 말하기 막대를 두 바퀴 돌리면서 생각과 감정을 서로 나누게 한다. 다만 학생들이 활동 계획을 세우기 위해 아이디어를 모으기 전에 교사는 동반 보호자, 시간, 허용되는 활동 범위와 학교의 요구사항에 대해서 분명하게 이야기해준다.

어긋난 목표 4가지 이해하고 사용하기

대부분의 학생은 어긋난 목표 4가지를 이해하고 앞으로 무슨 일이 펼쳐질지 예상할 수 있을 때 안심하는 경향이 있다. 학생들에게 '어긋난 목표 4가지 활동(4장)'으로 어긋난 목표 4가지와 격려방법에 대해 가르쳤다면, 학생들은 롤플레잉으로 어긋난 목표를 확인하고 싶어 할지도 모른다. 교실마다 어긋난 목표 4가지를 게시하는 학교도 있다. 그 학교 학생들은 친구가 좌절하는 것을 보면 표를 보고 확인한 후 격려하는 방법을 확인하고 도움을 준다.

지금까지 PDC 학급회의 기술 8가지를 배웠다. 어쩌면 당신은 이미 이 기술들을 학급에서 사용하고 있을지도 모른다. 이를 실천한다면 학문적 배움과 함께 삶의 질을 높여주는 이 사회적 기술이 당신과 학생들에게 얼마나 가치가 있는지 알게 될 것이다.

PDC 학급회의
Q&A

실수는 어디서나 누구에게나 일어나기 마련이다. 중요한 것은 실수를 한
다음에 어떻게 행동하는가이다.

루돌프 드라이커스

아마 PDC 학급회의를 진행하면서 다양한 질문을 갖게 되었을 것이
다. 이 장에서는 초등교사부터 중학교, 고등학교 교사에 이르기까지
교사들이 궁금해하는 질문을 정리했다. 다양한 연령대의 학생들은 제
각기 발달 수준이 다르지만, 이들에게도 공통적인 부분이 있다. 마찬
가지로 교사들도 문제 해결에 도움이 되는 다양한 아이디어를 찾으려
고 한다는 공통점이 있다. 존중을 바탕으로 문제 상황에 몰입하게 하
자. 문제 해결방법에 집중하면 학생과 교사 스스로 창조적으로 문제를
해결할 수 있다.

초등학교 교사들이 자주 하는 질문

Q : 우리 반 학생들은 회의하는 동안 서로 장난을 치거나 미숙한 행동을 보일 때가 있습니다. 초등학교 6학년은 PDC 학급회의를 하기에는 너무 어리지 않나요?

발달학적으로 초등학교 고학년 단계에서는 어른들보다 또래에게 더 많은 영향을 받는다. 학생들은 또래와 비슷한 행동을 하고 싶어 하며 수업과 관련 없는 행동일지라도 한번 시작하면 계속 반복하는 경향이 있다. 학생들에게 회의기술을 가르치지 않고 회의를 하면 미숙하게 행동할 수도 있다. 회의진행에 어려움을 겪은 교사들은 회의기술을 가르치지 않고 회의를 시작한 것이 실수였다고 말하곤 한다. 하지만 두 달 동안 원으로 둘러앉기, 기초적 기술 익히기, 감사 표현하기 등을 배운다면 어느 학급이든 안정적으로 PDC 학급회의를 할 수 있다.

Q : 회의에서 학생들이 서로 비난하는 것을 막으려면 어떻게 해야 할까요?

학생들에게 다른 친구들을 비난하거나 상처를 줄 수 있는 제안은 하지 않도록 안내하는 것이 중요하다. 다음 질문들이 도움될 것이다.

- 이 친구에게 어떤 도움을 줄 수 있을까?
- 네가 이런 제안을 받는다면 기분이 어떨 것 같니?
- 그 제안은 비난하는 것일까, 존중하는 것일까?

- 지나간 행동을 벌주려는 거니, 앞으로 행동이 바뀌도록 격려하고 싶은 거니?
- 논리적이고 합리적이면서 상대를 존중하는 해결방법일까?

교사는 학생들의 제안이 마무리되면 목록을 검토하고, 문제 해결에 효과적이지 않거나 상대를 존중하는 방식이 아닌 것은 삭제하는 것이 좋겠다고 제안할 수 있다. 가장 도움이 되는 해결방법을 선택하면 비난이나 처벌을 막을 수 있다. 때로는 학생 스스로 징벌적 해결방법을 선택하기도 한다. 이럴 때는 "널 돕고 격려하고 싶은데, 어떻게 하면 될까?"라고 질문하면 학생들이 징벌적 방법을 선택하는 것에서 벗어날 수 있다.

비난을 막는 또 다른 방법은 특정 학생의 이름과 상황을 언급하는 대신 '일반적인 단어로 이야기하는 것'이다. 예를 들어, 누군가 다른 친구의 물건을 몰래 가져간 경우, 이렇게 일반화해서 말할 수 있다. "누군가를 비난하거나 궁지에 몰아넣지 않고 도난 문제를 해결할 수 있는 방법은 무엇일까요?" 그런 다음 해결방법에 대해 브레인스토밍을 한다.

친구를 비난하지 않고 문제를 해결하는 또 다른 방법은 '초점을 바꾸어 질문하는 것'이다. "여러분이 지금 제니의 상황이라면, 도움을 받고 있다고 느낄까요? 그렇다고 생각하는 사람은 손을 들어 주세요. 그렇지 않다고 생각하는 사람은요? 계속 괴롭힘을 당하고 있다고 느낄 거라고 생각하는 사람은 손을 들어 주세요. 그렇지 않은 사람은요?"

일반화하기와 초점을 바꾸어 질문하기는 징벌하기나 상처 주기보다 문제 해결에 도움이 되며 격려하는 것에 집중할 수 있게 한다.

Q : 학생들이 도움을 요청할 때 교사가 바로 해결하지 않고 학급회의에서 다루자고 하면 학생들의 기분이 상하지 않을까요?

사실 대부분의 학생은 문제를 PDC 학급회의에서 다루는 것을 편안하게 생각한다. 하지만 학생이 교사의 특별한 관심이나 도움을 받는 것에 익숙하다면 기분이 상할 수 있다. 일반적으로 변화는 아무리 좋은 것이라 하더라도 받아들이기 쉽지 않다. 학생들이 처음에는 화를 낼 수 있다. 하지만 긍정적인 관심을 경험하고, 학급회의를 통해 도움을 받으며, 교사의 도움보다 창의적인 해결방법을 접하면 기분은 회복될 수 있다.

한 학생이 교사에게 와서 투덜거렸다. "남학생들이 버스에서 제 의자를 발로 차요." 교사의 제안에 따라 그 학생은 문제를 학급회의 안건으로 상정하고 친구들에게 도움을 받기로 했다. 첫 번째 제안은 간단했다. "남학생들 뒤에 앉아." 창조적이며 복합적인 해결책도 나왔다. "버스에 탈 때 책을 한 자리에 놓고 넌 다른 자리에 앉아. 그 애들이 네 뒤에 앉으면 책이 있는 곳으로 가서 앉는 거야." 이외에 다른 제안도 많이 나왔다. 투덜거리던 학생은 결국 그 남학생들이 앉은 곳으로부터 멀리 떨어져 앉는 것을 선택했다.

Q : 한 학생이 한 번의 회의에서 안건을 몇 개까지 낼 수 있나요?

이 문제를 학급회의에 상정하고 학생들에게 물어볼 수 있다. 어떤 교사는 한 사람이 두세 개의 안건을 낼 수 있게 했다. 다루어야 할 안건은 끝이 없었다. 교사는 이 문제를 안건으로 상정했다. 그러자 학생들은 한 사람이 하루 한 개의 안건만 제출할 수 있도록 정했다. 회의에서 이 문제에 대해 토의하고 결정하자 문제가 해결되었다.

Q : 학생이 해결방법을 선택하지 않는다면 어떻게 해야 하나요?

우선 전체 학생에게 학급회의가 행동 변화에 충분히 도움이 되는지 물어본다. 그렇지 않다면, 그 문제를 다시 회의 안건으로 상정하고 재논의할 수 있다.

또 다른 방법으로 학생이 해결방법을 마음에 들어 하지 않을 경우, 스스로 해결방법을 생각해서 그다음 날 말하게 한다. 그래도 마음에 들어 하지 않으면, 친구 두 명을 선택해서 쉬는 시간 동안 함께 해결방법을 브레인스토밍하게 한다. PDC 학급회의가 벌을 주기 위한 것이 아니라는 것을 이해하면 학생들은 대부분 제안을 받아들인다. 학생이 문제 해결기술을 익히게 되면, 교사는 학생의 문제 해결능력에 대해 지속적으로 신뢰를 표현할 필요가 있다.

중·고등학교 교사들이 자주 묻는 질문

Q : 학급회의 시간에 친구와 떠들어 방해가 될 때 서로 떨어져 앉게 해도 될까요?

이런 상황은 회의 때마다 매우 자주 일어난다. 관련된 예를 들어보자. 어떤 학생이 옆자리의 친구와 어울려 회의에 집중하지 않고 방해하는 태도를 보였다. 교사가 훈계를 했지만 태도가 나아지지 않자 학생들의 자리를 바꾸었다. 이에 아이들은 반항적인 태도를 보이고 회의에도 부정적인 생각을 갖게 되었다. 결국, 교사는 그 문제를 PDC 학급회의에 상정했다. 회의에서 교사와 학생들은 다음과 같은 말을 주고받았다.

"친한 친구들과 앉을 때 어떤 문제가 생기나요?"

"서로 잡담하거나, 낄낄거리며 웃거나, 쪽지를 돌려요."

"이 문제들을 어떻게 해결할 수 있을까요?"

"회의에서 결정한 내용을 존중하고 집중해야 친한 친구들과 앉을 수 있게 해요."

"친한 친구들과 앉으면서 이 약속을 지키지 않을 경우 사용할 수 있는, 논리적이고 합리적이면서 상대를 존중하는 해결방법은 무엇일까요?"

"학급회의를 할 동안 친한 친구들과 떨어져서 앉도록 해요."

학생들이 문제 해결 과정에 참여하지 않는다면 어떤 방법도 효과적이지 않다. 학생들의 해결방법이 교사의 의견과 같을지라도 교사가 일방적으로 제시한 것과는 완전히 다른 결과를 가져온다.

Q : 학생들이 감사하고 칭찬하기를 불편해하거나 표현하는 것을 부끄러워하면, 이 단계를 생략해도 되나요?

감사표현 단계는 매우 중요한 것으로 선택사항이 아니다. 처음에는 조금 어색하더라도 서로 칭찬을 주고받으면서 어색함을 이겨 나갈 수 있게 된다. 하지만 다음 3가지 조건이 충족된다면 감사표현 단계를 조금 수정하여 사용할 수 있다.

첫째, 긍정적 활동으로 시작하고
둘째, 서로 더 많이 알 수 있는 활동이어야 하며
마지막으로, 서로 긍정적 피드백을 줄 수 있어야 한다.

감사표현 단계에 친구들의 외적 관심, 특별한 취미나 그 밖의 개인적인 정보를 물어보는 것도 하나의 방법이며, 책을 보며 각자의 의견을 주고받을 수도 있다.

늘 모범적인 태도를 보이는 학생들에게는 이렇게 말할 수 있다. "여러분은 이 활동이 아니더라도 칭찬받을 일이 많을 겁니다. 하지만 그렇더라도 학급회의는 해볼 만한 가치가 있습니다. 감사표현으로 회의를 시작하는 것에 불만이 있는 사람조차도 긍정적인 평가를 들을 수 있기 때문이지요."

Q : 비꼬는 말투로 하는 칭찬을 다루는 방법이 있을까요?

옷이 별로 멋져 보이지 않다고 생각하면서도 "오늘 좀 멋진 것 같다!"처럼 비꼬는 투의 칭찬을 다루는 간단한 방법은 "그거 칭찬이니, 아님 회의 의제니?"라고 묻거나 "네가 들었을 때 기분이 좋은 문장으로 바꾸어 보겠니?"라고 말한다.

Q : 저는 담임교사가 아닙니다. 교과시간에 학급의 일부 아이를 가르치고 있습니다. 그래서 학급회의를 할 충분한 시간이 없습니다. 문제가 일어나면 어떻게 해야 할까요?

이런 경우 두 가지 방법이 있다. 하나는 학급으로 돌아가 문제 상황을 안건으로 제안한 뒤, 브레인스토밍으로 얻어낸 해결방안을 교사에게 알려주는 방법이다. 다른 하나는 문제가 일어났을 때 수업시간 중에 '5분 회의'를 여는 것이다. 학생과 교사가 PDC 학급회의 과정을 충분히 이해한다면, 정식 회의를 할 수 없는 수업에서도 5분 회의를 열수 있다. 그러나 교사와 학생이 PDC 학급회의 과정에 익숙하지 않다면 5분 회의가 진행되기는 어렵다.

Q : 중고등학생들은 다른 친구들의 문제를 안건으로 제안할 때 고자질을 하는 것이 아닌가 걱정하는 경향이 있습니다. 이것은 어떻게 다루어야 할까요?

PDC 학급회의에서 다른 사람을 의심하거나 도와주지 않는 태도, 문제에 처벌적으로 접근하는 태도에 관해 이야기하는 것이 도움된다. 책임감과 해결방법 대신 처벌과 비난에 초점을 두면 친구의 문제를 회의에 올리는 것이 꺼려지는 것은 당연하다고 이야기한다. 그리고는 다음과 같이 질문한다.

"여러분을 누군가 집단으로 공격한다면 이름이 거론되고 싶은 사람이 있을까요? 반대로 친구들로부터 격려받고 자신감을 얻을 수 있는 상담의 기회가 있다면, 이름이 올라가는 것을 꺼릴 사람이 있을까요?"

Q : PDC 학급회의를 하지 않는 선생님에 대해서 학생들이 불평하는 것을 들었어요. 그 선생님의 기분이 상하지 않도록 이 문제를 해결할 방법은 없을까요?

교사가 존중하는 태도로 문제를 해결하지 않는 것에 대해 불만을 가진다면, 스스로 문제를 해결할 수 있도록 돕는 것이 중요하다. 다른 사람을 변화시키기란 매우 어려운 일이며, 내가 바꿀 수 있는 것은 나 자신뿐임을 깨닫게 하자. 그 교사가 바뀌는 데 도움을 주고 싶다면, PDC 학급회의를 참관하도록 권해보자.

학교에서 회의를 하는 방식에 대해 공부하는 것은 학생들의 잠재력을 키우는 데 도움된다. 학생들에게 성장은 배움을 통해서 일어나며, 그 배움이 순탄하지만은 않다는 것을 알려주어야 한다. PDC 학급회의의 궁극적 목표는 존중의 방식으로 말하고 문제를 해결하는 것이다.

PDC 학급회의를 하는 학급에서는 규칙에 관한 문제가 적고 긍정적인 동기가 향상되는 이점이 있다. 준비를 많이 할수록 학생들은 회의를 더 잘하게 된다.

Q : 회의 절차와 안건 상정 과정은 꼭 필요한가요?

회의 절차는 강력하고 상징적인 메시지가 있다. 학생들은 회의에서 실질적인 도움과 격려를 주고받으면서 자신의 관심거리에 대해 말할 기회를 가지게 된다. 안건을 상정하는 데는 체계와 형식이 고려되어야 하므로, 다툼이 있어 문제를 해결하는 데 늘 효과적인 것은 아니다. 하지만 회의 절차와 안건 상정은 학생들에게 문제 상황에서 떨어져 차분해질 시간을 갖게 하며 문제의 중심에서 빠져나오게 한다. 앞서 언급했듯이 한 주 동안 있었던 문제들을 회의 안건으로 상정한다.

Q : 학생들이 현명하지 못한 해결방법을 선택한다면 어떻게 해야 할까요?

학급회의에서 동의한 해결방법이 현명하지 못한 선택이었다는 것을 깨달았다면, 안건을 다시 회의에 상정하고 다른 해결방법을 찾으면 된다. 현명하지 못한 선택을 수용하긴 어렵겠지만, 최선은 이런 일이 자주 발생하지 않도록 하는 것이다. 대신에 그 선택이 상대방을 비난하는 것이 아니라면, 학생들이 직접 겪어봄으로써 스스로 깨우치게 하는 것도 좋은 방법이 된다. 아마도 하루나 일주일 정도면, 그 방법이 적당하지 않으며 효과적이지도 않다는 것을 알게 될 것이다. 학생들은 이런 방법으로 훨씬 많은 것을 배운다.

또 다른 방법은 선택한 해결방법으로 롤플레잉을 하는 것이다. 롤플레잉을 하는 학생들에게 이 해결방법을 실행에 옮겼을 때 얼마나 효과적인지 물어보면 된다.

Q : 고등학교 단계에서 자주 거론되는 안건은 무엇인가요?

일반적으로 고등학교에서는 교사와 학생 사이의 문제를 해결하기 위해 회의가 열린다. 학생들은 교사와 함께 해결방법을 제시하고 실천할 기회를 갖는 것에 고마워한다. 자주 거론되는 안건으로는 자리배치, 주말 숙제, 숙제 안 하는 것, 잡담, 모둠 활동에 집중하지 않는 것, 시간 낭비, 서로 존중하지 않는 태도 등이 있다.

각 문제 자체가 중요하다기보다는 이 문제를 해결하는 과정에서 학생들이 역할을 갖고 자신감과 용기를 갖도록 격려받으며 문제 해결 기술을 성장시킨다는 데 더 큰 의미가 있다. 이런 장기적 관점은 회의가 기복을 보이며 제대로 진행되지 않을 때 극복할 힘을 준다. 한 주는 최악의 학급회의를 하고, 다음 주는 최고의 학급회의를 진행할 수도 있다. 인생의 모든 면이 그렇듯 굴곡이 있을 수 있다. 이보다 더 자신의 삶을 다루는 효과적인 방법을 가르치는 방법이 어디 있겠는가?

그 외의 질문과 답변

다음은 노스캐롤라이나에서 열린 워크숍에서 나온 질문과 답변을 발췌한 것이다. PDC를 실천하고 있는 1학년 교사 케이와 4학년 교사 제니스가 PDC 학급회의에 관한 질문에 대답했다.

진행자 오늘 샤론 학교에 근무하는 두 분의 선생님과 이야기를 나누도록 하겠습니다.

제니스 저는 저학년 학생들이 다른 사람을 칭찬하는 것은 매우 어려울 거라고 생각했어요. 지난해 PDC 학급회의를 공부하면서 '오, 좋은 아이디어인데! 하지만 저학년 학생들에게는 무리겠어'라고 생각했죠. 그래서 학생들이 자기 혼자서 문제를 해결하도록 내버려 두었답니다. 하지만 올해는 PDC 학급회의를 학기 첫 주부터 시작했어요. 12월이 된 지금 학급회의는 교사인 저에게도 그리고 학생들에게도 가장 환상적인 문제 해결방법이라고 생각합니다.

먼저 제가 왜 PDC 학급회의를 좋아하는지 이야기하고 싶어요. 아이들은 학급에서 일어나는 일을 가장 먼저 교사에게 와서 말하지만 해결할 때는 교사의 말보다 친구들의 의견에 따라 행동할 때가 많습니다. 학생들은 자신들만의 방식으로 말하지만, 어른들은 아이들의 방식으로 말하기가 어렵기 때문이지요. 학급회의를 실천함으로써 학생들은 자신의 방식으로 문제를 해결하는 법을 배웁니다. 이뿐 아니라 학급회의로 학문적 기술을 배울 수 있는 것도 좋습니다.

진행자 저도 동감합니다.

제니스 학문적 기술이란 무엇일까요? 학급 의제를 다루는 것은 글쓰기 기술을 익히는 데 도움이 됩니다. 종일 수업시간에 조용했던 아이들이 회의시간에는 활발하게 말하는 것을 보기도 하지요. 아마도 PDC 학급회의를 좋아하는 가장 큰 이유는 바로 이런 학생들의 행동 변화 때문이 아닐까 합니다.

진행자 많은 교사가 학생들의 행동을 변화시키고 훈육 문제를 해결하기 위해 PDC 학급회의를 시작합니다. 이게 중요한 이유지요. 하지만 행동변화는 부수적인 효과일 뿐입니다. PDC 학급회의의 가장 중요한 효과는 학생들이 PDC의 7가지 신념을 갖게 되는 것입니다(1장 참고). 이러한 신념은 지금 현재의 행동을 향상시킬 뿐 아니라 앞으로의 삶에도 도움이 될 것입니다.

케이 전 동료 교사에게서 PDC를 소개 받았습니다. 저에게 PDC 책을 주면서 PDC 학급회의를 해보라 하더군요. 그 순간 '이런, 공부해야 할 것이 또 늘었군. 별 효과도 없을 텐데'라고 생각했어요. 여기 계신 분 중에서 저보다 PDC에 대해 부정적이었던 분은 아마 없을 겁니다. 어쨌든 PDC 학급회의를 시작하게 되었고, 놀랍게도 일주일 후엔

PDC에 푹 빠지게 되었어요.

진행자 그 후 한 달을 지옥에서 보낸 건 아닌가요?

케이 (웃으며)아니오. PDC 학급회의를 시작한 일주일은 마냥 좋았어요. 교사를 짜증 나게 하는 사소한 고자질이 참 많잖아요? "누가 날 때렸어요. 누가 날 건드렸어요"라고 말이죠. 그럼 전 안건에 상정하겠다고 말했습니다. 그렇게 하는 것만으로도 의미가 있었어요. 우리 반은 PDC 학급회의에서 함께 의논하며 교사와 학생이 함께 성장했습니다. 학생들은 문제 해결기술을 배울 뿐 아니라 학생 자치를 통해 서로 도와가며 문제를 해결하는 법을 배우고 있어요. PDC 학급회의는 학급규칙을 지키게 할 뿐 아니라 셀 수 없이 많은 부수적인 효과가 있습니다.

진행자 PDC 학급회의를 배우기 전에는 학생들의 행동 문제로 상담 선생님께 자주 도움을 요청했다고 들었습니다. 올해는 상담 선생님이 "도와줄 일 없어요?"라고 물어보았을 때 "학생들이랑 함께 문제를 해결하고 있어요"라고 말했다고 하더군요.

케이 네, 맞습니다. 저는 더 이상 혼자가 아닙니다. 이제 학급에서 일어나는 문제는 학생들과 함께 해결하기 때문이지요.

진행자 지금부터 케이와 제니스가 질문에 답해줄 겁니다.

Q : 교실에 규칙을 붙여야 할까요? 만약 그렇다면 그 규칙은 교사가 정해야 할까요, 학생들이 정해야 할까요? 아니면 둘 다 정해서 붙여야 할까요?

케이 학기 초에 학생들과 함께 학급규칙을 정해 붙입니다. 학생회가 정한 학교규칙도 각 학급에 붙입니다.

진행자 학생들에게 규칙을 정하라고 하면 주로 어떤 것을 정하나요?

제니스 학생들도 어른들이 생각하는 것과 비슷한 규칙을 생각해냅니다.

진행자 흥미롭군요. 모든 학급에 학급규칙이 있지만, 대부분 사전에 교사가 보기 좋게 만들어놓은 것들이지요. 그래서 학생들은 규칙에 대해 관심이 없습니다. 하지만 학생들이 규칙에 대해 생각하고 교사와 함께 만듦으로써 그 규칙에 대해 주인의식을 갖게 됩니다. 그리고 '선생님이 결정했어'가 아닌 '우리가 만들었어'가 되는 것이지요.

Q : 저학년도 PDC 학급회의를 해야 하나요?

진행자 ACCEPT 프로젝트(이 책의 저자인 제인 넬슨이 PDC 및 PDC 학급회의의 교육적 효과를 연구하는 프로그램)를 보기 위해 한 학교를 방문한 적이 있습니다. 저학년 학급을 참관했는데, 학생들이 의사결정에 관한 프로젝트를 하고 있더군요. 놀랍게도 고학년이 되어야 논의할 수 있을 것 같은 문제에 대해 결정을 하고 있었습니다. 이 모습을 보고 함께 방문했던 교사들은 "학교에 돌아가면 프로젝트를 다시 구성할 거예요. PDC 학급회의를 우리 반에서도 활용할 겁니다"라고 말했습니다. 이후로 많은 교사가 고자질에서 벗어날 수 있었습니다. 교사들은 단지 "안건에 넣어 주세요"라고 말하기만 하면 되니까요. 이렇게 하면 학생들은 고자질보다 안건에 넣어 달라고 요청합니다.

대개 저학년 학생들은 자신의 이름이 안건에 거론되더라도 문제가 뭐였는지 기억하지 못하는 경우가 많았습니다. 하지만 저학년 학생들이 문제 상황을 잊어버리는 것은 별문제가 되지 않습니다. 왜냐하면, 학생들은 이미 감정을 다스릴 냉각기를 가졌으며 문제 또한 그리 심각하지 않기 때문이지요. 하지만 교사는 이 과정에서 될 수 있는 한 학생들이 문제를 기억하고 문제 해결기술을 익히길 바랄 것입니다.

Q : "나의 친구가 되어줘서 고마워"처럼 변화가 없고 단조로운 칭찬을 한다면 어떻게 해야 하나요? 또 매번 같은 사람을 칭찬할 때는 어떻게 해야 할까요?

<u>제니스</u> 저도 올 학기 초에 그런 일이 있었어요. 칭찬이 매우 정형화되어 가더군요. 그래서 하루는 칭찬 대신 다른 방법을 썼습니다. "오늘은 칭찬 대신 각자 열심히 하고 있는 것 하나씩을 모두에게 말할 겁

니다." 학생들은 교실을 돌아다니며 정말 열심히 하고 있는 것에 대해 생각해냈어요. 이런 활동으로 학생들은 구체적 칭찬이나 격려를 찾게 됩니다. 따라서 자주는 아니더라도 때때로 이런 활동을 할 필요가 있어요.

케이 고학년이 될수록 저학년처럼 상투적인 칭찬을 하는 것이 줄어듭니다. 학생들은 학문적 성취와 사회적 기술을 찾기 시작하지요. 저는 짝 활동이 효과적이라고 생각합니다. 칭찬하기 시간에 짝으로 앉으면 서로 칭찬하기가 쉬워집니다.

진행자 학생들이 짝으로 앉아서 그 짝의 칭찬 거리를 찾는다는 말씀인가요? 교사가 짝을 바꾸기도 하나요?

케이 물론입니다. 학생들은 짝을 바꿔 달라고 제게 편지를 쓴답니다. 매주 목요일은 짝을 바꾸는 날이에요.

진행자 좋은 방법이군요. 학생들이 늘 같은 학생을 칭찬하는 것에 대한 해결방법이 되겠네요. 이전에 이름을 뽑아 그 학생을 칭찬하는 방법을 들은 적이 있어요. 그런데 이 방법이 훨씬 좋군요. 그럼 칭찬할 동안만 짝이 되나요?

케이 칭찬 시간뿐만 아니라 일주일 동안 그 짝과 앉습니다.

진행자 상투적인 칭찬을 해결하는 또 다른 방법으로는 처음에는 그 대로 내버려두는 것입니다. 왜냐하면, 학생들은 칭찬하는 기술을 배우는 중이기 때문이지요. "내 친구가 되어 줘서 고마워" 같은 표현에 익숙해졌다면 다음 단계로 친구들이 하는 것이나 행동을 찾게 합니다. 예를 들어 "친구와의 우정을 무엇으로 설명할 수 있을까요? 어떤 구체적인 행동에 대해 고마움을 느끼나요?"와 같은 질문을 할 수 있겠지요.

Q : 저학년 학생들은 이전에 접해본 의견만 제안하는 것 같아요. 어떻게 하면 저학년 학생들이 더 좋은 제안과 해결방법을 제시할 수 있을까요? 성장 단계로 봤을 때 해결방법을 만들어내는 것이 가능할까요?

제니스 저학년에게는 보통 4가지 해결방법을 제안하고 그것들에 한해 이야기를 합니다.

진행자 너무 다양한 해결방법을 생각해내기 때문에 그렇게 제한하는 건가요?

제니스 네, 그 정도가 저학년 학생에게 적당합니다. 학급에서는 그 해결방법이 적절한지, 다른 사람들을 도울 수 있는 방법인지 이야기합니다. 처음에는 교사가 생각하는 해결방법이 무엇인지 학생들이 알아내기를 바라지만, 일단 회의를 시작하면 그보다 더 많은 해결방법이 있다는 것을 알게 될 것입니다. 아마도 생각보다 더욱 발전된 문제 해결기술을 보게 될 거예요.

　진행자　교사에겐 인내심이 필요합니다. 처음에는 몇 가지 해결방법을 교사가 생각해야 할 겁니다. 하지만 학급회의를 진행할수록 학생들은 지혜를 갖게 되고 아이디어를 더 빨리 만들어낼 겁니다. 가족회의에서도 아이가 훌륭한 해결방법과 아이디어를 생각해내게 됩니다. 단지 학생들에게 묻는 것보다 전달하는 것에 너무도 익숙하여, 아이들이 생각하는 방법을 훈련받고 경험하도록 하지 않았을 뿐이죠.

Q : 어떻게 하면 학급회의가 고자질하는 시간이 되지 않게 할 수 있을까요? 학생들은 회의시간에 주변 사람들이 자신의 어떤 말과 행동에 관심을 가지는지에만 몰두하는 것 같습니다.

　진행자　해결법은 고자질에 대한 우리의 마음을 바꾸는 것입니다. 교사가 고자질이라고 생각하는 것이 학생들에게는 심각한 문제일 수 있습니다. 학생들의 불평이 투덜거림이 아니라 문제 해결의 기회라고 생각한다면 고자질에 대해 전혀 다른 마음을 가질 수 있습니다. 고자질은 "난 선생님이 그 친구들을 혼냈으면 합니다"라고 생각하게 됩니다. 하지만 "제 고민을 어떻게 해결해야 하죠"로 바꿔 생각해보세요. 가끔 교사들은 너무 많은 정보를 막고 있는 것 같아요.

Q : PDC 학급회의를 했는데도 똑같은 문제가 계속 일어나면 어떻게 하죠?

<u>진행자</u> 때때로 교사들은 "예전에 논의했던 것이니까 다시 의논하지 않아도 돼"라고 말합니다. 그러나 이것은 PDC 학급회의를 제대로 이해하지 못한 것입니다. 수잔에게는 '제나가 빌리를 때린 것'은 '딕이 수잔을 때린 것'과는 다른 문제입니다. 교사는 계속해서 학생들이 해결방법을 찾도록 격려해야 합니다. 학생들은 그 문제에 대해 이전과 같거나 다른 해결방법을 찾아낼 거예요. 하지만 중요한 것은 학생들이 해결 과정에서 주의 깊게 듣고 문제를 진지하게 받아들이며 해결방법에 사회적 기술을 사용하는 것입니다. 학생들이 그 문제로 지속적인 영향을 받는다면 계속해서 해결방법을 찾도록 해야 합니다.

<u>케이</u> 학생들은 관련된 사람에 따라 다른 해결방법을 찾습니다. 한 명에게 효과가 있는 것이 모두에게 효과가 있는 것은 아니니까요. 학생들은 그 문제보다는 개개인에게 맞는 해결방법에 초점을 두기 시작합니다. 교사가 "우린 이미 그 문제에 대해 의논했어"라고 말해도 학생들은 이 친구에게 어떤 방법이 효과가 있는지 찾아볼 겁니다.

<u>진행자</u> 그 말을 들으니 기쁘군요. 이건 매우 중요한 부분입니다. 사람들은 다 다르기 때문에 한 사람에게 효과가 있던 것이 다른 사람에게는 그렇지 않을 수 있습니다. PDC 학급회의를 통해 아이들이 배우는 것 중 하나는 사람은 각자 다르게 생각하고 다르게 느낀다는 사실입

니다. 다들 다른 생각을 가지고 있지요. 모두가 같을 수는 없는 겁니다. 그래서 우리는 서로 다름을 존중하는 법을 배우는 겁니다.(6장)

Q : 특별한 도움이 필요한 학생이나 심각한 말썽을 부리는 학생들을 위한 PDC만의 대책이 있나요?

케이 PDC 학급회의를 사용한 2년 동안, 훈육 문제를 겪을 때면 문제를 바로 PDC 학급회의에서 다루었습니다. 그래서인지 PDC를 사용한 이후에는 심각한 문제를 겪지 않았어요.

진행자 그럼 PDC를 사용하기 전에는 어려움이 있었나요?

케이 네, PDC 학급회의를 하지 않았다면 지금도 많은 어려움을 겪고 있을 겁니다. 제가 PDC 학급회의를 극찬하는 이유지요. 학생들의 도움으로 학급에서 일어나는 대부분의 일을 해결해나가고 있습니다.

제니스 저도 같은 생각입니다. 하지만 심각한 문제가 생겼을 때 교사로서 학생들을 선도위원회 등 관련 위원회에 보내야 하는 경우가 있습니다. 그렇더라도 PDC 학급회의를 지속적으로 열어 문제를 해결하려고 노력해야 한다고 생각합니다.

진행자 이 문제와 관련하여 들려드릴 이야기가 있습니다. 첫 번째 이야기는 스티븐이라는 2학년 학생에 관한 거예요. 스티븐은 입양아였어요. 담임선생님은 스티븐의 상황이 정말 심각하다면서 제가 일하는 상담실에 도움을 요청해왔습니다. 친구들도 스티븐이 하는 모든 행동에 불만을 품고 있었어요. 저는 모든 문제 해결에 PDC 학급회의가 최고의 방법이라고 생각합니다. 아무리 심각한 행동이라도 말이죠. 하지만 이 경우에는 담임선생님이 PDC 학급회의를 진행하는 방법을 알지 못했어요. 그래서 두 가지 일을 한 번에 해보기로 했어요. 스티븐을 도우면서 선생님에게 PDC 학급회의법을 알려 드리기로요.

먼저 제가 한 일은 스티븐의 학급에 PDC 학급회의를 알려주는 것이었습니다. PDC 학급회의의 첫 번째 규칙은 그 학생이 없을 때 그 학생에 대해 이야기하지 않는 것입니다. 긍정적 분위기에서 회의가 진행되고, 학생들이 의사결정권을 갖고 있으며, 서로 돕고 격려한다면 어떤 말을 주고받든지 안전하다고 느끼기 때문입니다. 그러나 학생들이 서로 몰아세우고 처벌하려 한다면 스티븐과 같이 문제의 중심에 있는 학생은 해결 과정에 함께 참여할 수 없었을 겁니다.

학생들에게 가장 먼저 한 질문은 "스티븐이 가진 문제는 무엇입니까?"였습니다. 학생들은 많은 불평을 늘어놓았어요. 저는 다시 "스티븐이 이런 행동을 하는 이유가 무엇일까요?"라고 물었습니다. 처음엔 "원래 그래요. 스티븐은 문제아거든요"라고 답하더니 나중에 한 학생이 "스티븐이 입양아라 그럴 거예요"라고 대답하더군요.

"여러분이 입양되었다면 어떨 것 같나요?", "가족도 없고 이웃도 없겠지요." 아이들은 비로소 동정심을 느끼기 시작했어요.

"여러분 중 스티븐을 도와줄 사람. 손들어 주세요." 많은 학생이 손을 들었어요. "스티븐을 돕는 방법에는 어떤 것이 있을까요?" 학생들은 쉬는 시간에 함께 놀기, 학교에 오고 갈 때 함께 걷기, 과제 도와주기 등의 다양한 방법을 칠판에 적었습니다. "이것들을 함께하며 스티븐을 도와줄 사람 있나요?" 각 제안을 구체적으로 도와줄 친구들의 이름도 적었어요.

"스티븐, 교실에서 겪고 있는 어려움에 대해서 이야기했잖아. 널 돕고 싶어 하는 친구가 얼마나 될 것 같아?" "아무도 없을걸요." "아니, 모두가 널 돕고 싶어 해." 스티븐은 못 믿겠다는 듯 물었어요. "모두가요?"

모든 학생이 스티븐에 대한 생각을 바꾸고 돕기로 하면 스티븐의 행동이 바뀔까요? 아마도 스티븐은 의미 있는 행동변화를 할 것이라 확신합니다. 문제가 있는 학생들에게 상처를 주는 대신 협력적인 태도로 이해하면 문제 상황에서 보이는 행동방식에 큰 변화를 가져올 수 있습니다. 학생들의 힘은 교사보다도, 스티븐을 입양한 부모보다도, 교장 선생님이나 상담 선생님보다도 훨씬 뛰어납니다.

두 번째는 캘리포니아에서 만난 필립이라는 아이에 관한 이야기입니다. 제가 거기 있는 동안 PDC 학급회의에서 4가지 안건에 대해 토의했는데 그중 3가지가 필립과 관련된 것이었습니다. "친구들이 널 돕고 있는 것 같니?"라고 묻자 필립은 웃으며 "네, 친구들은 절 돕고 있어요"라고 대답했어요. 나중에 담임선생님이 말하길 "필립은 우리 학급에서 가장 문제를 많이 일으키는 학생입니다. 그러나 친구들은 문제를 일으킨 아이로 대하지 않고 오히려 필립의 문제를 해결하고 도우려 합니다."

문제를 일으키는 학생이 한 명도 없는 학급을 본 적이 있나요? 모든 교실에는 문제 행동을 하는 학생이 늘 있습니다. PDC 학급회의로 문제를 해결하는 것이 의미 있는 이유는 이 학생이 많은 문제점을 가지고 있음에도 불구하고 학급 구성원들이 비난하고, 질책하고, 상처를 주는 것이 아니라 진심으로 도움을 주려고 하기 때문입니다.

Q : 학생들이 적절한 해결방법을 찾도록 돕는 방법으로는 무엇이 있을까요?

<u>제니스</u> 아이들과 이야기를 나누면 가능하다고 생각합니다. 저희 반에 입에 물건을 자주 집어넣은 아이가 있었어요. 학급 구성원 중 누군가 이것이 질식할 수 있는 위험한 행동이라 생각해 안건으로 상정했습니다. 그때 우리는 색깔차트를 사용하고 있었는데, 색이 보라색으로 바뀌면 교장실로 가기로 되어 있었어요. 어떤 아이가 해결방법으로 그 아이의 차트를 보라색으로 바꾸자는 의견을 냈습니다. 그러자 다른 아이는 "그건 좋은 방법이 아니야. 교장실에 가면서도 여전히 물건을 입에 넣을지 몰라. 그럼 질식할 수 있다고"라고 하더군요. 학생들은 계속해서 해결방법에 대해 고민했습니다.

<u>진행자</u> "어떤 것이 도움이 될까요?"라는 질문을 사용했나요?

케이 저는 4학년 학생들과도 비슷한 일이 있었습니다. 저는 학생들에게 "이 방법이 적당한 것일까요? 문제 해결과 관련이 있을까요?"라고 자주 묻습니다. 그럼 학생들은 다시 돌아가서 해결방법이 문제 해결과 관련이 있는지 살펴봅니다. 적절한 방법인지 토의한 후 그렇지 않은 것을 지웁니다. 해결방법을 선택하기 전에 많은 생각을 하는 것이죠.

가끔 학급회의에서는 문제 행동의 해결법으로 '행동을 멈추는 것'을 선택하기도 합니다. 학생들이 원하는 것은 이것뿐입니다. 학생들이 알아야 하는 것은 문제 행동이 친구 중 누군가에게 불편함을 준다는 것입니다. 따라서 해결방법에 대해 친구들의 동의를 얻는 것은 매우 중요합니다. 내 행동이 친구들을 불편하게 한다는 것을 알게 되면 대부분의 경우 "하지 않을게"라고 말하고 행동을 멈춥니다.

진행자 저는 문제 행동에 대해서 논의하는 것 자체로 충분할 때가 있다는 것을 강조하고 싶습니다. 사람들은 문제 상황에 몰입하고 이야기를 나누는 것의 의미를 깨닫지 못하고 해결방법과 결과에만 초점을 둡니다. 이야기를 나눈 후에 "좋아. 다음에 이 문제가 다시 일어나면 한 번 더 회의 안건으로 상정하자"라고 말할 수 있어요. 하지만 대부분의 경우 같은 일이 일어나지 않는 것을 보면 매우 놀랍습니다.

"어떤 것이 도움이 될까?"는 장기적인 결과에 대해 생각하게 하는 훌륭한 질문입니다. "우린 서로 상처 주기 위해서가 아니라 돕기 위해 여기 있다"와 같은 슬로건도 도움이 됩니다. 때로 이런 질문을 할 수도 있어요. "우리가 도움될 만한 해결방법을 찾고 있다고 생각하는 사람? 우리가 상처가 되는 해결방법을 찾고 있다고 생각하는 사람?" 중요한 것은 제대로 진행되지 않고 있더라도 질문을 하는 것입니다. 선택 질문을 하는 방법도 있습니다. "너무 시끄럽다고 생각하는 사람? 충분히 조용하다고 생각하는 사람?", "우리가 존중받고 있다고 생각하는 사람? 그렇지 않다고 생각하는 사람?" 이런 방법으로 교사는 학생들이 생각할 수 있도록 이끌어줘야 합니다.

Q : 친구에게 보복하기 위해서 안건으로 올리는 경우는 어떻게 해야 할까요?

케이 PDC 학급회의를 시작할 때부터 학생들이 주로 보복을 위해 안건을 활용하고 있다는 것을 알아차릴 수 있었어요. 그래서 저는 안건 상자를 생각해냈지요. 상자 가운데에 구멍을 내고 상자에 안건을 넣습니다. 여기에 학생들은 숫자 시스템을 만들었어요. 문제에 숫자를 부여하고, 사용한 숫자는 목록에서 빼도록 해서 다음 학생들이 어떤 숫자를 사용할 수 있는지 알게 했습니다. 그리고 PDC 학급회의에서 그 안건을 차례로 다루었지요. 이 활동은 효과적이었습니다. 학생들은 안건 상자 시스템을 좋아했고, 직접 상자를 관리했어요. 제가 한 일은 거의 없죠.

진행자 이 시스템으로 순차적으로 문제를 다룰 수 있게 되었군요. 훌륭해요!

제니스 1학년 학생들이 보복을 위해 안건을 상정하는 경우는 매우 드뭅니다. 저는 학생들이 매우 솔직하다고 생각해요. 일반적으로 학생들이 안건을 관리하는데, "방금 ○○이가 안건을 다시 가져갔어요"라고 말하는 경우가 있습니다. 안건을 가져간 학생에게 가서 물어보면 "네, 제가 가져갔어요"라고 말한답니다. 그럴 경우 저는 항상 아이들에게 솔직함에 고마움을 표하고 바로 인정하는 모습에 신뢰를 보냅니다.

진행자 이러한 질문도 안건이 될 수 있을 겁니다. "사람들이 복수하기 위해 안건을 사용한다면 우린 어떻게 해야 할까?" 학생들은 분명 훌륭한 해답을 찾아낼 거예요. 문제 상황이 생길 때마다 아이들과 자유롭게 의논해보세요.

학생들이 안건을 앙갚음을 위해 사용하는 것을 해결하기 위한 또 다른 방법은 "선생님은 여러분이 안건을 친구들에게 복수하기 위해 사용하는 것을 알고 있습니다"고 말하는 것입니다. 그다음 "우리가 여기 있는 이유는 서로 상처 주기 위해서가 아니라 서로 돕기 위한 것이라는 것을 믿지 못하는 사람이 있나요?"라고 질문하는 거죠. 학생들이 해결방법을 찾는 데 몰입하게 하거나 짧은 토론으로도 복수하고자 하는 마음을 막을 수 있습니다.

Q : 다른 훈육법을 PDC와 어떻게 연계시킬 수 있을까요?

진행자 근본적으로 학생들을 비난하지 않고 존중한다면 어떤 훈육법과도 연계할 수 있습니다. 비난보다는 해결방법을 찾고 처벌과 통제보다는 사회적 기술을 가르치는 이론과도 잘 맞습니다. 그러나 보상과 처벌에 기초한 개념과는 맞추기 어렵습니다. 이런 방법은 PDC와 완전히 반대되는 개념입니다. 이러한 시스템은 학생들에게 잘했을 때는 보상을, 잘못 했을 때는 벌을 주는 방법으로 학생들이 행동에 책임지도록 가르칩니다. 그러나 어른들이 주변에 없다면 어떻게 될까요? 이러한 훈육법은 단기적으로는 효과가 있지만, 아이들이 느끼는 감정을 이해하거나 그들이 미래를 위해 어떤 기술을 배워야 하는지에는 관심이 없습니다.

마지막으로 두 분께서 정리하는 말씀을 해주시겠어요?

케이 정기적으로 PDC 학급회의를 하는 것은 우리 학급에서 일어난 변화 중 가장 멋진 일입니다. 아마 아이들도 똑같이 느끼고 있을 겁니다. 학생들은 PDC를 사랑합니다. PDC 학급회의를 하지 못하게 되면 안달이 나죠. 그래서 전 PDC 학급회의를 매일 합니다. 학사 일정이 바빠서 회의를 건너뛰면, 아이들이 아쉬워합니다. 우리가 칭찬의 시간을 충분히 갖게 되면 학급 분위기는 지금보다 더욱 부드러워 질 겁니다. 시간이 충분하지 않아 칭찬하는 시간만 갖더라도 그날 학급 분위기는 매우 부드러워지거든요.

진행자 말씀 고맙습니다. 많은 교사가 PDC 학급회의를 한 날 학급 분위기가 좋아진다고 말합니다. 칭찬만 할지라도 말이죠.

제니스 저도 PDC 학급회의를 좋아합니다. 모든 분이 PDC 학급회의를 실천해 보셨으면 좋겠어요. 예전에 다른 훈육법을 배울 때는 제 맘이 편치 않았어요. 하지만 PDC는 다릅니다. 이제 PDC 학급회의가 없는 저희 반은 상상조차 할 수 없습니다.

지금까지 살펴본 질문과 답변이 도움이 되길 바란다. 질문과 답변 그리고 제니스와 케이의 실천 사례가 PDC 학급회의에 도전하고 협력적인 학급 분위기를 만들고 싶어 하는 많은 교사에게 영감을 줄 것이다. PDC 학급회의에 도전하라. 그 도전이 교사와 학생 모두에게 행복한 결과를 가져오길 진심으로 바란다.

결론

지금부터
해야할일

나는 이 세상에 왔고, 지금 헤치며 나아가야 한다.

루돌프 드라이커스

PDC와 함께 여기까지 왔다면 지금부터는 무엇을 해야 할까? 지금부터는 PDC를 완벽하게 해내야 한다는 압박감과 실수에 대한 두려움을 떨쳐버리자. PDC를 꾸준히 실천하는 과정에서 교사와 학생들은 함께 배우고 성장할 수 있기 때문이다.

경력 20년 이상의 초등교사이자 현재 PDC 트레이너인 태미는 PDC를 실천한 자신의 경험에 대해 다음과 같이 이야기한다.

지난 3년 동안 교사, 부모, 심리치료사, 의사, 간호사, 변호사, 과학자들과 함께 PDC를 배우며 연구해 왔습니다. 이 과정에서 PDC는 누구라도 쉽게 사용할 수 있는 종합적이고 유용한 사회적 기술과 도구로 구성되어 있다는 것을 알게 되었습니다. PDC는 종교, 나이, 지역과 관계없이 학생과 교사 사이를 평화롭고 협력적 관계로 만들며 공고히 하는 역할을 해왔습니다.

　PDC는 학생들과 대화하는 방법을 바꾸어 학급의 모든 구성원과 협력적인 관계를 만드는 데 도움을 주었습니다. 또한, 존중과 협력의 학급문화를 만들어 학생 스스로 자신의 행동을 되돌아보며 반성적 사고를 키우도록 도와주었습니다. 그뿐만 아니라 학문적 지식과 함께 사회적으로도 성공할 수 있도록 격려했습니다. 교실은 배움과 성장이 있는 즐겁고 친밀하며 행복한 공간이 되었으며 PDC를 일반 교과와 연계하여 적용하는 일에 관심을 갖게 해주었습니다. 부모와 교사, 학생 모두 PDC와 함께 성장하고 발전했습니다.

　PDC 덕분에 저는 교실에서 교사 역할을 훌륭히 해낼 수 있게 되었을 뿐 아니라 가정에서 부모 역할을 해내는 데도 큰 도움을 받았습니다. 가족과 의사소통이 더욱 원활해졌고 더욱 친밀해졌으며 서로 존중하는 가정이 되었습니다. 가족회의를 시작한 것은 특히 의미 있는 일이었습니다. 우리 가정은 개인의 관심과 어려움을 편안하게 해결할 수 있는 곳이 되었습니다. 이제 가족회의는 일상적인 일이 되었습니다. PDC 의사소통 도구를 다양한 상황에서 사용하게 되었고 존중을 바탕으로 한 의사소통의 기초가 마련되었습니다.

　가정과 학교가 PDC로 연계됨으로써 교사와 학부모, 학생 모두가 유익한 결과를 얻었습니다. 학부모들과 어긋난 목표 행동을 공부하면서 눈이 활짝 뜨이고 때론 눈물 흘리는 경험을 함께했습니다. 무엇보다도 부정적인 행동을 하던 아이들을 이해하고 격려하면서 실제로 행동을 변화시킬 수 있었다는 것이 놀랍습니다. 정기적인 학부모 연수를 통해 학생들이 학급에서 배우는 PDC 도구를 학부모에게 가르칠 수 있었고 이것은 매우 효과적이었습니다.

행동수정 관점에서 접근하는 부모는 돈이나 물건 등의 외적 보상과 의미 없는 칭찬 등으로 단기적인 결과에 초점을 두고 행동을 바꾸려 합니다. PDC는 단기적 결과에 초점을 두는 행동수정과는 달리 더 장기적이고 의미 있는 변화를 이끌어낸다는 차이가 있습니다. 10살 된 제 조카 콜비 이야기를 예로 들어 볼까요?

콜비의 선생님은 콜비가 활동을 훌륭하게 해내자 보상을 하려고 했습니다. 하지만 콜비는 정중하게 말했지요.

"선생님, 괜찮아요. 저는 보상이 필요 없어요. 왜냐하면, 제가 한 일에 만족하고 기쁜 것으로 충분하니까요."

콜비의 선생님은 큰 충격을 받았습니다. 대부분의 아이가 자신의 행동에 보상을 요구하는데 콜비는 타인이 주는 외부의 보상보다 더 가치 있는 것을 스스로 찾아내고 기뻐하고 있었으니까요. 우리가 아이들에게 줄 수 있는 최고의 선물은 과자나 사탕 같은 물질적 보상이 아닙니다. 그것은 바로 아이들이 스스로 노력하고, 결심했을 때 느끼는 자부심입니다.

여러분도 이 이야기의 주인공이 될 수 있다. PDC를 배워 활용한다면 당신과 학생들의 삶에 커다란 도움이 될 것이다. PDC를 실천하면서 더욱 행복하고 탁월해진 교사가 되길 바란다. 행복하고 탁월해진 당신의 학급 이야기를 듣고 싶다. 실천 사례를 www.pd-korea.net으로 보내주길 바란다. 당신의 실천 경험이 PDC에 도전하는 다른 사람들에게 큰 용기를 불어넣어 줄 것이다.

우리는 좋은 교사가 되기 위해 많은 노력을 합니다.

그리고 그만큼 좌절하기도 합니다.

친절한 교사여서 받는 상처,

단호한 교사여서 느끼는 외로움.

여태껏 나에게 교사로 살아간다는 것은 이렇게 외롭고 상처가 되는 일이었습니다.

하지만 다행입니다.

이제 친절하면서 단호한 교사로 살아갈 방법을 알게 되었으니까요.

이 책을 번역하고 학급에서 실천하면서 그동안 경험했던 외로움과 상처가 떠올랐습니다.

그때는 해결하지 못해 상처와 외로움으로 기억되었던 일이 이제는 해결할 수 있다는 긍지와 기쁨을 주는 일로 바뀌는 경험을 했습니다.

아마도 이 책을 읽고 실천한다면 우리가 경험했던 그 기쁨을 누릴 수 있으리라 생각합니다.

친절하면서도 단호한 교사의 비법을 갖게 되었으니까요.

공부하면 넓어지고 성찰하면 깊어지며

연습하면 강해지고 실천하면 이뤄지며

가르치면 밝아지고 나누면서 성장한다.

PDC를 공부하고 성찰하고 연습하며 실천해보세요.

경험한 것을 주변의 동료에게 가르치고 나눠보세요.

넓어지고 깊어지며 강해지고 이뤄지며 밝아져서 성장하게 될 것입니다.

흔들리며 젖은 채 교사의 길을 걸어왔지만,

이젠 친절하고 단호한 교사로서

줄기를 곧게 세우고 아이들과 함께 아름다운 꽃을 피울 수 있기 바랍니다.

PDC는 늘 여러분을 응원하며 지지하고 격려할 것입니다.

고맙습니다.

김성환, 강소현, 정유진

PDC를 더 잘 사용하고 싶다면

　PDC의 친절하며 단호한 훈육의 개념은 시도하려는 사람이나 우리 사회에서 익숙하지 않기 때문에 어려움을 겪을 수 있습니다. 그래서 지속적으로 안내와 격려를 받을 수 있는 방법이 필요합니다. 우리는 3가지 방법을 제안합니다.

　1. 홈페이지를 활용하세요.
　제인 넬슨의 홈페이지 www.positivediscipline.com을 이용해보세요. 영어로 되어 있지만 많은 정보를 만날 수 있을 것입니다. 선생님들께 보다 실질적인 도움을 드리기 위해 만든 온라인 소통 공간 〈PDC 전국교사모임〉(https://band.us/@pdc)을 찾아와주세요. 궁금한 것을 질문하시고 실천하신 사례를 나눠주세요. 나누면서 함께 성장하는 기쁨을 누려보세요.

　2. 워크숍에 참여해보세요.
　PDC 워크숍에서는 이 책의 주요 개념과 활동을 다양한 활동을 통해 익히고 연습합니다. 이 책을 번역한 김성환 선생님이 한국의 교사들에게 도움이 되고자 영국에서 열린 워크숍에 참여하여 에듀케이터 과정을 마쳤습니다. 이제 워크숍을 위해 외국으로 가지 않아도 됩니다. PD-KOREA에서 진행하는 워크숍에 참여하면 됩니다.

　3. PDC 공부모임을 만드세요.
　동료 교사나 친한 친구들과 함께 이 책을 읽고 실천한 것을 나눠보세요. 다양한 활동이 많이 안내되어 있어 활동을 하면서 연습하면 실제 교실에서 활용하는 데도 큰 도움이 될 것입니다. 무엇보다도 지금까지와는 다른 새로운 개념의 훈육법을 익히는 것이니 서로 격려해주는 것이 필요하겠지요. PDC 워크숍에 참여하면 공부모임을 보다 효과적으로 이끌어갈 수 있을 것입니다.

참고문헌

Adler, Alfred. Cooperation Between the Sexes. New York: Anchor
    Books, 1978.

_____. Social Interest. New York: Capricorn Books, 1964.

_____. Superiority and Social Interest. Evanston, IL: Northwestern
    University Press, 1964.

_____. What Life Should Mean to You. New York: Capricorn Books,
    1958.

Albert, Linda. Coping with Kids. New York: E. P. Dutton, 1982.

Ansbacher, Heinz, and Rowena Ansbacher. The Individual Psychology of
    Alfred Adler. New York: Harper Torchbooks, 1964.

Beecher, Willard, and Marguerite Beecher. Beyond Success and
    Failure. New York: Pocket Books, 1966.

Bettner, Betty Lou, and Amy Lew. Raising Kids Who Can. New York:
    HarperCollins, 1992.

Charles, C. M. Building Classroom Discipline, 6th edition. New York:

Longman, 1998.

Christianson, Oscar. Adlerian Family Counseling. Minneapolis, MN: Educational Media, 1983.

Corsini, Raymond, and Genevieve Painter. The Practical Parent. New York: Harper and Row, 1975.

Dinkmeyer, Don, and Rudolf Dreikurs. Encouraging Children to Learn: The Encouragement Process. Englewood Cliffs, NJ: Prentice-Hall, 1963.

Dinkmeyer, Don, and Gary McKay. Parents Handbook: Systematic Training for Effective Parenting, 3rd edition. Circle Pines, MN: American Guidance Service, 1989.

_____. Raising a Responsible Child. New York: Simon & Schuster, 1978.

Dinkmeyer, Don, and W. L. Pew. Adlerian Counseling and Psychotherapy. Monterey, CA: Brooks/Cole, 1979.

Dreikurs, Rudolf. Psychology in the Classroom. New York: Harper and Row, 1966.

_____. Social Equality: The Challenge of Today. Chicago: Contemporary Books, 1971.

Dreikurs, Rudolf, Raymond Corsini, and S. Gould. Family Council. Chicago: Henry Regnery, 1974.

Dreikurs, Rudolf, Bernice Grunwald, and Floyd Pepper. Maintaining Sanity in the Classroom, 2nd edition. Accelerated Development, 1998.

Dreikurs, Rudolf, and V. Soltz. Children: The Challenge. Plume, 1991.

Glenn, H. Stephen. Developing Capable People (audiotape/videotape sets). Orem, UT: Empowering People Books, Tapes & Videos. (1-800-456-7770)

_____. Developing Healthy Self-Esteem (audiotape/videotape). Orem, UT: Empowering People Books, Tapes & Videos, 1989. (1-800-456-7770)

_____. Involving and Motivating People (audiotape). Orem, UT: Empowering People Books, Tapes & Videos, 1986. (1-800-456-7770)

_____. Teachers Who Make a Difference (audiotape/videotape). Orem, UT: Empowering People Books, Tapes & Videos, 1989. (1-800-456-7770)

Glenn, H. Stephen, and Michael L. Brock. 7 Strategies for Developing Capable Students, Rocklin, CA: Prima, 1998.

Glenn, H. Stephen, and Jane Nelsen. Raising Self-Reliant Children in a Self-Indulgent World. Rocklin, CA: Prima Publishing, 1988.

Kohn, Alfi e. Punished by Rewards. New York: Houghton Miffl in, 1993.

Kvols, Kathy. Redirecting Children''s Misbehavior. Seattle: Parenting Press, 1997.

Lott, Lynn, and Riki Intner. Chores Without Wars. Rocklin, CA: Prima Publishing, 1998.

Lott, Lynn, Riki Intner, and Barbara Mendenhall, Do-It-Yourself Therapy: How to Think, Feel, and Act Like a New Person in Just 8

Weeks. Franklin Lakes, NJ: Career Press, 1999.

Lott, Lynn, and Jane Nelsen. Teaching Parenting the Positive Discipline Way (a manual). Orem, UT: Empowering People Books, Tapes & Videos, 1990. (1-800-456-7770)

Manaster, Guy J., and Raymond Corsini. Individual Psychology. Itasca, IL: F. E. Peacock Publishers, 1982.

Nelsen, Jane. From Here to Serenity: Four Principles for Understanding Who You Really Are. Roseville, CA: Prima Publishing, 2000.

_____. Positive Discipline. New York: Ballantine Books, 1996.

_____. Positive Discipline (audiotape). Orem, UT: Empowering People Books, Tapes & Videos, 1988. (1-800-456-7770)

_____. Positive Discipline (videotape set). Orem, UT: Empowering People Books, Tapes & Videos, 1988. (1-800-456-7770)

_____. Positive Time-Out and 50 Other Ways to Avoid Power Struggles in Homes and Schools. Rocklin, CA: Prima Publishing, 1999.

Nelsen, Jane, Roslyn Duffy, and Cheryl Erwin. Positive Discipline the First Three Years. Rocklin, CA: Prima Publishing, 1998.

_____. Positive Discipline for Preschoolers. Rocklin, CA: Prima Publishing, 1998.

Nelsen, Jane, Roslyn Duffy, Linda Escobar, Kate Ortolano, and Debbie Owen-Sohocki. Positive Discipline: A Teacher''s A--Z Guide. Rocklin, CA: Prima Publishing, 1996.

Nelsen, Jane, Cheryl Erwin, and Carol Delzer. Positive Discipline for

Single Parents. Rocklin, CA: Prima Publishing, 1999.

Nelsen, Jane, Riki Intner, and Lynn Lott. Positive Discipline for Parenting in Recovery (previously published as Clean and Sober Parenting). Rocklin, CA: Prima Publishing, 1996.

Nelsen, Jane, and Lynn Lott. Positive Discipline for Teenagers, revised 2nd edition. Roseville, CA: Prima Publishing, 2000.

Nelsen, Jane, Lynn Lott, and H. Stephen Glenn. Positive Discipline: A--Z. Rocklin, CA: Prima Publishing, 1999.

_____. Positive Discipline in the Classroom. Roseville, CA: Prima Publishing, 2000.

Pew, W. L., and J. Terner. Courage to Be Imperfect. New York: Hawthorn Books, 1978.

Smith, Manuel J. When I Say No I Feel Guilty. New York: The Dial Press, 1975.

Video Journal of Education, The. "Positive Discipline in the Classroom." Program One: "A Foundation for Positive Discipline." Program Two: "Class Meetings, the Forum of Positive Discipline." Sandy, UT: The Video Journal of Education, volume VI, issue 7, 1997. (1-800-572-1153)

Walton, F. X. Winning Teenagers Over. Columbia, SC: Adlerian Child Care Books.

색인

PDC Activity

그 외

학급긍정훈육법

초판 1쇄 발행 2014년 9월 1일
초판 25쇄 발행 2023년 12월 5일

지은이 제인 넬슨, 린 로트, 스티븐 글렌
옮긴이 김성환, 강소현, 정유진
그린이 김차명

발행인 김병주
기획편집위원회 김춘성, 한민호
마케팅 진영숙
에듀니티교육연구소 이문주, 백헌탁
디자인 디자인붐

펴낸 곳 (주)에듀니티
도서문의 070-4342-6110
일원화 구입처 031-407-6368 (주)태양서적
등록 2009년 1월 6일 제300-2011-51호
주소 서울특별시 중구 남대문로 117, 11층
출판 이메일 book@eduniety.net
홈페이지 www.eduniety.net
페이스북 www.facebook.com/eduniety
인스타그램 www.instagram.com/eduniety/
　　　　　 www.instagram.com/eduniety_books/
포스트 post.naver.com/eduniety

ISBN 979-11-85992-00-6 (13370)
값 22,000원

문의하기

투고안내

옮긴이 김성환

영어전담교사로 4년을 근무하다 경기혁신학교인 조현초등학교로 옮겨 3년 동안 6학년을 지도했다. 현재 경기 강하초등학교에 재직 중이다. 생활부장으로 생활문제 해결을 위해 고민하던 중 '학급긍정훈육법'을 만났고 이후 교사로서, 두 아이의 아버지로서 삶이 변화하기 시작했다. 직접 영국 워크숍에 참여하며 긍정훈육법의 창시자인 제인 넬슨과 함께 공부했다. 대한민국 최초의 PDC 트레이너로 에듀니티 행복한연수원에서 '친절하고 단호한 교사의 비법, 학급긍정훈법' 연수를 진행했다. 또한 구체적인 PDC 적용에 도움을 주기 위해 『학급 긍정훈육법_활동편』을 번역했으며, PDC 감격해카드도 개발했다. PD-KOREA 대표로 PDC를 전국에 전파하고 있다.

옮긴이 강소현

2015년부터 경기혁신학교인 조현초등학교에 근무했으며 현재 양평 양동초등학교에서 아이들을 가르치고 있다. 교사 학습 동아리에서 교육학과 심리학 등을 공부하면서 '학급긍정훈육법'을 알게 되었다. PDC가 교사로서의 삶에 커다란 힘이 되어줄 것이라 믿고 학급운영 및 학생상담, 부모교육에 꾸준히 적용 실천하고 있다. PDE(Positive Discipline Educater), PDCE(Positive Discipline in the Classroom Educater), 감정코칭 1급 강사, 에니어그램 전문강사, EFT 프랙티셔너, NLP 프랙티셔너 등의 자격을 갖고 있으며 관련 강사로도 활동 중이다.

옮긴이 정유진

현재 세종시 온빛초등학에서 퇴직하기까지 교직에 20년간 몸담았다. 2011~2013년 경기혁신학교 조현초등학교에서 근무했는데, 그때 함께 공부했던 모임에서 이 책을 번역했다. '학급 긍정훈육법'이 교사들을 더욱 행복하고 탁월하며 민주적으로 성장하는 데 큰 도움이 되리라 믿고 있다. PDE(Positive Discipline Educater), TET 트레이너 수료, NLP 트레이너, EFT 마스터 트레이너, 에니어그램 전문강사, 마스터 라이프 코치 등의 자격을 가지고 있다. EBS 다큐멘터리 '우리 선생님이 달라졌어요' 전문위원으로 출연했으며 『지니샘의 행복교실 만들기』, 『학교야 놀자』, 『두드림의 기적 EFT』『공부를 공부하다』 등의 저서가 있다. 2018년 사람과교육연수원을 설립하여 다양한 교사 성장 프로그램을 운영하고 있다.

그린이 김차명

124명의 젊은 선생님들로 이루어진 이미지 기반 디지털 교육 콘텐츠 제작 전문적학습공동체 '참쌤스쿨'의 대표. 우리나라 최대의 초등교사 커뮤니티인 '인디스쿨'에서 대표 운영진(미디어콘텐츠팀장)을 역임했다. 경인교육대학교에서 예비 교사들을 대상으로 강의하고 있으며 전국 연수원에서 비주얼씽킹, 미디어교육, 온라인 수업 등 다양한 주제의 1급 정교사 자격 자격 연수 강사로 활동하고 있다. 현재는 잠시 경기도교육청 대변인실에서 미디어 담당 장학사로 근무하며 언제나 '교사가 최고의 콘텐츠'임을 증명하는 삶을 살고 있다.

30시간 2학점 원격연수

친절하며 단호한 훈육법으로
행복하고 민주적인 교실 만들기

친절하며 단호한 교사의 비법
학급긍정훈육법

친절하게 대하는데도 학생들이 예의 바르고, 단호하게 대하는데도 학생들과 친밀할 수 있는 구체적인 방법을 긍정훈육법으로 알려드립니다.

강의 **김성환**
http://pd-korea.net/

現 조현초등학교 교사(초등교사 14년) / EBS-e "최고의 영어교사" 출연
PD&PDC Educator, PDTC(Positive Discipline Trainer Candidate)
역서 학급긍정훈육법, 학급긍정훈육법 활동편

45시간 3학점 원격연수

행복한 교실, 행복한 교사를 꿈꾸는
선생님들을 위한 성찰과 훈련의 시간!

지니샘의
행복한 교실 만들기

어떤 교사가 **행복한 교사**일까요? 교사가 꿈꾸는 **행복한 교실**은 어떤 것일까요?
답은 자신과 인생에 대한 통찰에서부터 찾을 수 있습니다.

강의 정유진
http://ugenie.net

세종시 온빛초등학교 교사 / 행복한 교육문화연구회 대표 / EBS 〈선생님이 달라졌어요〉, 〈교실이 달라졌어요〉 전문위원
T.E.T.(교사역할훈련) 트레이너 / 인디스쿨 (전대표 운영자) / 에니어그램, NLP, EFT 트레이너 / Hypnotist - Master Life Coach